百年求是丛书 | ◉ 总主编 徐有智

感怀浙大

Zhejiang University

单泠 编

ZHEJIANG UNIVERSITY PRESS
浙江大学出版社

总序

Collection's Foreword

浙江大学是一所历史悠久、人文璀璨、英才辈出的著名大学。

我是1959年进入浙江大学读书的，1964年毕业留校任教，直到1993年才离开杭州到北京工作，1995年卸任校长，在浙江大学学习、工作、生活了三十多年。可以说，我一生中最美好的岁月是在这里度过的，一些重要的研究工作也是在这里完成的。

我对浙江大学怀有深厚的感情，更热爱这所学校所拥有的优良求是校风。每次我回到杭州，只要有时间，我都会回到学校，到当年学习、工作过的地方走走看看。每当这时，我仿佛又回到了自己记忆中熟悉的岁月。

一所大学的声誉，源自于它所拥有的深厚文化底蕴和优良的办学传统，也要靠它所培养的学生来充分体现它的社会价值。

从求是书院创办到今日浙江大学的一百多年办学历史中，浙江大学名师荟萃、大家云集，曾经拥有像蒋梦麟、邵裴子、竺可桢、马寅初、刘丹、钱三强等等这样杰出的校长、教育家。尤其是竺可桢校长，对浙江大学的贡献甚巨，在长达十三年的长校中，以其坚强的毅力、超凡的学识和卓越的教育思想，带领浙江大学在艰难困苦的西迁办学中崛起，成为“当时中国最好的四个大学之一”。他的教育理念和办学实践至今仍是浙江大学取之不尽、用之不竭的思想源泉。同样，在浙江大学的理、工、农、医、人文社科等诸多学科领域中，都拥有一批著名的专家学者，如马叙伦、马一浮、沈尹默、苏步青、王淦昌、夏承焘、贝时璋、张其昀、谈家桢、卢鹤绂等等，都可谓是开创学科、自成一家、独领风骚的名师大家。在浙江大学培养的众多毕业生中，既有像中国共产党早期创始人陈独秀，中国新文化运动的先驱者夏衍，我国新闻事业的开拓者邵飘萍，著名的画家、敦煌学家常书鸿等等这样的文化名人；也有像诺贝尔物理学奖获得者李政道，中国抗生素研究第一人汪猷，国家最高科技奖得主叶笃正，“两弹一星”的功勋赵九章、程开甲等等这样的科学巨匠。在浙江大学任教和就学的师生中，有 160 余人当选为两院院士，这在中国大学中是很少见的。正是由于他们的杰出工作和对社会的独特贡献，使浙江大学声名远播，也使浙江大学在中国近现代科技教育发展史上留下了深刻的印迹。

在浙江大学这块深厚的土地上，不仅哺育了众多的文化名人和科学大师，也在它百年办学中形成了堪称典范的求是精神。“求是”是浙大的校训，也是一代又一代浙大学人百年不懈的追求和实践。

所谓“求是”，就是“求真、求善、求美”。求是精神就是革命精神、科学精神、奋斗精神、牺牲精神和开拓精神。实事求是、严谨踏实、奋发进取、开拓创新是求是精神的应有之义，也是自然科学、人文社会科学、技术科学发展的本质要求，是一切科学工作者、一切学人的共同追求和理想。

竺可桢老校长是大力倡导和身体力行求是精神的典范。他在 1941 年发表的《科学之方法与精神》演讲一文中对近代科学与求是精神做过很好的阐述。他说：“近代科学的目标是什么？就是探求真理。科学方法可以随时随地而改变，这科学的目标，蕲求真理，也就是科学的精神，是永远不会改变的。”他认为，“科学家应取的态度应该是：（一）不盲从，不附和，一切以理智为依归，如遇横逆之境遇，则不屈不挠，不畏强御，只问是非，不计利害。（二）虚怀若谷，不武断，不蛮横。（三）专心一致，实事求是，不作无病之呻吟，严谨整饬，毫不苟且。”今天重读竺可桢老校长写于六十多年前的这些话，仍具有强烈的现实意义。

正是这种求是精神，使浙江大学在长达一个多世纪的办学中，从创建、变革、崛起到发展的过程中，显示出其坚忍不拔的精神气质，生生不息的顽强生命力，使其在中国近现代高等教育发展的重要历史关头始终走在前列，引领潮流。求是精神之所以伴随着浙江大学的百年风雨而历久弥新、发扬光大，是因为它凝聚着几代求是学人为国家富强和民族振兴的不懈追求与崇高理想，也传承了中华民族一百多年来为强国富民而奋争和振兴的历史传统，它蕴含着求真创新和为科学牺牲的精神。

从这个意义上说，浙江大学的百年沧桑，是中华民族从饱受屈辱中崛起的近代奋斗史的一个缩影，浙江大学的百年成就，体现了中国高等教育事业步入现代发展和中华民族实现“科教兴国”的伟大宏愿。

今年5月，浙江大学将迎来110周年华诞。在此时出版“百年求是”丛书是件很有意义的事。这套丛书以传承求是文化，展示办学成就，提炼浙大精神，开拓浙大未来为宗旨，采用一书一题的撰述形式，力求从历史和现实相结合的角度，多层次、多视角地介绍这所学校的历史、现状、传统、特色及其办校、治学、育人等方面的经验和成就，举凡名师大家、校园纪胜、学府精品、西迁史话、经典学科、名家名作、校友回忆、媒体记录等等，均在记述和收录之中，这对于很好地总结和回顾浙江大学一个多世纪的办学经验，梳理浙大的发展脉络，提升浙大的文化内涵，传承求是创新精神，都是一件很有意义的开拓性工作。

“百年求是”系列丛书第一辑9种书，书目和内容我都看了，也翻了几本，觉得编得很好，很生动。这里有我所熟悉的人和事，也有我所不熟知的人和事，特别是浙大的一些前辈先贤，像竺可桢老校长，我无缘聆听他们的教诲，然而看了他们的事迹，令我十分感动。追今抚昔，饮水思源，浙大之所以有今天这样的成就和作为，我想很大程度上是这些前辈先贤打下的扎实基础，也是一代又一代浙大学人坚忍不拔、艰苦奋斗、呕心沥血所铸成的。他们是浙大的光荣和骄傲，也是国家和民族的光荣和骄傲。在他们身上，承载着浙大不同时期的求是血脉，也凝聚着他们对国家、对民族、对母校的赤子之情。你可以感受到中国知识分子“先天下之忧而忧，后天下之乐而乐”的崇高情怀。这是一部鲜活的浙大历史，对我们广大师生进行爱国主义教育和知校、爱校、荣校教育是一个很好的教材。

百年浙大，史料浩如烟海，典藏富如宝库。我希望能把这件有意义的工作继续做下去，做得更好。通过深入发掘，精析历史，彰显前人，激励后学，出版更多更好的精品，以彰显浙大百年成就，回报社会。

“求是系治学之本，创新乃科技之源。”值此浙江大学110周年华诞之际，殷切希望浙江大学广大师生高瞻远瞩、求是创新、永不怠懈、永不自满、与时俱进、开拓奋进，在创建世界一流大学的进程中，为中华民族伟大复兴做出更大的贡献。

是为序。

全国人大常委会副委员长
中国科学院院长
(1988年至1995年任浙江大学校长)

2007年5月

序
Foreword

百年浙大，历史悠久，人文璀璨，名家辈出。为迎接母校建校110周年，为表达校友们对母校的挚爱，我从2005年暑假开始着手编《感怀浙大》这本书。因为要求找寻相关文章，使我有了一段与平常的不一样的日子。每天，我一篇又一篇地读着，在其中难定取舍。我手中拿着线，这是浙大出版社给我的，让我用它把我能搜寻到的宝石串起来。我拾起这颗又舍不得放下那颗，因为在我眼里，每一颗，都有独特的美丽。

在这拾起放下的过程中，让我这体味到了，并且不会淡去的，或者说是我想要记住的，是一种不由自主会被包裹过去的“情感”，就像是一钵很厚很厚的浓汤——原料的精华，加之时间的温火而调制出的浓汤，它的香，慢慢地、慢慢地弥漫在空气中，让你在呼吸间，就品味到了，却再也分不清，究竟是什么，造就这样的“香”。

作为《百年求是》系列丛书中的一本，《感怀浙大》收录的是以第一人称记述的浙大曾经的人和浙大曾经的事。它们的作者有的曾在浙大工作，有的曾在浙大学习，有的早就离开了浙大，有的一直在浙大工作。这些饱含深厚情感的文章有浙大校友们回忆在母校学习生活的一点一滴，他们写下了在浙大求学期间“最难忘的老师”、“最称赞的课程”、“最留恋的地方”和“我在浙大的那些故事”等；也有为国家、为浙大做出卓越贡献的浙大名师竺可桢、苏步青、王国松、费巩的子女们回忆他们眼中的父亲，一幕幕往事在撰写的过程中浮现。

竺安先生在“回忆父亲竺可桢”中云：“与父亲相处的时间实在不算长，而他又工作繁忙，日理万机，教诲我或带我去玩的机会真如麟角凤毛般稀少。”“父亲为了学校的前途和全体员工的安全奔波在乡间小道上，牺牲了与家人共叙天伦的时光。而父亲出门时那小巷中伸手不见五指的暗夜和偶尔的电光照耀下父亲撑着布伞迅步前行的身影，是我一生中脑海里从未忘却的形象。”其文字字寄思，句句真情，读来使人感动而恻然。

张涌泉教授在“难忘导师情”中写到：“随着时间的推移，(郭在贻)先生的病情不断恶化，身体也是日渐虚弱。但先生仍念念不忘他的科研工作，不忘他的学生。先生挂帅的‘敦煌语言文字研究’被列为国家社会科学基金资助项目，先生说他出院后要召集有关人员开个会，争取尽早完成；……最使先生难以忘怀的，是他和我们合作撰著的‘敦煌学三书’。当B超检查显示先生得肝癌的那天下午，先生忍受着精神上的巨大痛苦，给我和黄征写了一封遗书，希望我们努力完成‘敦煌学三书’的撰著工作，争取把三本书出齐。”哲人已逝，风范犹存。这些文字足见郭在贻先生之品格精神，他为浙大古汉语学科的发展可谓是呕心沥血，鞠躬尽瘁，奋斗了一生。

提到“最难忘的地方”，校友们纷纷用文字表达了他们对学校的眷恋之情，期待能重回校园，重温象牙塔的美好时光。张浚生老书记在“半个世纪的浙大心路”中写道：“离开浙大后，只要有空我还经常回浙大来看一看，每次回来，我都要特别看一看玉泉门口那颗雪松。”钱之江在“三代人的浙大情节”中说道：“(父亲)望着(浙大之江校区)校园中央山坡上的钟楼和远处的钱塘江，‘这里的环境真好，景色如画，’眷恋之情溢于言表。”

浙大人还拿起笔，讲述他们在浙大生活中最难以忘怀的故事。

例如，“文革”期间浙大学生保卫文化古迹杭州灵隐寺的故事。“在对待‘名胜古迹是否属于四旧’这个问题上，浙江大学的学子们比其他院校的学生们多了几分冷静和思考。”“换岗下来的胡庆国、徐景崧、王定吾等同学，回到学校顾不上休息，连忙筹划向杭州市民散发保护灵隐寺历史文物古迹的《告全市人民书》的事宜。《告全市人民书》的文稿由胡庆国同学起草，通篇文稿文字激扬，动之以情，晓之以理，慷慨激昂，充分表达了莘莘学子爱护祖国历史文物的拳拳之心。”

读着这些文章的时候，我不由地想，对事实朴素的记述，是最精彩的，胜过一切华美的词藻。我是一个日常工作经常要写文章的人，但在编这本书的时候，我觉得，所谓“文笔”，在史实面前，真的是很苍白。写下这些文章的人们，他们经历了并且各自从不同角度用心用笔记录了生命中的这些人和事，而这些人和事，组成了浙江大学的历史。我们今天所有的想到“浙江大学”就会产生的一切的情感，都是由这些人和事组成的。他们讲述的，写下的，或是亲身经历，或是亲眼所见，还有“人”“事”之外留给作者的挥之不去的感受。这都是不能用“文笔”两个字来描述的文章。在一个个看似孤立的回忆文章中，却演绎着并不孤立的逻辑推理。从历史的角度来看，这些文章既是浙大人的真情感悟，又是珍贵的史料，足可反映一所大学曾经的人和事，并映射出浙江大学独特的文化——求是精神的传承，从中我们也看到了浙江大学未来的发展和希望。

编　者

2007年5月

目录
Contents

浙大的人

浙大的事

浙大的人

ZHEDAREN

校园遇知音

常书鸿*

常书鸿(1927 年)

童年的嬉笑、玩耍是让人留恋的，尽管那时已家道中衰，但读书识字，望子成龙，仍然是母亲心中不可排遣的意愿。刚刚八岁，我就被送进了亲戚办的梅青书院(私塾)学习。我的启蒙学校是杭州涌金门内运河下的时敏小学，校长姓章，是一个对学生非常严厉的教书先生。

我拜师那一天，母亲带着我去学校，我记得当时母亲还给我拿了一包香烛。虽然封建王朝打倒了，但当时的小学课堂中央还挂着一个小木龛，里面有一个"天地君亲师"的牌位。入学仪式是：先点燃了香和一对蜡烛，对牌位行三个鞠躬礼，再转过来对校长三鞠躬。行毕礼节，校长指定了我坐的位子，这便是入学了。在此之前，因为我已上过私塾，所以进学校后就插班在初小三年级，一年之后就进入惠兰高等小学上五年级。

在高小，结识了一个名叫陈永安的同学，他比我大几岁，不

* 常书鸿，著名的画家、敦煌艺术研究家。1918 年考入浙江省立甲种工业学校(浙江大学前身)读书。本文选自《九十春秋——敦煌五十年》一书，浙江大学出版社 1994 版。

单功课好，而且能画中国山水画。我因为从小就跟着三叔学画画，故此，我俩志趣相投，很合得来。

我喜欢画画，但不像芥子园画谱那样，用圆圈画梅花，写个字当竹叶，我不理解这种表达方法，我喜欢能够表现人物光暗的西洋水彩和油画，但不懂水墨画。我跟陈永安画了一段时间国画后，感到国画太抽象，不写实。所以后来就自己找《东方杂志》上印出的彩色泰西名画来学，觉得还有趣味。有人劝我考上海美专，但父亲不肯，说："你画画不能当饭吃，家里这许多人口，生活这样困难，怎么办？"我想了一想也确是如此。

我在高小毕业后（大约在1918年），父亲强调要我投考工业学校。我在犹豫不决时，忽然听说中学的一个教员要去考留法勤工俭学，那时我才十五岁，怀着一种好胜的心情，悄悄地向老师问明报名的种种办法，便背着父母报上了名。但这次因为不会法文没有被录取，不得已，我只好遵照父亲的旨意投考浙江省立甲种工业学校的电机科。虽然被录取了，但因为数学考试成绩不好，第二个学期我根据自己的意愿，改选了染织科，因为在染织科里，有染织图案和染色等科，总算还有一点绘画造型的意趣。

当我转到染织科的时候，碰到一个和我意趣相同的同学，他的名字叫沈西苓，是沈兹九先生的弟弟。他的父亲是浙江规模最大的伟成丝织公司的负责人之一。当时沈兹九先生已在日本帝国美术大学留学，沈西苓也是非常喜欢绘画的，但他父亲为了让儿子继承父业，一定要他学染织，这样一来我们俩在染织科成了志同道合的好朋友。我们常常去看染织图案，对好看的各种染色绸布，进行研究、讨论。我们从染织图案的纹样造型和色彩联系到西洋画坛上的各种流派，从绸布浸染的色彩变化，议论到当时法国印象主义画家高更在塔伊底土人服装色彩的启发下创造的象征主义画派。我们还悄悄地参加了由名画家丰子恺、周天初等人组织的西湖画会，这个画会里有不少青年学生和业余美术工作者。我们每逢星期日或假日一同到西子湖畔去写生，孤山的红梅与平湖秋月的莲花，都是我们画笔写生的对象。我们还把写生作品放在茶馆或饭店陈列展览，听取意见，互相批评，以资改进。我特别爱好人物，从各种画刊杂志中搜集国内外名家的彩色画片，在家临摹。为了减轻日渐衰败的家庭的负担，我还抽出时间用木炭画像。

1923年，我们已学完浙江省立甲种工业学校的课程。按照这个学校的制度，每年要收留各专业成绩优秀的毕业生在学校里做教学工作。在毕业典礼上，我被宣布留在母校，提任染织科纹工场管理和预科的美术教员。沈西苓则由他父亲决定去日本自费留学，在离别前我们依依不舍，希望能够共同再走上新的学习岗位。尽管西苓和他父亲愿意资助我去日本学习，但由于我家庭困难，还是未能同舟共行。当时，我还有一个更高的奢望——去法国，我认为学洋画去日本不如去巴黎。

是年秋季，我开始走上母校给我安排的新的岗位，先去纹工场报到。这个工场原来的管理员叫都锦生，就是后来杭州很有名的“都锦生丝织厂”的创办人。纹工场是设计制作丝织物纹样图案、意匠的工场，从事制图、意匠、纹板轧制等一系列准备工序，使丝织物通过提花机生产除漂亮的杭州特产丝绸和华丝葛之外，还可以制织各种风景、肖像和人物。这个工场里，既有美术的图案绘画，也有机械的工业制造。都锦生是我的老同学，那里他已在自己家中装备了一个小作坊，利用纹工场设备开始生产织锦和西湖风景等，因此他希望早一点离开纹工场，专门从事他家中经营的小工厂，但苦于没有适当的人来接替。当他知道我去纹工场时，便感激地将工场和十余个艺徒都交给我管理，说：“由于你的帮助，我可以放手从事都锦生丝织厂的发展，我将来一定会报答你的。”

我担任了纹工场管理和学校的美术教员后，工作当然比起在学习时繁忙多了，但我还是专心致志地要把工场和美术教育工作都搞好。开始上美术课时我怕学生不听话，但经我热心教导后，全班三十几个学生都非常喜欢我。我不但在上课时尽心教他们，连假日都带他们外出写生。有一次，我们在西湖孤山画风景，湖对岸雷峰塔的倩影倒映在水中，那景致如诗似画，可画着画着，忽

纹工场

然耳边轰隆隆一阵闷雷似的，但见对岸灰沙弥漫，一角天都看不清了。及至灰沙散尽，咦，奇怪，雷峰塔不见了。原来千百年来就矗立在这儿的雷峰塔，经不起风磨雨蚀和人工的破坏，终于倒掉了。第一个学期终了时，校长告诉我，他了解到我在预科的美术教学很受同学欢迎，所以想把原来由周天初教授担任的美术课也让我兼任。

在第二个学年以后，我的工作分量增加了，但心里很高兴。这期间，我还经常收到西苓从日本寄来的信，令人鼓舞。西苓说，他到日本后深受日本美术界进步思潮的影响，已开始对政治发生兴趣。他经常寄给我日本刊印的美术画册和美术理论书籍，这一切对我在学习上帮助很大。我们在通信中，有时讨论艺术，有时辩论政治问题，并谈及厨川白村的名著《出了象牙之塔》，对照名著，我们都感到自己在艺术上知道的和能够干的太少了，远没有登堂入室，更谈不到爬上"象牙之塔"。因此，我们决心把艺术创作的基本技巧更好地学到手。

西苓到日本后进入东京帝国艺术大学，我也醉心于西欧的美术，立志要到巴黎艺术大学去学习。于是我利用业余时间，早晚随身带了一本袖珍法汉字典，把生字一个一个地用红铅笔划出来，捂着法文念汉字，捂着汉字念法文，死记硬背，两年后，我进步很快。

1927年大革命中，国民党反动派突然发动起对共产党的大规模屠杀，有一天我和同学们从自己家里出来正沿着延龄大马路走向湖滨，忽然迎面来了一队穿灰色军衣、肩背大刀的刽子手押着三个五花大绑的青年，我突然发现其中之一是我们西湖画会失踪了三天的成员M君。正在我心里惶急、惋惜的当口，突然人群哗的一下四散奔逃。原来这些丧尽天良的刽子手，就在当街将这三个无辜的青年杀害了。这个遭遇像一股电流一样，使我全身打了一个寒噤，也促使我下定决心，必须尽快地离开这里，离开这个白色恐怖的险恶世界。当时我已经参加了浙江省教育厅选拔赴法国里昂中法大学浙籍公费生的考试，但考完后迟迟未见发榜，盛传这次考试是虚有空名，实际名额早已被几个大学私分了。我见公费留学无望，立即决定自费去法国留学，这决定得到了母校的支持，也得到了都锦生、劳尔遥及同学们的支持。

钱琢如先生的数学史课与诗词

张素诚*

1936年，钱先生在浙江大学数学系开课，讲中国数学史，选修的约二十人，我是其中一个。讲到宋元两代中国数学很发达，自明以后五百年才黯然失色的原因时，记得钱先生是这样说的：

科举制度唐代就有，但是到明朝以后才考八股文章，才定下三年一考，而且全国考，各省考，各府考，规模甚大，把全国的知识分子几乎全部吸引到科举中去，消磨精力，为害之深，十分显著。

科学的发展是集体事业，经历史的积累才有今日之科学，积累又分继承与创新两部分，科举制度诱导极大部分知识分子走入歧途，不去学习科学。积之既久，能继承科学知识的人减少了，能创新的人也减少了，科学事业也不过就自然消沉了。

清代经康乾之治，人口达四亿，科学上的创作应该超过前期，但是明清两代不仅数学落后，别的学科也落后了，不受科举的影响，能在科学上有重要成就的，在明代，除有李时珍以三十年的努力，著《本草纲目》外，尚有徐霞客，自三十岁以后游名山大川，作《徐霞客游记》，在清代就没有这样

* 张素诚（1936年级浙江大学数学系），数学家。这是1992年他在李俨、钱宝琮先生诞生一百周年纪念会上的发言。

的人了。

中国文学自汉赋以后，有唐诗、宋词、元曲。明清五百年，就文学而言，也不能与前朝媲美。如果有之，则小说数卷，如《聊斋志异》、《儒林外史》、《红楼梦》等，虽然皆传世名作，但作家数量少，文坛相对冷落。蒲留仙原为贡生，弃举授徒，说狐道鬼，以雪其愤。《儒林外史》以生花妙笔暴露科举的阴暗面，而曹雪芹借贾宝玉、林黛玉之口贬低科举，又以附和科举的薛宝钗为婚姻的胜利者。历来相对先进的思想与旧意识相抗衡，总要付出惨重代价的。尽管科学的弊端尽为人所洞悉，但是废科举一直到帝国主义入侵，割地赔款，丧权辱国，民怨沸腾之后才能实现。以浙江大学为例，原为求是书院，成立于1897年，创办之初，校长称总办，为福建侯官人林启，因奏请罢建颐和园，被贬到浙江任衢州知府，后迁杭州。感于国事日非，他决心创办学校，就以没收报国寺一案所得财产，办求是书院，不称学堂而称书院，亦有苦心。

重视真理，才去追求真理，这是艰难困苦的劳动，所以每个学科中，发现新规律的，受同行尊重。但是这个人不发现，另一个人也会发现，离开历史的积累，任何人都不可能创造现代科学中的新知识，所以不争名、不谋私利，成为求真理者的一种习惯。

研究五百年来中国科学落后的原因，可以从经济入手，也可以从政治的、文化的，甚至地理的、国防的，或者偶然的现象入手，不同的人会提出不同的论证。只要充分论证，然后集中，取其精华，就能得出比较接近实际的结果。

钱先生在数学史的研究中，尊重真理，为后人楷模，梅荣照先生《怀念钱宝琮先生》（见《钱宝琮诗词》附录），唐如川先生《缅怀钱宝琮先生》（见金祖孟著《中国古宇庙论》一书代序，华东师大出版社出版）言之甚详，不必续貂。

1939年7月，浙大数学系欢送毕业生，钱先生赋诗，并亲笔书写分送方淑姝、周茂清、楼仁泰和我四人，这是我第一次读钱先生的诗。倏忽五十三年，今春钱先生三女钱熙学长来北京，带来《钱宝琮诗词》一卷，要细读，需要一段时间，于是先读了五首。

第一首是《小鸟》，这是诗人的自述。钱先生自比小鸟，很谦虚，不羡黄鹄，柔中有刚，立志坚定，绝不趋炎附势，令人起敬。

第二首是《湄潭女生梁仙翠言"校中膳食艰难，啖白饭有味"感赋》。这首是1945年写的，浙大西迁，许多学生家在沦陷区，没有接济，只靠国家发的有限的"贷金"吃饭。由于物价上涨，菜蔬太贵，只能吃白饭了。但是当时浙大教学、科研抓得很紧，师生奋发图强，弦歌不辍。物理系女生梁仙翠不但努力学习，还说白饭味甜，钱先生赞赏梁仙翠有志气，有毅力，特为写了这篇“感赋”。梁仙翠受钱先生鼓励，至今说起钱先生，还饱含感激之情。

湄潭数学研究所(1939 年 5 月)

第三首《三十二年八月十三日炜女与洪君子波在重庆订婚，长歌志喜》。子波和我是六十多年前相识的老朋友，他一生从事水电建设事业及能源经济教育；钱炜长期从事中学教育，乐为四化育英才。他们原为浙大校友，20 世纪 40 年代初期同在重庆附近的北碚工作。他们都胸怀开阔，淡泊自持，一心为公。当他们订婚的喜讯传来时，钱先生非常高兴，立即写下这首诗。70 年代中期，子波为了让儿子回城工作，提前办了退休。当工作需要的时候，他又挑起了带研究生的担子，培养了不少人才。浙大九十五周年校庆期间，有十多位已成为教授、专家的学生特地回校拜望了他们敬爱的老师，感谢栽培，他感到无限的欣慰。由于退休早工资低，子波夫妇的物质生活较清苦，但他们继承了钱先生安贫乐道的精神，快乐面向生活。七十岁后，共同学习书画，怡然自得，精神生活丰富，因而是幸福的。

第四首是《煨红薯》，这首是 1941 年写的。抗战之后，教授的工资打六折，物价上涨，生活艰难。既要搞好生活，又必须改进教学。在《煨红薯》第二章开始处说：

教学讳言新义，讲坛敷说陈编，任尔金针度与，总如投石深渊。

在教与学的目的、方法、态度和内容各个方面，先进和落后的差异经常存在，往往改进不易。虽然耐心绎理，也会遭到歪曲。钱先生不能经常纠缠在这种是非之中，也有松弛一下的必要。他在诗里接下去说：

何不回家吃煨薯，温醇细腻味香甜。下教室，莫留连，老母倚闾候望，呼儿自取炉沿。

当时太师母还健在,母子深情跃然纸上。

1938年秋天,在广西宜山,太师母六九高龄,还为我重翻丝绵袍,受此照顾,我至今不忘。

《煨红薯》的最后一章,更深入地描写钱先生自己的家庭。那时点菜油灯盏,晚上一家人围灯读书,夜深天寒腹饥,正是吃煨红薯的时候。诗中说:

阿三晚温唐史,阿四知慕宋贤,五儿勤习象数,温淳细腻味香甜。书桌上,油灯边,分食每人半个,夜凉肚暖安眠。

当时教授也只能吃点红薯而已。如果不吃,就夜凉,肚饥,睡不着了。可即使有的吃,人多也只能分到半个,但这还不是最困难的一年。

我读的第五首是《秋日杂咏》,记载钱熙学长初次领到七十元工资的情景。

十金奉阿母,难尽寸草心。致贻及诸妹,一脔表微忱。出门买衣履,价贵儿自任。涸辙今许润,斗水非蹄涔。

这是1948年的秋天,几乎不能维持生活了,多一个人领到工资,才可以勉强应付。在这种情况下,姐妹之间的深情和女儿对慈母的孝心都活灵活现地出现在字里行间,还隐藏着女儿能自己买件新衣的时候,作为父亲的喜悦。

钱先生的诗是记事的,人品、学识、文采和音韵交织在一起,读起来觉得温淳细腻,其味香甜,只是我读懂得太少了。

我在浙大没有向钱先生好好学习,现在想多学一点,但钱先生作古已一十八年,不可能再亲聆钱先生的教诲,后悔也晚了。

体育主任舒鸿与浙大的“坦克部队”

虞承藻*

同学们经几十年阔别，一旦重新欢聚，叙旧话，天南海北，古往今来，酸甜苦辣，无所不谈。怀念培育我们成才的老师们，自然是主要话题之一。当时老师们对我们主要是进行智育，他们中很多人品德高尚，在学术上潜心钻研，富有求真求是的精神，知识渊博，造诣精深，对我们起了潜移默化的作用。最使大家一致怀念的师长有三位：竺可桢校长、费巩训导长和体育主任舒鸿老师。舒师主持体育工作，使多数同学不但具有为社会发展和国家建设工作的品质和才能，还具备较健全的体魄，能够长期从事繁重的工作。凡此种种，饮水思源，能不怀念舒师吗？

奥运会载誉归来

1936年9月1日，我怀着兴奋自豪的心情，跨进了杭州市大学路国立浙江大学校园。开学后第一个星期六，文理学院门口贴出了布告，当晚在健身房召开欢迎舒鸿先生参加柏林第十一届奥林匹克运动会归来大会。尽管中国代表队除符保卢的撑杆跳通过了3.80米的及格高度能参加复赛外，其余都在预赛中被淘汰了。但在人们心目中，能够参加奥运会，不管是运动员教练员，还是工作人员，都是一种特殊荣誉。大会是由学生自治会

* 虞承藻（1943级浙江大学电机系），旅美学者。

主席、校篮球队长李永炤主持的，他首先请舒师和大家见面。舒师中等身材，面色黝黑，黑里透红，显示出长期户外工作的健康肤色；戴一副玳瑁边眼镜，却遮不住他那炯炯有神的眼光；两鬓已染霜，但腰背挺直，更显得精神。大家以热烈的掌声欢迎他。

他早年在美国春田大学专攻体育卫生，这次先是作为随队保健医生出征的。当李永炤报告他在奥运会还担任篮球决赛主裁判时，会场震动，响起了经久不息的热烈掌声。那是世界最高水平的奥林匹克运动会，是争夺篮球冠军的决赛。要不是具有高超水平，奥运会能把这一重任交给一个当时号称“东亚病夫”的中国人吗？

中国代表队到了柏林，舒师当时只是助理教练员。他和另一位国内篮球名教练宋君复，凭着他们留美学体育的学历、专长和任教经历，主动向裁判委员会要求任篮球裁判，经审查考核后被批准了。在预赛中，舒师执判严明公正，博得观众、运动员和裁判委员会的赞赏。最后，裁判委员会选中他任篮球决赛主裁判。舒师的工作为中国人赢得的殊荣，这是一块无形的金牌。

这次欢迎大会已过了半个多世纪，可在我印象中记忆犹新。舒师为中国人争气争光的事迹，增强了师生们的民族自尊心和自豪感，鼓舞了大家。他的报告和奥运会纪录片使大家大长见识，大开眼界，大饱眼福，激励了同学们更自觉地参加体育锻炼。第一次见到舒师，就在脑海里留下了不可磨灭的印象。

严肃而又生动活泼的体育课

舒师对体育课抓得很紧，首先是纪律严。新生每人都发两套运动服——背心、短裤、绒球衣、灯笼裤。上课必须事先换好，还必须穿球鞋。哨音一响，立刻按身高排成二列横队，体育老师点名后，先做准备活动，然后正式上课。

我们电机系一年级时由舒师亲自执教，体育课每周两次，课程内容丰富多彩，各项体育运动的基本动作都练，还有集体竞赛。基本训练，举凡体操的垫上运动、单杠、双杠、吊环、跳马，体力的仰卧起坐、俯卧撑，篮球的运球、传球、投篮、上篮，排球的发球、接球、传球、扣球，田径的跑、跳、投，可以说应有尽有。舒师还教我们西方古典式摔跤，练倒地后如何头顶地拱背使双肩离地，对手则练如何压倒对方使其双肩着地。还练拳击，健身房备有拳击手套，但不是对打，而是连击挂在一块圆板下象征人头的皮球。还有药球（一种挺重的实心皮球），练习掷远等。集体竞赛有推龙球（直径约 1 米的大球），分两组在头顶上对推，推过规定界线者为胜。这种比赛，两臂高举头顶，下面靠腿和身体的力量往前挤，非常累人。常常推来推去，弄得大家浑身是汗，筋疲力尽，还是不分胜负。还有一种传药球,分两组接龙似的坐在地板上,背对传球方向,由前向后依次传递,先传到头为胜。这种活动,锻炼了腹肌、背肌和两臂。拔河更是当然不可少的竞赛。舒师告诉我们,美国大学里的拔河是隔着一条小河比赛,准许穿钉鞋,准许在地面挖坑,要把对方都拉到河里为胜。可以想象,那种名副其实的拔河更累人,却更有趣。

舒老师上课,每个动作都亲自示范。当同学按规定要求完成了,他总是以赞许的口吻说:"蛮蛮好! 蛮蛮好!"

舒师还有一条严格纪律,下课后必须冲澡。这好办,反正有热水。可是还有一条规定,最后必须用冷水冲一会儿,这却是难题,可是又无法阳奉阴违,因为舒师要亲自进浴室检查,谁不用冷水冲就象征性地"打屁股"。打完屁股,他又亲自关掉热水龙头,让补课。洗冷水澡是极好的体育锻炼。从那时起,我断断续续坚持到现在。凡是坚持的时候,感冒就远避,否则,它就不客气了,经常登门。

舒师对同学体育成绩的评定,并不按统一标准,而是按每个同学原来的体力和水平,看进步大小和上课时是否认真努力而定。第一学期期末考试中有一项俯卧撑,有的体力差的同学,原来只能撑三五下,经过努力锻炼,考试时已能撑十几下,他的成绩就不比原来就能撑二十几下,最后能撑三十几下的同学差。这是科学的、合理的,符合因材施教的原则,既鼓励了体质弱的同学积极锻炼,也限制了体强力壮的同学吃老本,使他们越发强壮。

由于在体育课上学到了很多中学时代没接触过的体育活动,提高了我对体育锻炼的兴趣和自觉性。每天下午课后我就一定去健身房,充分利用完备的体育器械,运动约一小时,单杠、双杠、吊环、跳马、拉力器、拳击、篮球,什么都练。有时还和班上大力士朱希侃在垫上练一阵古典摔跤。最后不忘舒师教诲,还用冷水冲一阵。晚饭时,食欲大振,一吃就是三碗饭。晚自习时,头脑特别清醒,效率很高。睡前再练上几十下俯卧撑,倒头就睡,不知失眠为何物。早晨,总是提前起床,绕工学院操场跑上几圈。经过这样有规律的生活和经常的体育锻炼,营养又充分,一个学期下来,体重从 60 公斤猛增到 68 公斤,全身都是结实的肌肉。每一回忆这段经历,舒师的慈祥笑容就浮现在眼前。

早操和游泳

一年级时,我们受军事训练,每天早晨要列队行升旗礼。礼毕,由体育教师领做早操,舒师也常来领操。早操为一天的繁重学习开了路。抗战开始后,生活和学习都不正常。1938 年 10 月学校迁到广西宜山,男同学住在前清的标营，那里的练兵场就成了操场。一开学就规定全体同学必须做早操。操场上竖有纵横坐标牌，每个同学有一个坐标号。铃声一响，各按自己坐标就位，由体育老师领操。体育校工记下空缺的坐标点。早操缺席是要影响体育成绩的，所以是强制的。早操时各坐标点一般都不缺人。

舒师深知要使同学们身体健康，光靠每周两次的体育课是远远不够的，所以狠抓早操。此外，随着学校步步西迁，他到处利用自然水域，开游泳场。它既是体育课的场所，又是师生们消暑纳凉、锻炼身体的好去处。

1937 年在杭州，学校健身房旁正开始建造一座游泳池。可惜还未启用，就遭日寇铁蹄蹂躏。1938 年夏学校在江西泰和时，舒师在赣江边开辟了一个天然游泳场，不少同学就是在那时学会了游泳。竺校长和许多老师也常去游泳。

到了广西宜山，在标营农学院试验农场南面找到了一条小河，宽有 4 米，有一段水深约一人，正好做一个小型游泳池。河上有一座小石拱桥，桥顶离水面约 2 米，桥下水较深，恰是一个天然跳台。舒师摸清了水底情况，肯定不会发生危险后，准许同学跳水，他常站在桥上指导监督。有一个广东同学，身材健美，高高跳起，张开两臂作飞燕式下水，姿势优美。舒师连赞："蛮蛮好！蛮蛮好！"我也来了个曲体剪式。小河浜里游泳终究不过瘾，会游泳的同学到龙江里去游。龙江岸边，怪石嶙峋兀立，临水有一块高耸的岩石，顶面平整光洁，离水面二三米，下面水很深，是一个绝妙的跳台，大家经常在那里跳水，每次最后一跳时，浑身擦了肥皂，一跃入水，肥皂冲得干干净净。

到了贵州，河流多，无论在遵义，还是湄潭、永兴场，到处都有良好的天然游泳池。遵义有一条河蜿蜒于新城老城之间。在连接两城的大桥上游不远，有个柏家堤坎拦成一座小水库，再上去还有洗马滩。舒师选定那里作为游泳池，岸边围了两个席棚，就是男、女更衣室。这个游泳池开辟后，当地不少中、小学生也被吸引来了。至于湄潭，条件就更好了，那里有一段长几百米的河道，游泳方便。永兴场也有很好的游泳场所。

舒师因地制宜，西迁每到一地，就选择适当的天然水域，开辟游泳场，开展游泳活动，增强师生体质。现在一提起白鹭洲、龙江、洗马滩，大家就会沉浸于抗战年代生活十分艰苦却又非常愉快难忘的美好回忆中，而舒师的慈祥笑容又浮现在眼前。

篮球训练

一年级时，吴祖亮、吴祖光兄弟和我被选进校篮球队做预备队员。主力队员是队长、中锋李永炤，后卫是吴廷瓌、胡广家，他们三人都是机械系四年级学长，快毕业了。右锋刘达文、左锋刘奎斗和另两位预备队员吉上宾、沈宗墉，都是工学院二年级学长。

篮球队每周要训练两次，有时在下午，有时在晚上。每次训练都是舒师亲自指导，着重基本技术、整体配合和体力训练。当时中国篮球界有南舒北董（守义）的说法。我们能受到舒师的训练，确实机会难得，练得十分认真。基本技术有运球、传球、拦截、抢篮板球、投篮等。

舒师非常重视整体配合，不允许抢功，光顾自己投篮，要求每个队员既要在条件有利时，不失时机，积极投篮，又要给别的队员创造更有利的投篮机会。

舒师在训练中经常反复强调 sportsmanship（运动员精神、体育道德）：要遵守纪律，服从裁判；要互相密切配合，发挥整体力量；绝不准故意伤人；要胜不骄，败不馁；比赛时，不管输赢，要全力以赴，每球必争，顽强战斗到底，拿现在话说，就是要"拼搏"。

浙大男子篮球队从杭州打到宜山、遵义，队长从李永炤到吴祖光、刘奎斗，队员换了一批又一批，队风、球风一直是值得称道的。比赛场上，拼抢再激烈，我们也不大犯规，绝无故意伤人的事。传球失误，传球人说自己没传好，接球人则说自己跑位不对，总是互相承担责任，从不互相埋怨。投篮不进，总是高喊："我的错！"别人就拍他肩膀："没关系！"这种作风，在进入社会后的工作中，仍然被继承下来。

书生屡挫武士

浙大男子篮球队在杭州、在广西宜山、在贵州遵义都参加公开锦标赛。说来也巧，最后争夺冠军的决赛都是在浙大和军事院校或军队之间，也就是在文弱书生和纠纠武士之间展开的。

1937 年春，浙江省篮球决赛是浙大对中央航空学校。这一仗，当时的队长李永炤学长在《"浙大""航校"争夺冠军的大战》一文作了极其详尽精彩的描述。军事院校的学生，体格比我们文学校的书生当然要强壮得多。航空学校是训练飞行员的，他们的体质更是第一流的。

可是我们五位主力队员都是书生中的佼佼者。队长李永炤文武双全，他身材高，弹跳力好，在浙江省春季运动会上曾以 1 米 70 多的成绩荣获跳高冠军。他打中锋，进攻退守，前呼后应，指挥全军，是场上核心。后卫吴廷瓖是重量级体格，所以能把航校队员撞一个跟斗。另一位后卫胡广家也是个大个子，他是近视眼，打球得戴眼镜，舒师为他特备了一副防护罩。他戴着头盔似的防护罩，威风凛凛，活像一位剑侠。左锋刘奎斗，黑龙江人，流亡到关内，中学在出“五虎将”的南开就读，有名将唐宝坤风度。他个子不高，但速度快，弹跳高，动作灵敏，常常闪过对方后卫，沿底线切入篮下，左手上篮。有时虚晃一着，对方拦向底线，他就一跃而起，在左侧双手投擦板球，球应声入筐。右锋刘达文来自江西，身材高大，善于在右角投空心篮，很准，也经常切入上篮，很有威胁。两位后卫防守严密，并牢牢控制篮板球，又有中锋策应，屡挫航校攻势。在舒师严格训练下锻炼出来的这样一支球队，决赛时又搬出了舒师传授的秘密武器——人盯人防守，打得航校晕头转向，比分一直领先，终于夺得了冠军。

1938 年浙大迁到广西宜山。10 月，乐群社举办了一次“乐群杯”篮球赛，最后是浙大和中央军校第五分校进行决赛。该校队员都是两广人，矫健敏捷，体力充沛。我们则刚经长途跋涉，到宜山不久，还没休息过来，也来不及训练，就临时组队，仓促应战。大家靠吃老本，团结奋斗，击败了对手，夺得了锦标。

1940 年初，浙大迁到贵州遵义，篮球队的对手又是两个军事学校——陆军大学和步兵学校，在友谊赛时，我们胜了陆军大学，却输给了步兵学校。并非力不能敌，而是比赛中，他们动作粗野。我们遵循舒师的教导，不报复，不伤人，最终让他们赢了。

1940 年初夏，遵义举办青年篮球赛，冤家对头，决赛恰恰是浙大对步兵学校。他们赢过我们，这次志在必胜。我们呢，早就憋了一肚子气，誓报一箭之仇。在舒师指导下，我们认真刻苦训练，摩拳擦掌，准备迎接大战。比赛那天，球场上早早就里三层，外三层，挤满了人。许多同学带了长凳，站在后排，居高临下助威。竺校长也亲临观阵助战，坐在球场边靠中线处，不像在杭州战航校时只是守在门口“听”。

比赛开始，吴祖光和我打后卫，严密封锁篮下，尽力争夺篮板球；其他后卫赵梦襄、孙百城、李元石常上场替换。谢承范、陶光业轮换打中锋，阳章、吴祖亮、刘泰打前锋。中锋、前锋猛冲敌阵，屡建功勋，比分一直领先。因为轮番上阵，保持了充沛体力，士气也一直很旺盛。下半场最后不到十分钟时，舒师命我打右锋，抓机会快攻。不久，见吴祖光抢到球，我就猛插篮下，刚跑到罚球区，祖光的球就到了。我得球大步上篮，球刚要出手，猛觉左眼一震，一只拳头砸在我右眼上，眼镜和球都飞了。原来对方后卫见已无法阻止我投篮，就一拳把我左眼镜片砸得粉碎，碎玻璃片刺进左眼。幸亏校医室主任周博士带着医疗器械在场，立刻处置，把玻璃碎片从左眼一一取出，并进行了清洗。吉人自有天相，角膜竟没受伤。比赛继续进行，吴祖亮替我上场。一次，他得球后，一个急转身，躲开了对方的拦截，原地跳起，双手投篮，球碰板入网，又为夺标添了 2 分。我们把优势保持到了终场。经过激烈争夺，我们胜利了。四周立刻响起了同学们的热烈掌声和欢呼声。竺校长也满面笑容，向我们祝贺胜利。

吴祖光、吴祖亮、阳章和我回何家巷洗完澡，上街去吃小笼包子自我犒劳时，路上行人指点我们说："浙大的坦克部队。"我们也感到自豪，能击败"步兵"，"坦克部队"自然当之无愧。

1941年初夏遵义篮球公开赛时，刘奎斗从真正的"坦克部队"回校复学了，他继任队长。决赛的对手又是军人——宪兵第九团，个个高大强壮，可是技术略逊我们一筹，我们没费多大劲就获胜了。

说来也怪，我们好像命中注定要和军人比个高低。毕业后在昆明又和军人进行了一场遭遇战，这次对手都是美国人，是来自篮球王国的空军。

那是1943年的春天。有一天晚上，吴祖光、陶光业、我、牟作云和简某在昆明拓东路篮球场打球。忽然来了一队美国轰炸机大队的飞行员，定要和我们赛一场。我们商量了一下，决定应战。现在是中国篮球协会主席的牟作云，当时是西南联大体育老师。他田径水平很高，曾获三级跳远全国冠军，是参加1936年奥运会的篮球队队员，这次打中锋。吴祖光和简某打后卫，陶光业和我打前锋。开赛不久，我们发动了几次快攻，连进了几个球。他们立刻改变战术，采用舒师教我们打航校时的人盯人战术，进攻时则利用中锋的高大身材，中路强行突破。我们失两球后叫暂停，商量对策，决定牟作云坚守中路，如果守不住，后卫就左右夹击，这一来立刻见效，抑制了他们的攻势。前锋又快速左右穿插，使他们的后卫疲于奔命。我们又发挥优势，打败了他们。这是一支小插曲。

离别舒师已数十年，他也早已与世长辞了。每当回忆在浙大四年的往事时，舒师的音容笑貌总会出现在眼前，他的谆谆教导也会回响在耳边。献上这篇回忆文章寄托我对舒鸿老师的深切怀念之情！

王淦昌先生和浙大物理系

许良英*

王淦昌先生

我在浙大共生活过十一年，分属四个完全不同的时期：(1)1935 年 9 月—1937 年 12 月，在“高工”电机科学习，它的全名是“国立浙江大学代办浙江省立杭州高级工业职业学校”，校名之长是罕见的，但我们挂的是浙大校徽，穿的是浙大校服；(2)1939 年 2 月—1942 年 7 月，在理学院物理系学习；(3)1945 年 2 月—1949 年 5 月，在物理系任助教；(4)1968 年 6 月—1969 年 5 月，为浙大地下党历史问题接受“审查”和批斗，最后六个月被关在当时行政大楼五楼的“隔离室”(实际是监狱)里。这十一年，经历了无数激动人心的事，值得写下的回忆实在太多了，这里只记录一些同王淦昌先生和物理系直接有关的片断。

* 许良英(1939 级浙江大学物理系)，中科院自然科学史专家。

一

我第一次见到王先生和物理系教授是在抗日战争前一个多月的1937年5月下旬。那时我是高工电机科二年级学生,从《浙大日报》上看到"物理学泰斗"玻尔要来浙大作报告,我慕名于当天下午到文理学院新教学楼(1946年名为阳明馆)三楼的大教室去听讲。玻尔由文理学院院长胡刚复和王先生等物理系教授陪同,用英语讲《原子核》,没有翻译,但同时由浙江省广播电台作直接实况转播。可惜我那时只学过高中物理、化学,虽然有关电机工程的教科书全是英文的,但未受过英语听、说训练,因此,整个演讲我只听懂一句"Hangzhou is a beautiful city"。好在旁边有玻尔的儿子放的幻灯,还可以懵懵懂懂地了解到一些核反应现象。以后从《浙大日报》上知道,王先生和束星北先生同玻尔讨论得很热烈,玻尔走时,他们一直送到四十公里外的长安站。

七七事变和八一三事变后,高工搬到钱塘江南岸的湘湖农场。11月日寇在金山卫登陆,浙大迁到建德,高工也跟着去。一个月后,一向对浙大不满的浙江省教育厅厅长许绍棣把高工解散了,我只好回故乡自学。1938年春天,我读到了十几本介绍20世纪物理学新发展的通俗著作和爱因斯坦的《我的世界观》,对物理学产生了狂热的喜爱之情。随后也读了一些马克思主义著作,开始考虑中国的革命问题。那年秋天开始全国大学统一招生,我到永康以同等学力报考了浙大物理系。那时浙大已经二迁安吉,三迁泰和,四迁广西宜山了。我直到1939年2月8日才入学,第一学期已过了一大半。那时敌机常来轰炸,就在我到校前三天,有敌机十八架向标营浙大校舍(全是茅草盖的竹棚子)投了一百十八颗炸弹。但浙大师生并没有被吓倒,在我到校那天已经恢复上课。

那时物理系主任是张绍忠先生,教我们普通物理。1928年物理系开设以来,他就是系主任。1935年为抗议校长郭任远的专制,全系教师职工愤然离开。那年"一二·九"运动,我们赶走了郭任远,1936年迎来了竺可桢校长。张绍忠先生和原物理系的全班人马重返浙大,何增禄先生还从山东大学带来了王淦昌先生。1940年张绍忠先生出任教务长,系主任由何增禄先生担任。何先生早年留学美国加州理工学院,在真空技术方面有卓越的成就。

当时王淦昌先生教的是四年级课程,主要是近世物理(20世纪物理)学,我却有幸在入学后一个月就同王先生开始了直接接触。这一年,三天两头有空袭,每当龙江对岸上挂起空袭警报灯笼时,大家就纷纷往龙江两岸河谷或山脚的石灰岩溶洞里躲藏。有一次空袭时,我在岩洞里看一本英文物理小册子,碰巧王先生来到这个洞里,他就同我攀谈起来,并要我以后多找他谈谈。我那时是个在长辈面前说不出话来的羞怯的小青年，不敢主动找教授谈话。这种羞怯心理不久就被物理系教授们的淳朴、坦率、活跃的学风逐步冲淡了。我是从旁听物理讨论课发现这种学风的。

物理讨论是为四年级同学开设的课程，分甲、乙两种。"物理讨论甲"是由全系教师和四年级同学轮流做学术报告；"物理讨论乙"主要是王先生和束星北先生就物理学的前沿做系统的报告。两者都每周一次，每次报告前几天都在教室门口张贴大布告和题目。我出于好奇，也壮着胆子常站在门外旁听。讨论时最活跃的是王先生和束先生。他们两人同岁，一个擅长实验，一个擅长理论，性格都开朗、坦诚。别人报告时，他们常插话或提问，两人之间又常发生争论，常常争得面红耳赤，声音很大。束先生有时还坐在讲台上或课桌上大发宏论。大教授竟像小孩吵架那样地争论科学问题，初见这种场面，我感到十分惊奇和有趣，以后慢慢领会到这种学风的可贵。只有这种真诚的态度，才能探索科学真理。受了物理讨论这种学术空气的影响，我联合了物理系、电机系几个一年级同学，也搞起一个定期的读书报告会。

历次物理讨论给我印象最深刻的是1939年7月间的一次，那是由王先生报告"Fission of Uranium"，"Fission"我不知是何意义，但还是去旁听了。出人意外的，王先生报告的是1月底玻尔在美国宣布的一个划时代的发现。1938年12月和1939年1月间，哈恩和迈特内发现了铀原子核裂变现象，迈特内估算出一个铀核变时会释放出二亿电子伏的能量，比同等重量的煤燃烧时释放的能量大几百万倍。当时教室里的气氛十分热烈，我感到震惊和兴奋。很久以后我才知道，著名女科学家迈特内原来就是王先生博士论文的指导教师，可是王先生当时并没有谈迈特内同他个人的关系，丝毫没有以老师的身份来炫耀自己。自从听了王先生这次鼓舞人心的报告后，我就经常阅读 *Science* 等科学刊物，跟踪物理学的新发展。

浙大物理系教授的朴实无华和平易近人，我还从1939年10月同理学院院长胡刚复先生的一次谈话得到极其深切的感受。那是我二年级第一学期开始，拿着选课单到院长办公室请他签字，顺便问他一句："听说又要准备迁校了，是否事实？"他一连不停地同我讲了三个多小时，从下午四五点一直讲到八点钟左右，吃晚饭时间都被耽误，我肚子饿得发慌，也只好耐心听着，天黑了，办公室里没有灯，他依然娓娓而谈。胡刚复院长来浙大后，是校长最得力的助手，像我一个没有活动能力而又幼稚的低年级生，随便向他提一个问题，竟得到了如此详尽的回答。不久我在校门口看见他同一个校工站在路上长谈。这种真挚、随和、平等的人与人的关系和浙大传统的"求是"校风，陶冶着我们这些青年学生。

二

我们在宜山的上课1939年12月底被迫停止了，因为11月日寇在北海登陆，不久南宁沦陷，浙大不得不进行第五期搬迁。1940年2月我们到达贵州北部的遵义，开始了安定而激荡的新的生活。到遵义后，学校宣布实行“导师制”，要每个学生自己选定任何一位教授作导师。我就选王先生为导师，这样，同他的接触就多起来了。他常约我到他家里谈心。每学期他还要请我们几位“导生”吃一顿饭，由师母自己做几个常熟的家乡菜，为我们这些远离家乡的游子增加营养，并共享人间温暖。

到遵义后不久，有一次在王先生家里讲到抗战形势。他说：1934年以后，他在山东大学教书，抗战爆发了，有些学生留在山东打游击，有作为的人都去参加抗战工作，“只有我们这些没有出息的人，才躲在大后方！”语气很严肃，并带有内疚。我听着，心里感到十分惭愧。两人沉默了很久，说不出话来。以后我了解到，王先生在中学和大学读书时，积极参加爱国民主学生运动。1925年上海的五卅运动和1926年北京的三一八惨案，他都经历过。1937年七七事变后，他同浙大物理系实验室管理员任仲英先生在杭州沿街挨门挨户地向人募捐废铜烂铁，以支援抗日战争。当时，他自己还把家里的金银首饰全部捐献出来。为了使学生能为抗战效劳，他先后四次开设“军用物理课”。

就在这个时候，我的人生观开始急剧的变化。在遵义一年半，我的课余时间几乎全部用来读马列著作和有关中国革命的书籍。有一次偶尔与王先生说起自己对社会现实问题的一些看法，想不到他大声地对我说：“在这方面你可以做我的导师了，导师本来就可以对换来做。”这种虚怀若谷的精神实在使我吃惊。

王先生这种极端谦虚的态度，不仅表现在他的专业以外的领域，就是在物理科学问题上，他也一贯如此。到遵义后，他教我们电磁学。一开始他对我们说，为了使自己对整个物理学有一个全面的、坚实的理论基础，他除了经常教近世物理课以外，还要把物理系每一门课都至少教一遍。听他的课，是一种精神享受。他讲课爱用启迪、讨论的方式，常要我们提问题，有时上课就成了对话。当我们提出的问题需要花点时间加以考虑后才能回答，或者发现他在黑板上的演算有错时，他总是要说一声：“Pardon me!”他没有一点教授架子，同学生的关系完全像知心朋友。

我入学时，物理系一年级同学共二十一个人。到二年级，只剩下五个人，绝大部分转到工学院去了，因为工学院毕业后出路有保障，而物理系只能过和尚庙里的清淡生活。我为那些同学未能分享追求科学的乐趣而惋惜。那时蒋介石用“国家至上,军事第一”的口号来压制民主进步力量。为了抵制这种压力,也为了表达我们学习物理科学的自豪感,我在遵义老城北门外洗马滩对岸山坡小龙山(现在是红军烈士墓墓道的右侧)的物理实验室(原是一个小破庙)的门口,用粉笔写上一副对联:“科学至上,物理第一。”王先生第一个发现,当即表示赞赏。这副对联也就因此保留了下来。

在浙大物理系,束星北先生的课也是非常吸引人的。他早年在英国爱丁堡大学专读物理,研究相对论。我们二年级时,他教我们理论力学,开头一个月,专门讲牛顿运动三定律,把力学的基本概念和基本原理阐述得如此透彻,如此生动,使我十分神往。这也使我醒悟到,在此以前,自己并没有真正懂得什么叫理论?什么叫原理?三年级时,他教我们热力学,同样用一个月时间讲“熵”概念和启发。但有些观点我不同意,如说电子似乎有“自由意志”,我就同他争论。他并不生气,而是耐心地同我理辩。有时整整一堂课就这样争论过去。现在回想起来,我当时实在幼稚可笑,但教授同学生之间为探求真理而进行的这种平等的争论,是永远值得思念的。

1941 年暑假,浙大物理学院搬到遵义东面七十五公里的小县城湄潭。这是抗战五年内的第六次迁移。物理系安顿在西门外湄江对岸的破庙双修寺里,并在寺内造了一座两层小楼,条件比宜山、遵义时有点改善了。

王先生离开遵义到湄潭前,在他多年求索的原子核衰变问题上作出了突破性的贡献。这就是他 1941 年 10 月 13 日寄到美国《物理学评论》发表的信件《关于中微子探测的建议》。当时他没有告诉我们,因为我们还没有学过核物理(这是他开的四年级近世物理课的主要内容)。这件事,物理系教师当中很少有人知道。同他经常讨论问题的束先生在这以前回江苏奔父丧,直至次年 5 月才回校。我是 1942 年 4 月才听王先生自己说起的。那时四年级最后一个学期过了将近一半,要准备做毕业论文了,王先生指定给我的论文题目是《β 衰变和中微子存在问题》。他说,这是理论上和实验上都一直未解决的重大问题,他自己已探索了多年,最近想出一个验证中微子存在的简单方法,这就是观测 Be7 原子核俘获 K 电子时的反冲动量。但由于战时物质条件困难,国内根本无法实现,只好先送国外发表,让别人去做。他希望我同他长期合作,从事这项研究,并说这个问题如果解决了,可能得诺贝尔奖。如果在 1939 年或更早的年代,我一定会欣然听从王先生的安排。可是,经过两年多的对中国现实、国家命运,以及哲学理论和人生观问题的探索和思考,我深切体会到,在中国,不推翻半殖民地、半封建的反动统治,根本谈不上发展科学。特别是 1941 年 1 月皖南事变后的严重白色恐怖,激起了我强烈的革命义愤,于是一心想找党的组织，以便更有力地开展革命斗争。因此，我不得不辜负王先生对我的厚望，草草地完成毕业论文，以期早日走出校门。

为了做论文，王先生指定我阅读有关β衰变的实验和理论的大量文献。那时适逢“倒孔运动”爆发后的恐怖窒息时期，我课余的主要精力用于秘密的革命运动，但是β衰变的文献还是引起了我很大兴趣。两个月后，我就自己查阅过的将近七十篇文献在物理讨论课上做了综述性报告，并写了一个论文提纲。这时毕业考试已全部完毕，而正式论文还没有下笔。我急于要投身广阔的现实世界，于是只能花一个月时间匆匆地写出前面一半，原来准备着重探讨的关于中微子存在问题的各种实验分析就未能进行。论文交给王先生时，我就向他告别，并于第二天离开湄潭。这篇论文远没有达到王先生所要求于我的，我很内疚；想不到王先生浏览后却给予好评，并鼓励了我一番。

我们同班毕业的共四人，其中三人（梅镇安、陈昆维和我）是宜山入学的；另一位胡济民，原高我们一个年级，因眼疾去上海治病，到四年级才回浙大。梅镇安化学课成绩很好，四年级时王先生建议她将来研究生物物理学，说这是一门大有前途的新学科。毕业后不久，她就去考清华大学生物研究所，以后又去美国进修生物物理，是我国从物理学转到生物学领域的第一人。毕业前，王先生还是再三找我谈话，要我留下来。为了说服我，他说我做学问有三个特点：诚实、理解力强、有创造能力。因此，研究物理是很有前途的。我当时体会到，这三点实际上就是王先生自己治学的特点，他用来称赞我，表明他对我是何等信任，对此，我十分感动。可是，在当时严峻的革命斗争形势下，为了保密，我不能向王先生直率地讲明自己的去向，只是抽象地说：我要走向社会，学习“做一个人”（可是在 1939 年刚入学时，我的志愿是做一个“当代物理学权威”）。内心上，要离开王先生这样一位我所景仰的老师，要离开浙大这样一个有民主、科学传统的学府和并肩战斗过的同学，实在是有点留恋不舍的。

临别前三天，胡济民突然找我，说他也不想留校，要同我一起走。原来他以为我要去延安或抗日根据地，而他有个妹妹已在新四军。我告诉他，去延安的路不通，在大后方可做的工作不少，我自己的去向尚未确定，希望他还是留校当助教，继续研究物理。

三

1949 年 5 月杭州解放了，我调离浙大。由于工作性质的变化和忙碌，同王先生就很少接触了。1950 年他调到中国科学院，筹建近代物理研究所。1952 年我也调到科学院。到北京后，知道王先生已去朝鲜前线探测美军投掷物的放射性。这是一项要冒生命危险的军事任务,王先生毅然接受了,我做学生的也感到自豪。

1954 年苏联第一个原子能电站建成,在当时“一边倒”和“向苏联学习”的政治口号下,我这个虔诚的共产党员立即为《科学通报》写了一篇社论,并请王先生写了一篇文章。现在看来,这两篇文章虽然对战后冷战年代的国际形势和对苏联社会的实质的看法都有很大的片面性,但对王先生同我的导师关系来说,很值得纪念。那时王先生向我表示:他一心想做研究工作,不愿意担任领导职务,在近代物理研究所担任常务副所长,费了不少精力,很觉苦闷。有些尊崇儒家传统的人,本着“学而优则仕”的古训,一心想当官,当了官就以为高人一等,学术研究也就此终了。因此人们论断:在中国,“官职是学者的坟墓”,这个论断对王先生完全不适用,因为他根本不想当官,更不以官为荣。他永远保持着淳朴、正直的学者本色。

1956 年王先生去苏联杜布纳参加联合原子核研究所的工作以后,我同他中断了联系达十七年。这是由于 1957 年“反右派斗争”的风暴,使我在几天内变成了“反党反社会主义”的阶级敌人——“资产阶级右派分子”,并被列为“极右”,结果不得不回乡当农民,靠劳动工分来养活自己和母亲。1960 年在报上看到王先生发现反西格马负超子的消息,我这个当农民的学生也很为他高兴。几年后,连续传来我国成功地爆炸原子弹和氢弹的喜讯,我估计王先生一定在这方面作出了重大贡献,而且设想,如果我一直跟着王先生研究物理,大概也会从事这方面工作;如今却竟成了“阶级敌人”和“专政对象”,自己实在无法理解。但我并不后悔自己所做的抉择,因为我是把自己的心和整个生命奉献给了中国人民解放事业,至少王先生是会理解我的。事实确是如此。

1973 年 11 月我终于又在北京同王先生见了面。那时他还是那样热情,对我这个“摘帽右派”的农民,不但毫无歧视,反而以“同志”相称。当我告诉他上海市“革命委员会”写作组强占并要公开盗印我们的译稿时,他勃然大怒,说:“上海就是霸!”仅凭这句话,在当时就可定为“炮打无产阶级司令部”的“反革命”。我在北京时,商务印书馆发给我每月五十元生活费,但“批林批孔”运动中商务换了领导班子,他们赶我回农村,欺骗我说会继续给我寄生活费。我一回故乡,他们就停发生活费。王先生获悉后,即给我写信,说以后我的生活费由他包下来,并要我安心完成三卷本《爱因斯坦文集》的编译工作。王先生身处极机密的国防科研领导岗位,前几年又挨过批斗和凌辱,现在竟要包下一个在农村“改造”的“阶级敌人”的生活费,这要担当何等的风险!他从四川用“天京”的名字按月寄给我三十元,一连寄了将近半年。1975 年 5 月商务印书馆恢复了我的生活费,他还要寄;直到知道了我的生活费确实已有着落,他才放心。

“四人帮”覆灭后，我们准备写文章对“文革”时期的批判“相对论”和爱因斯坦运动进行反批判，他于1977年3月19日从四川给我信中说：“对所谓相对论批判和爱因斯坦批判的反批判，我很赞成，希望你们写得好些，要有力量，对一些反科学的混蛋，给以致命的打击。”以后周培源先生告诉我：1969年10月中国科学院工宣队、军宣队和革命委员会召集当时在京的知名科学家开座谈会，专门批判相对论和爱因斯坦，王先生就抵制出席，在当时是极少有人敢于这样做的。

1978年他回京任二机部副部长，我也结束了二十年的农民生活回科学院工作。这样，见面机会比以前多了，每年春节或元旦我总要约一些老同学去看望他。1979年我们几个同学发起请几百个40年代同学联名写信给浙江省委和浙大，建议隆重纪念费巩烈士。那年10月在浙大开了纪念会，王先生也从京赶来参加，并在大会上讲了话。1981年冬，浙大准备为八十五周年校庆开展大规模庆祝活动，我把这一信息告诉王先生，希望他也参加。想不到他断然拒绝，说：“同乡、同学关系，校友会，校庆这类活动，都是‘自由主义’的一种表现，毛主席反对过，我也反对。”我说：“别的学校可能有这个问题，浙大情况就不同了。浙江本是文物之邦，南宋以来八百年浙江人才之众在全国名列前茅，但三十多年来，由于受‘左’毒的摧残，如今，浙江在科学、教育、文化等方面都已大大落后了，我们应该利用浙大校庆来活跃浙江的学术空气。”他同意我的看法，说：“好！那我一定去！”可惜1982年4月校庆来临时，二机部（核工业部）领导班子新老交替，他无法分身，于是写了一封热情洋溢的贺信，希望在校师生“继承浙大传统，发扬‘求是’精神”；希望学生们在新的历史时期有当年爱国运动时期所体现的激情，学习费巩先生那样立场坚定、爱憎分明、热爱祖国、为中华民族的强大而献身的精神。

1985年1月，我有幸有五天时间同王先生一起参加讨论科技体制改革决定草案的座谈会，并同在一个小组。在会上，我提出：不可把科学和技术混为一谈，科学通过技术固然可转化为生产力，但科学不仅是生产力；不可把商品概念套用在科学知识上，不可急功近利，看不见发展基础科学的重要性。王先生进一步强调：科委应向有关领导人讲清楚这个问题，否则就是失职。以后我患眼疾，他来看我，谈到基础研究经费被削减，严重影响工作的开展，他曾为此四处奔走，而未见效，因而感到忧心忡忡。他一向是“先天下之忧而忧，后天下之乐而乐”，急国家、人民之所急。1986年1月在党中央领导人会见核科学家时，他就坦率陈言，申述基础研究不可忽视。1986年3月，他又会同王大珩、陈芳允、杨嘉墀等三位科学家联名上书中央，提出跟踪高技术发展的迫切性，

王淦昌先生 1997 年回校参加百年校庆与浙大师生在一起

引起国务院的重视。

王先生长期来把我当作同志和知心朋友，因此，我们之间从来不存在什么“代沟”。受了这种亲密无间的师生关系的熏陶，我也努力使自己同青年学生之间的关系做到：既是师生，也是同学，更是同志。王先生这一品格，在当前的伟大变革时期显得格外可贵。他所以能够永远同时代同步前进，是因为他始终奋战在科学前沿，始终关心祖国和人类的命运，始终以青年人为知心朋友。

怀念胡刚复老师

解俊民*

1937年下半年，我们新考进浙大的学生，在杭州才上三个多月的课，便由于日本侵略军在金山卫登陆而匆匆迁往西天目山。上课未满一个学期，又下山开始随着全校大批人马节节西迁。整个西迁行行止止的过程给我们创造了跟老师们频繁接触和交往的好机会。每个同学都可以感受到他们身上一些颇为感人的品格、素养以及各不相同的处世风格。

胡老师在任浙大文理学院院长期间，和同学见面的机会不多。尤其是迁校期间，苏步青老师任行军总指挥，而胡老师一直任先遣队和后勤筹划组的负责人，负责调查研究新校址的办学条件、联系交通运输以及地方人事关系等各方面的工作。他和苏老师都是科学家，习惯于脚踏实地工作，事事都按照科学的思维方式进行，因此都能取得实效，成了竺校长的左膀右臂。胡老师因先于大部队到达目的地，不能在旅途中和同学们一起行动。而在每次迁定后又忙于全校的内外行政杂务，不能经常开课，以至于同学们总以为他是一位校领导，而不是能够常和同学们接触的专业教师。可是当理学院最后于1941年夏迁到湄潭，与农学院师生朝夕相处之后，学校便大体上安顿下来，他也就开始常和广大师生见面了。

我恰逢此时毕业，留校任物理系助教。我随全系迁到湄潭后，有幸经常跟随胡老师左右，当他的见习生和助手，从而有机

* 解俊民(1937级浙江大学物理系)，著名物理学家。

会常常接近他，了解他如何思考和处理各项工作。有时胡老师也让我提点意见，出出主意。在我跟随胡老师的所有日子里，受到他很多的教益。

过去我在书本和黑板上每见到“满腹经纶”这个词儿，总理解为用来称赞某位达官名士，把他奉为熟读经史，能诗能文，文韬武略，有着异常卓越才华和见识的人。可是跟随胡老师一段时间之后，渐渐发现他不仅对新的“西学”和旧的国学都有相当深厚的功底，而且对于中西文化的精髓也有着相当精辟的认识；又亲眼目睹了他在祖国的高教事业上目光远大，深知教育事业乃是国家命脉和民族生机之所在；这才发觉“满腹经纶”这个词用来赞美他是十分恰当的。

一位对青年人有爱子之心的长辈

那时我已知道胡老师是一位在学术上有过杰出贡献的科学家，一位博学多才且爱国心很强的学者。他虽对当时国内的政治现状从不高谈阔论，公开发表意见，或表露愤世嫉俗之情，然而他对于旧统治者的狡诈手段和狰狞面貌是深知的。

我在湄潭当物理助教时，由于系里助教人手太少，我的工作就相当吃重了，加以营养不良，每晚临睡前总是感到疲惫不堪。那时候我要同时准备三门高年级物理实验课和担任保管仪器之职，还要跟王淦昌老师学习光电管的研制。此外，还要帮助朱正元老师辅导化学系二年级的普通物理课。不久朱老师长期病卧，我便代他讲课兼辅导，还负责该年级于 1942 年暑期在永兴镇补上的普通物理实验课。在业余时间我除了继续参加过去在遵义即已参加的黑白文艺社和质与能社的各项活动外，还要跟随胡老师，当他的助手。不过，那时我的工作、学习和生活倒是既紧张而又丰富多彩、充满生趣的。

胡老师是当时竺校长在湄潭的代理人，常要与国民党的湄潭县党部书记长打交道。他对于国民党的警备司令部在遵义和湄潭接二连三地非法逮捕思想进步的师生极其反感。1942 年的初秋，他从湄潭县党部书记长那里听到我有“搞外务活动”的嫌疑后，深感担忧。有一天便对我真言相告，劝我尽快离开浙大到重庆去工作。重庆不像湄潭，是个大城市，我这个普通青年不会受人注意的；我在物理系所做的教学工作相当得力，系里师生都会舍不得我离开，但是万一被逮捕，学校是没有力量保护我的。而据国民党湄潭县党部书记长说，逮捕我是很有可能的。

我初次听到这番话，并未介意，还天真地认为自己不是中共党员，又无任何“外务”，国民党为照顾到自己的声誉，总不至于盲目乱抓人的。至于要我突然离开母校浙大，实在心有不甘，而对重庆何处可去又感到茫然。我就这样一直置之不理，心里想，过去在遵义师范宿舍住时，校长办公室的诸葛秘书经常在晚餐后出现，散布警备司令部的“最新黑名单”，借此让三青团员观察各人的动静，而事实上日后被逮捕的一批批师生大都不在这些“黑名单”当中，我又何必自寻烦恼呢？可是大约过了一个多月，胡老师又再次慎重而恳切地轻声相告，劝我切不要再拖延了。从最近县党部书记长谈话的口气听来，情况又比几周之前更紧迫了。事不宜迟，还是快走为好。幸好他和几位校系领导人早有准备；为了不让我吃眼前亏，已经为我联系好调到重庆兵工署弹道研究所去当助研了。在那里有一位几年前浙大物理系毕业的老校友，他为人热情厚道，在那里工作已久，能好好照顾我，而且他已有信寄来，表示欢迎我去。至此我才恍然大悟，胡老师虽不公开谈论政治和时事，也不常与进步同学交往，言行一贯持重，态度端庄和蔼，但是思想并不顽固保守，倒是真正进步，有正义感的。他思想境界高而深沉，见识远大，是一位衷心热爱青年学生和祖国教育事业的优秀教育家。当时我的思想算不上进步，也无进步活动，可能是以前写的一篇校报文章触怒了当训导长的国民党党棍姜琦，尽管他被迫离校，可能他未忘仇怨，才设法逮捕我的。若不是胡老师的再三恳切相劝，又暗中切实相助，我是肯定要吃眼前亏的，其后果将不堪设想。

胡老师常忙于校内的和理学院各系的重大教学行政工作，难得抽时间来讲课。而每讲一课总是讲得很长，滔滔不绝地叙述有关实验定律和基础理论的发现、综合、总结过程，包括一些重要概念的来龙去脉和穿插其中的简短的名人轶事，讲得津津有味，声音却很低。每次下课铃声已经响过了，他总似乎毫无反应，以致同学们每次下课，总超过食堂的开饭钟点。但从来无人抱怨，至多说胡老师虽是物理学家，却不重视三个基本物理量之一的时间的观念这一类玩笑话聊以自解，小小的不满早已被胡老师苦心传授真知的热情消融了。

胡老师平日对同学的态度一贯是热情而慈祥和蔼的，可是他在关键问题上却十分认真严格，毫不放松。他在每学期开课之前对于理学院各系学生的选课单上院长签字这一关从不随便走过场，而是利用这个机会和每一位同学谈话相识，了解其前两学期的学习成绩和志趣，给予适当的指导或忠告。他严肃认真地询问每一位同学一两个问题，查阅前两学期的学习成绩，同时趁机以一个领导人的立场审察各门课程开设的普遍效果。他为了严格把好这一关，总是十分沉着，丝毫不受周围同学们催迫心情的影响。他热情地同每一位选课同学大谈学习志趣和当时世界尖端科学的发展方向以及中国科技发展需要等。如果发现哪一位同学前两学期的总成绩或两门必修课的成绩不佳，就不让他(或她)多选课，尤其是未及格课程的后继课。而对本专业的钻研劲头不大却倾心于其他专业方向的同学，便向他们介绍和建议选一两门跨系或跨学院的课程，向边缘学科研究方向上发展，有助于其成材。例如我们物理系

1942级的梅镇安同学尽管物理学的学习成绩优良，但她爱上了生物科学，而且已经选习过一门生物专业的基础课了，学业成绩优良，胡老师就劝她再加选两门生物专业的课，等她填好选课单，才给她签上字。二十年后，梅镇安同学果然在生物物理学上取得了卓越的成就，后来成为北大生物系生物物理学教授。

一位博才多艺而忠于职守的"先遣队队长"

胡老师的教育工作责任感极强，从不主观臆断。他习惯利用中午或傍晚的下课、下班时刻在十字街头等他要等的师生员工，碰头交谈。人们常可以在去食堂或回家的路上见到他在路边或墙角跟一个人谈着话，而在用完餐之后仍然见到他俩站在原地交谈，谈得更欢，好像非要把一件事谈透不可似的。

在整个迁校过程中，每迁一地，胡老师这位先遣队和后勤工作筹划小组的首脑都要在至少两三个月之前付出大量精力，做一些重要的有时却相当烦琐的实际调查访问工作。当开校务会议讨论决定新迁地点的方针大计时，常会有一些老师乐于根据自己的诗情画意或从古书上取得的某种灵感，来表达自己坚决主张迁往何地的理由。然而胡老师早已是胸有成竹的，他量过自己的两臂伸直时的总长是一米多少公分，凭这根随身携带的天然"直尺"，他可以快速量出某间房的长宽。于是，每一处新校址可供利用的现成房间各有多少平方米，其中立刻可用的和修缮后可供使用的课堂面积以及宿舍用房、办公用房的总面积各有若干，马上就有了估算结果；全校师生的集会场所和校图书馆有什么公共建筑物可供临时或永久使用，容量有多大，均有实际数字记录可供参考，就连粮油和木材的年供应量也都一一调查清楚。因此搬迁甲地可行还是乙地可行便了如指掌，再无盲目争论的必要了。

每次胡老师的发言虽在最后，说话的声音轻而缓慢，却是最有力的，与会者闻之无不动容而叹服。在他领导下的校图书馆和理科各系的书刊资料和仪器设备的长途运输工作在那交通运输条件极其困难、极不正常的当时，每一阶段都能出色地顺利完成任务，使得大批人马一到达新地点，不多日便能继续开课，校图书馆能流通图书，实验室也能开出实验，弦歌不辍，正常教学，这就维护了浙大的生命和生机。不少知情的教师和实验员说："除了房屋和锅炉、蒸汽机、大电机等笨重的设备外，各系的书刊仪器都没有丢失，物理系就连草稿纸也未丢失一捆。"什么是人间奇迹？这就是奇迹！但任何奇迹都不是自天而降，无中生有的，而是一个人，一个集体，一个国家，在奋发努力、求生存、求发展的坚强意志驱使下，由领导人以不寻常的智慧和胆识，凭着群众巨大的力量创造出来的。整个浙大一步步西迁的历史，实际上也是伟大的中国人民所表现的顽强斗志的一部分。

胡老师的学识渊博，在建筑美学方面也有独到的见解，这在一般老前辈知识分子中也是罕见的。有一回，我在湄潭帮他绘制一张准备新建的一所两层教学大楼的设计图。由于建筑经费很少，必须遵循尽量简单朴素的原则，不允许有建筑装饰物和豪华的气派。他要我帮他考虑在简单朴素的要求下，即在少花钱或不额外花钱的要求下，如何求得美观典雅而不落俗套。这对于我这素无建筑设计经验而知识面又不宽的人来说，实在无从下手，苦思冥想了两天，最后还是交了白卷。想不到两天后胡老师再和我会面时便拿出了他的绝妙设计。他打破了将二楼窗口等距离安排的老套，而采取钢琴键盘二黑键那样三三两两靠拢的不等间隔排列方式。他说："这种排列能让师生见到后，便立刻联想到钢琴的键盘，顿生乐感和美的意趣，甚至在脑中油然涌起一段优美的旋律，从而达到心旷神怡的境界。这可为大家的艰苦生活注入轻松的气氛。"这种构思委实新颖高明，富有创造性。这真是美学观念在日常生活中的灵活运用，令我赞佩不已。当我照胡老师的设计思想画出一幅正面设计草图后，眼光一扫，心中就禁不住涌起一首名曲的旋律。

一位把真正的物理教学引入中国的学者

胡老师在年龄上当属于我们这几届同学的父辈了，但是他的爱国主义思想和工作的热情却不亚于我们，甚至超过我们。他早在青少年时代便已受到家庭中父辈和祖辈的有意识的培养和熏陶了。

胡老师于 1892 年出生于江苏泗阳县。十七岁时以优异成绩通过了第一届庚子赔款出国留学考试，被派往美国哈佛大学物理系本科学习。四年后毕业，转入哈佛研究院。一年后取得硕士学位。再过四年取得博士学位。当时他受了争取祖国富强的强烈爱国心的驱使，多选具有应用价值的课程修读。胡老师家三兄弟都在清末或民初考取公费留学，而且都取得数理方面的博士学位，在研究上做出杰出成绩。长兄敦复是考取江苏省公费出国留学的，曾在清末受聘开办清华学堂(即今清华大学的前身)，而当学堂里的洋人董事不许开设中国语文课时，敦复先生便愤而辞职，结合一批爱国学者到上海开办了大同大学。胡老师自 1918 年回国起直到 1937 年随浙大西迁之前，曾多次在大同兼职讲课。由于大同大学经费短缺，胡老师从不领兼职工资，保持着简单朴素的生活作风。二哥明复先生通过第二届庚子赔款出国留学考试派到美国康乃尔大学留学，成绩异常突出，为当时四千名同学之冠，被誉为"神童"，在美国名噪一时。他也于 1914 年进哈佛研究院，1918 年取得博士学位，成为闻名美

第一批庚款出国留学人员

国的数学家。他回国后先后在上海大同大学、上海南洋大学(上海交大前身)及上海商科大学任教授和商科大学院长,并将 1919 年在美国与竺可桢、任鸿隽、杨杏佛、赵元任、胡适等十余人组成的“中国科学社”移到祖国来,出版《科学》期刊,同时还创立了生物研究所和科学图书馆,为在祖国大地上提倡科学研究和进行科学教育与普及科学知识等多方面的科学工作而贡献力量。

胡老师曾与杜安教授(Prof. W. Duane)一同做提取镭并用镭射线和 X 射线治癌的实验,这在当时世界上是属于科学前沿的研究工作。后来他又转到当时物理学基础研究的前沿领域之一的 X 射线研究,研究 X 射线的 K 线系和化学元素的原子序数之间的关系。他以电子速度与原子序数作图,修正了摩斯莱定律。他还首先在 X 射线频率范围内测定了电子在不同方向上的速度分布和 X 射线的空间分布及其光谱特性,明确了选择性光电效应和选择散射的存在。这一系列的重要研究成果对于诸元素原子激发和发射、吸收、散射 X 射线的机制,对于理解 X 射线在物质中所引起的电离和反光电效应,以至对于原子结构的认识,都具有重要意义,特别可以看作是现代物理学上发现康普顿效应和建立物质波概念的前奏。

胡老师和他的导师杜安在 X 射线方面做了极其广泛而重要的研究工作,成为中国第一位从事 X 射线研究的科学家;他与此后不久吴有训先生在康普顿效应中所做的重要工作交相辉映,为我国物理学史增添了光辉的一页。

1918 年第一次世界大战结束后,胡老师返回祖国,准备担任高校教职,

"要准备与命运做艰苦的搏斗,来为祖国培养大批有作为的年轻人才",是他在回国前的一段自述中说的话。回国后他便是照这样做的——历任南京高师的物理教授、东南大学物理系教授兼主任,先后筹建了厦门大学和中央大学理学院并任院长职。后又协助筹办中央研究院物理研究所,任专职研究员。在抗战前的六年间任上海交大教授兼大同大学教授。1937 年抗日战争发展到长期对抗的新阶段,胡老师应浙大竺可桢校长之邀,毅然出任浙大文理学院院长,协助竺校长领导浙大内迁工作,使浙大的教学与科研命脉得以维护和发展。1946—1949 年间,他率领了一批中国年轻学者到英国学习微波雷达技术。

物理学在晚清引入我国之后,大学和中学教师大都把物理课本当作语文课本来释义,学生对于一些基本理论和概念只能望文生义,甚至习惯于背诵定义、定律和定理的条文,而忽视实验所能提供的感性认识和手脑并用的实践机会。胡老师深知物理学的基础是实验,他首先在南京高师开办了中国最早的大学实验室。他可算得上是第一位把真正的物理教学引入中国的人了,实为今日我国在辽阔的疆土上所有学校、厂矿以及各科研单位物理实验工作的先导。他在各高校的物理教学中提倡多作课堂演示实验,严格要求学生在实验室里手脑并用,鼓励学生修理好已损坏的仪器,再拿这些修理好的仪器去做实验;对于造假数据的学生总要严加教育。他在课堂上着重讲述科学大师们的创造思路和科研方法,在课后又不厌其烦地解答学生的提问,甚至关心学生的生活。在 20 世纪 20 年代初期,他还解私囊资助一位学习成绩十分突出的学生去法国留学。

浙大师生在江西泰和期间曾在他的率领下帮助民工完成十五里长堤的测量、挖土与筑堤工程。后赣江泛滥,浙大所在的上田村的田园和村舍因此未遭受水灾。至今那里的村民还提到浙大过去筑堤防洪的盛举,因此把这条堤叫做"浙大防洪堤",也有人称之为"刚堤"。这是浙大留在百姓心中的无字碑。

1937 年 7 月,日本军国主义向华北、华东大举进攻,十九路军在上海奋起反抗。胡老师利用上海交通大学的光学仪器在一幢高层楼顶上观察日军舰的行踪和位置,并及时报告十九路军,对十九路军准确炮轰日舰帮助极大。此举深受上海军民称赞。十九路军为此授予胡老师纪念奖章。由此可见,胡老师不仅如上所述热爱人民,也是一位主动参加抗战活动,极其热情地以其科学智慧为祖国救亡神圣事业效劳并建立功勋的学者。

解放后胡老师任唐山交大和北洋大学教授,后于 1952 年起又调任南开大学教授。我先后于 1954 年自长春东北人民大学和 1964 年自哈尔滨黑龙江大学出差到天津,均就便到南开大学教师宿舍拜谒胡老师。每次他的态度均和蔼可亲,言谈热情恳切,俨如我的老伯伯。1954年那一次是我向他告别后的第一次面晤,其间相隔两个不同的社会制度。我见到他时一时激动得语塞了,千言万语一时理不清头绪。如今只记得当时自己悲喜交集,热泪盈眶。喜的是又回到了十二年前告别的胡老师的身边了,我学习物理着重实验工作和到美国实习电子管生产工艺,又到美国若干科技馆实习物理展品设计工作都是受了他的启发和普及科学知识思想的影响;我的性情一贯急躁,但是做起行政杂务来特别耐心也是受到他的熏陶和感染,现在多少完成了一些任务,对他老人家的教导可谓于心无愧。后来他问起我的家庭情况,当我给他看了带去的同三个孩子在一起照的照片时,他不停地欣赏孩子们的稚气表情,示意要留下这张照片。等到我奉赠给他时,他便露出颇为得意的表情然后收下,视若他自己的后代,使我顿时在胸中涌起了一股暖流。

刚复奖章

1964年,也就是十年之后我再次去拜见他,他请我一起用了午餐。在餐后他又问起我在东北三省的三所高校的工作情况,我仍回答得相当简短,而且热泪盈眶。当时我的脑子里所想是,过去胡老师在浙大工作时,抗战期间的工作条件虽然困难,但他在浙大有职有权,不难发挥主观能动性,而我现在负责系、室行政工作的情况却是有职无权,阻力太大,大部分时间、精力是白白浪费了的。关于这方面的具体情况我无法开怀畅谈,以免引起他的激动。我知道激动对老年人是不利的,同时我也知道自己的学识、才能和声望远远不及胡老师,说了也无益。

在"文革"期间我被关入牛棚,后又被迫下乡,不能出远门探访师友。万万没有料到在"文革"后在北京高教出版社访问师弟南琦时,才惊悉胡老师在1966年3月被天津一家大医院将肾结石误诊为膀胱癌,开刀后医护人员护理又十分马虎,以致受了感染,病情迅速恶化,于3月26日永别人世。胡老师的体格原是相当健壮的,可是当时在老知识分子普遍受歧视的情况下,医护人员对他不认真诊断和护理是可以想得到的。

胡老师如今虽已与我们永别了,但是他的智慧、品格、工作精神及他的音容笑貌将永远活在我的心中,活在我们浙大广大校友以及中国科学界、教育界广大老一辈人的心中。

晓沧先生和芳野

朱兆祥*

一、芳　野

郑晓沧先生

一想起浙大龙泉分校，就会想到晓沧先生。最近在电视里连续播放著名美国作家阿尔珂德写的《小妇人》，这更使我强烈地回想起晓沧先生来。还在初中读书的时候，经老师介绍，买了郑先生翻译的同一作者写的三部小说：《小妇人》、《好妻子》和《小男儿》。可惜那时自己年纪太小，还领会不了小说里描写的细腻的感情和蕴含的深刻的寓意，也不会欣赏晓沧先生的优美的译笔。可是我确实能够体会到他是倾注了全部思想感情来笔耕的，特别是小说中的佩斯姑娘之死一定是深深触动了他这位老父亲对于夭亡的三女的哀思，他在小说的章节间特别用纪念"我的佩斯"的诗文作为补白，这种深情强烈地感染了当时童稚的我，甚至到五十五年之后在电视

* 朱兆祥(1940 级浙江大学土木工程系)，力学家。中国科技大学教授，曾任宁波大学校长。

上重睹这段情节时还令我记起晓沧先生的哀思之深。天下还有这样深情的父亲——我就是这样“认识”晓沧先生的。

我是因为极为偶然的机缘在1940年深秋来到龙泉坊下读书的，那时晓沧先生正是浙大龙泉分校的主任，这样我们才有机会碰面了。

我知道晓沧先生非常爱坊下。这个因为叶氏节孝牌坊而得名的山村，竟然成为浙江省最高学府的战时校园之一，也许真的是一种缘分。这个村子处在群峰环绕之中，背负高峻的佛山，林树茂密，到秋天时许多柏树的叶子全红了。村前是一片小谷地，春天到来的时候，垅头流水呜咽，田边白鹭低飞，特别是油菜花香遍了田野，迷人欲醉。这种静谧的田园景色，真是令人神往而永世不忘。

最近读到晓沧先生的《粟庐诗集》，更加印证了我对他爱坊下的这一印象。在他快要离开坊下的1943年夏，他写了首五律：

村路屡萦纡，昏黄抵岭隅。尘间万籁寂，峰顶一星孤。
鸟宿高枝隐，萤飞清夜徂。此乡如可住，吾亦爱吾庐。

依恋之情，掬然可见。他在诗集中多次描绘了坊下的景色，“山深十里绝尘氛”啊，“烟罨群峰真似梦”啊，特别是一些隽永的联句，例如：

数峰岚翠里，三五白鹇飞。（《回芳野途中》）
天边众峰静，松外一星低。（《筵罢归来路中即景》）
犊载芳田曲，凫眠渌水湾。（《龙泉遇空袭警报，敌机未至，解除后即景》）
野芳多映日，红树好题诗。（《警报解除后，途中得句，因足成之》）

这些都是在归途中对于坊下四周的观察，这简直比我们今天能够设想的还要逼真和美丽。后面二联可能启发了他自己，使他决心想把“坊下”用浙西方言的谐音字“芳野”来代替。

公布这个建议是在1941年的元旦全校师生集会上。那天的集会是在曾家大屋门前的稻场地上，和坊下村里鸡犬之声相闻，田园风味特别浓郁。晓沧先生即景生情，提出来可以把“坊下”改作“芳野”。英文的译名也有了，叫做“The Fair Field”，他说芳野和Fair音意都相当。我特别注意到他在英译名之前加上了定冠词The。那天，晓沧先生的心情特别好，还译了两句英诗当作春联，向大家祝贺：

抛却旧年无罣碍，往事等尘埃；
笑指前程须努力，新境又重开。

也就在同一个会上，胡伦清先生颂读了一副自撰的对联：

以弦以歌，往哲遗规追鹿洞；
学书学剑，几生清福到龙泉。

这副对联后来就贴在曾家大屋的屋柱上。下联给予了离乡游子在遍地峰烟和艰难生活中坚持在芳野的魅力。上联包含一个著名教育家朱熹在白鹿洞书院办教育的典故，因而不大能够被青年所领悟，实际上是介绍了晓沧先生师法我国古代书院传统，强调学生自学为主，师生关怀问辩，在学院环境中相互熏陶成长的教育思想。芳野正是这样一个理想的环境。

二、学　生

大概就在1941年1月里，有一天，晓沧先生轻悄悄地在工学院一年级公共教室的门口探首，呼叫崔盛钰和我的名字。我应声而出，走到门口。他说："告诉你们一个好消息，你们两位，还有理学院的冯慈珍，获取了中正奖学金。"对我来说，这个消息犹如范进中举的喜报一样，因为我之所以能够进浙大，是我当时集中在丽水的几个老同学倾囊相助，凑了大概不到一百元的钱，才跨进了大学的门槛。而这时的口袋里已经一文不名，而且没有什么希望可以开辟财源。这四百元一年的奖学金就有可能保证无忧地度过四年大学生活，虽然我有点憎恶奖学金的名字，特别是怕中奖以后会带来什么政治限制。我问郑主任需要办什么手续，他说："还只是一个电报，什么文件都还没有来，我性急来告诉你们。"他本来可以叫个职员来说一声，或者简单地公布一下，却亲自跑来了。他看上去不大像个主持分校大计的主任，而是一位长者，甚至是一个父亲那样。这样，我们才真正地认识了。在言谈中，他知道我们三个都是宁波府属的人，这似乎特别引起了他的兴趣。

晓沧先生是一位教育家，听说是杜威的高足。他身上有浓郁的儒家色彩，又有西方的君子风度。他特别主张谆谆善诱，主张启发开导，从不疾言厉色，和同学亲如家人，我在和他的第一次接触中就切身领略到了。他着意把芳野形成为白鹿洞式的书院，推行导师制，使教授和学生亲密结合起来。他不热心用严厉的规章制度把学生制服，而着眼于创造好的校风，使学生在好环境的熏陶中成长。

有一次，他发现在学生中正逐渐形成聚餐的风气，同学和导师为联络感情，同乡会、同学会，甚至我们几个姓朱的同学还成立了联谊会，都用聚餐方式活动。他就亲自跑到学生中劝说，为了建立好的校风，希望这种聚餐风不要再延续下去。

在分校两年，我只看见他发过一次怒，甚至可以说是盛怒。那是在一次夜自修中，汽油灯突然熄灭了。同学们立刻顿脚鼓噪起来，先喊“谢庆龄”，再喊“打倒沈金相”。沈老师是郑主任的一位学生，从著名的绍兴中学校长任上被他请来主管训育工作的。灯光重新出现之后，我们发现郑主任已经站在讲台上，用盛怒的口吻说：“刚才好像发出了怪叫声，在大学的讲堂上怎么允许这种野蛮的呼喊，这和大学生的风度多么不相称！”我从来没有看到他这样激怒过，他的眼睛已经因为盛怒在镜片后面变成三角形了，说完他就气冲冲地走了。过不了十分钟，他又在教室中出现了，这一次是非常和颜悦色地说了一阵，前后态度判若两人。他大概发现刚才的失态有违他的宽容的信条，便亲自身体力行地跑来纠正了，这就是晓沧先生。

我很喜欢晓沧先生着意培育的分校的环境，虽然我非常欣赏几位名教授的讲演，听朱叔麟、郭贻诚、张树森先生的课真是一种美好的享受，但我尤其喜爱自学，喜欢自己思索问题。寒暑假期无钱回家，我总是用来自学，把下学期的主要功课自修完了。所以我在平常显得是一个不太用功的学生，同学们把我叫做“怪物”。1941 年夏天，教育部举办了一次全国大学生学业竞赛。浙闽考区就设在龙泉分校，福建邵武协和大学和丽水英士大学都派了代表团来。晓沧先生对这次盛典非常高兴，我在校内初选赛中失利，结果晓沧先生却以平时成绩好为理由让我参加了数学和国文两门竞赛，这在校中是少有的。国文的题目是“三民主义的真谛”，讨好既非所愿，写孙中山先生的“联俄、联共、扶持农工”必定不中怀，所以肯定无望。数学题有两道在学习范围之外，那天急中生智，自己创造了偏微分的概念把问题解决了。谁知就靠这点点“发明”，居然占了鳌头。不过这是后话，当时两场下来，懊丧之情可知。另外，晓沧先生还为黉宫盛典赋诗歌唱，同学中有安徽同学善诗，和主任唱和再三，可惜在“粟庐诗集”中竟找不到痕迹。据他女儿竺英说，浩劫中诗集散失，现存的还是晓沧先生后来背出来的,遗漏当然难免。当时庆典欢娱之情,还历历如绘,展现眼前。特别是协和大学男女同学活泼融洽,给龙泉分校带来了一种生气勃勃的气氛。那时我内心中也酝酿着一个强烈愿望,那就是要走向人群。离开了家乡,离开了火热斗争中的伙伴,我感到寂寞和孤单,我必须走向人群。

作为第一步我去参加了外文系潘天民等创办起来的浙大歌咏队,记得练习的第一个歌是冼星海写的曲子:"我们唱着歌,赞美新中国。"在歌咏队里我和潘柏西、孙谨夫、袁嗣良等熟悉起来,我们还一起开夜车出了几期壁报。郑主任是支持同学中的文艺活动的,也没有要求我们到训导处去登记。

我还发起创立了一个天文学习会,这个团体的成立是和晓沧先生的直接倡导分不开的。在现在的《粟庐诗集》中可以发现他不止一次写"峰顶一星孤","松外一星低"。还可以再举一例,五律:

> 粗了公家事,归途聊自娱。孤星耀天末,片月上云衢。境寂绵声响,风飘树影疏。遥看一灯处,笑语是吾庐。

晓沧先生多次提天边孤星,绝非偶然,因为这些诗多半写在秋夜归途中,这时在龙泉能看到南天最亮的明星:天狼星。一天晚上,我和陈俊元正在操场上观星,晓沧先生拄着手杖走过来了,发现了我们的天文学爱好,他也饶有兴趣地和我们说起星象来。那年9月21日,在中国境内可以看到日全食,遗憾的是龙泉恰好在日全食带之外,邻省的浦城则在带内。他示意我们是否组织一个小队伍到浦城去观察日全食,要我们搜集一些资料。龙泉分校图书馆图书太少,他就亲自带领我们到邻村浙江图书馆的战时藏书处,取得馆长支持,按目录卡开箱找了一批书,做了个把月的准备。

临日食期前两三天,他和我们一起出发去浦城。我们这个小队伍有六七个人,多是因家乡宁波沦陷无法回家的宁波人。头一天步行到八都,在这个闽浙赣边区的枢纽重镇住了一晚,还在镇上做了一些关于日食预告和破除迷信的宣传。第二天就找到一辆货运卡车搭车来到浦城。在那边我们和陈晓光会合了,他那时住在一个福音堂里,晓沧先生和我们一起到了晓光那里。他住的房子勾起晓沧先生二十多年前生活的回忆,他说:"这房间和我在威斯康星住的房子真像。"那天我们落实了住所和次日观察日食的地方。

观察点借设在浦城梦笔山上一所师范学校里,这里原是浦城宿儒真德秀先生的读书草堂,现在只留得断碑残碣了。在一排玻璃窗下的过廊里,我们把带去的望远镜、黑玻璃、时表和温度计等一些少得可怜的仪器布置好了,便和晓沧先生一起兴致勃勃地等候日食时刻的来到。遗憾的是那天有薄云,我们满心希望薄云会散去，岂知上天负了苦心人，临食前五分钟，来了大片乌云把阳光整个遮没了，使我们丧失了目睹这场动人心魄的全食的机会。天一点一点暗了，山上的鸟雀急急忙忙地回巢，最后伸手不见五指。待再明时，山上的乌鸦最先叫着飞出山去了。这便是我们在那年全食看到的仅有的现象，再加上一张食日温度变化的记录。

虽然是一次终身的遗憾，可是这三四天的共同生活，使我们和晓沧先生之间增进了相互的了解。诗人的气质加上他对天文学的爱好，理当会对那天的失望留下好诗来，可是我没在诗集里找到。只有一首关于我们在归程从八都买船下龙泉的一首七绝：

白云舒岫欲晴天，桂子香时好放船。
诗思飘来不知处，浪花千叠赴龙泉。

没有遗憾和失望，而是随着天气放晴的开朗心情，简直和李白的“轻舟已过万重山”的情绪一样。其实我们那天六七个人挤在一条小船里，山涧水急，我们几次遇到险情，晓沧先生都是“笑指前程须努力”，领着我们向前看了。

此行的结果是我们观测星象的积极性大大提高了。我和俊元几乎夜夜观测，每天都到半夜。有一次为了观测月掩火星的奇景，我们一直坚持到凌晨三点。我们和中国天文学会、福建气象局等单位取得了联系，从那边搞来了一些星图，那时我们已经可以背得周天一千多颗星星的名字。我们感到这种追求和探索的幸福不该由我们独享，就于 1941 年年底在芳野发起成立“天文学习会”。来参加的同学很多，新来的一年级同学也有好几位，在他们中我认识了任雨吉、丁儆、王家宠等。我居然从天文这样远离人间烟火的东西里，实现了走向人群的愿望，这是始料未及的。后来任雨吉把天文学习会带到遵义，又从遵义带到杭州，生命延续了五六年之久。雨吉至今还保存着天文学习会的一些文件簿册，这也不是当时所能想到的。这里面晓沧先生起了诱导创始的作用，恐怕现在不会有几个人知道了。

也就在那时，我参加了筹建芳野剧团的活动。我不会演戏，就自告奋勇当后台主任，负责布景、服装、道具之属，以及绘制在城里公演的海报。那时剧团演出了田汉的《烟苇港》和夏衍的《一年间》等救亡话剧，也演了几场勉强和抗战挂得上钩的京剧，这都是 1942 年年初寒假里的事。剧团的发动面较广，把一些活跃的同学，甚至有两位职员也卷进来了，文书科里有一位郁嗣兴，饰《烟苇港》里的小秃子，唱一个滑稽的调子：

小秃子今年吆二呀二十五。如今还没有，讨老婆。……

后来他因此得了一个小秃子的雅号。还有我教室里的邻座朱祖培是全才，既演话剧，又演京剧，作了很大的发挥。晓沧先生是很支持戏剧活动的，据说他后来还为剧团写了剧本，不过这已经是我们离开龙泉以后的事了。

在我走向人群的“事业”中，我险些闯下一个大祸。

龙泉分校有一位教三民主义的方先生，据说是中央政治学校毕业的，平常着一套草绿色的呢制服，戴一顶拿破仑帽，手持司的克，走路神气活现的，同学们早已经有些厌烦他了。本来对于他所上的所谓部定的“党务教育”课，学校里是不重视的。同学们本来就知道这批国民党里吃政治饭的先生胸无点墨，对于这类课程敷衍一下，应付考试也就完了。谁知这位先生还不如军训教官知趣，很不识相，要严格要求，不断考试。这就激怒了同学，明知硬干要吃苦头，就采取开玩笑的办法，寻个开心，弄一个哄堂笑。起先是小弄弄，让这位教师进教室时出个洋相；后来渐渐发展到画个逼真的像来挖苦取笑他，甚至在黑板上钉上一只稻草缚的瓷碗，旁有“当心”二字，以示警告。有一次，黑板上写了几副对联：

岁将暮矣胡不归，日至中天将何往？
郑宗海博学如海，方中天坐井观天。

不耀宗不光祖辱及先人；
害中国害天下祸贻后生。

这种嵌名对联冷讽热嘲，甚至骂他讲三民主义是祸国殃民，问题可谓提得尖锐。我却感到这种嬉笑怒骂固然使他难堪，但思想揭露不深，就发动理论攻势，跟他当堂辩论。因发现他用一本周佛海著的《三民主义之理论的体系》作教材，就指责他用汉奸的书作教材，居心何在？又指出周佛海说共产主义不合国情，共产党人放火，汉奸的话怎么可信？说得他脸红耳赤，狼狈不堪。有一次，快要临近期末，他偏偏又来考试。我看大家无心考试，就和朱祖培、姜兆望二人自己出了五道考题，由我和朱祖培到教务处支走油印工人自己油印好了，事先发给同学。到考试时，“狸猫换太子”，然后一声铃响，大家同时交卷，演了一幕世上未曾有过的滑稽剧。我的芳野日记上记下了此事的经过，而且写上了“能够参加这次考试的人，真是幸福，因为恐怕世界上不能再有这样考试出现了”。

事发之后，晓沧先生知道了。他亲自跑到教室里来说：“原来你们搞了一次集体大作弊，这件事要彻查。”可是谁也不说，查了很久查不出来。于是校方顺藤摸瓜，摸到油印室，因为整个山村只有这一台油印机，至此真相大白。召开了校务会议来讨论这件事。据物理学助教斯何晚先生来告诉我们，这位方先生力主开除我和朱祖培，可是我的导师朱叔麟教授和郭贻诚教授竭力反对。他们分析说，根据我的平时成绩，绝对不会作弊，朱祖培后台很硬，也绝对不会是政治闹事，此事必有原因，于是一场风波就在无声无息中平息了。至于身为分校主任的晓沧先生对此事持何态度呢？当时没有任何消息传出来。我只能从另外一件事情上知道他的态度，因为不久之后，他请我到他家里当家庭教师，帮助竺英和德基补习数学，而那位方先生，从下学期起就没有在芳野露面了。

三、教　授

龙泉分校在芳野的成长，在当时就引起了国内外的关注。别的大学都往后方撤，唯独浙大却返回来在地临前线的龙泉设立分校。芳野太偏僻了，校舍太简陋了，可是为什么竟能集中一批优秀的教授和一批优秀的学生？

有人统计过龙泉六年一共招收了一千来名学生，而在五十年后的今天竟从中出了一百多位闻名国内外的学者、教授和专家。

没有当时分校教授们打下的深厚基础，就很难设想今天的硕果。那么，教授们为什么愿意到龙泉来，这凝聚力来自何处？

当时的教授是一种自由职业，来去自由，分校所以能在短期内矗立起来，聚而不散，凭借的是教授们所喜欢的人事环境和学术气氛，这正是晓沧先生所着意创造的。他礼贤下士、知人善用，教授感到受信任，因之未来者向往，已至者驻足。晓沧先生对于孟宪承先生的虚席以待的诚心相邀就是一例。

孟先生是盛名的教育家，原已随浙大迁到广西宜山，因为怀念留在苏沪的家庭又返回孤岛。晓沧先生主校后就千方百计设法请他来龙泉主持教务，有诗为证：

星移物换尚流离，奔进艰难又一时。
瘴雨龙江惜长别，庆云括岭喜昭垂。
多文夙仰人中杰，乐育咸尊海内师。
此去五湖归梦近，佛山深处好栖迟。

人杰海师一对真是肺腑之言，也是芳野师生的共同认识。对于孟老先生，分校学生莫不恭敬尊重,他谈吐严谨,教学认真,对他的英文课,都是敬三分,畏三分。

还有一位英国文学教授林天兰,同学们也是敬畏并加。他好英诗,常常叫同学在堂上背诗,他坐在旁边击拍静听。这件事虽然说不免常常使同学紧张,但也使得我今天还能背出几句来,例如:

让它忘记吧!
像那赫嘘作响的脚印,
在那久已遗忘的飞雪中。

有的诗句是隽永的,而且和当时的抗战的脉搏相呼应,例如那"我跟死神有了密约"的第三段:

天都知道,最好的是深深地
枕倒在温香的绸枕里,
在那里爱神跳动在快乐的睡梦里,
脉搏贴近脉搏,呼吸紧随着呼吸,
沉默中的觉醒是多么亲密……
但是我跟死神有了密约,
在那满城狂焰的午夜里,
当春天在今年重行北返的时候,
而且我将忠实于我的誓言,
我将绝不会使密约废弃。

我觉得诗末后两句话有悲壮的气概,我喜欢它,可是译不出那股滋味来,不要看天兰先生有点洋气,他却写下了《抗战声》大合唱。1939 和 1940 两届曾排练和演出过这一清唱剧。他选的散文也有隽永的意味。《通才教育》宣传了大学的思想,到近五十年后我亲自去创办一个大学时,还感到这篇散文的影响。《习惯乃第二天性》一文中,我捡来了许多格言式的警句,例如:

在这个平平淡淡的世界上,所有的好事总是隐蔽在与其伴随的鄙俗之中。

我在日记里翻译了这句话,而且写道:"尤其是以世界上最艰苦的任务担负于自己肩上的同志们，是更应该体味出这句话的深意的。没有一个不到穷人队伍里去的人，却能干出为人群谋福的事。”可是，我的英文没有学好，这毕竟成为终身的憾事。在大学四年，我从不知道害怕考试，唯独英文考试除外。有时候，我不得不清早起来坐在厨房大灶之后，借柴火的光来读英文，心里却笼罩着对于当天英文考试的担忧。有一次英文大考，题目出得实在太难，林教授开口了：“先作两题，等空袭警报来的时候，你们就留下卷子，管自己跑出去。”这句话真是救星，而且不久警报也真的响了，大好时机，大家像释放出来的笼鸟一样，兴高采烈地跑出去了。可是后来林教授宣布以做完三题为标准，大家无不为他的严格要求而懊丧万分。

晓沧先生、宪承先生和天兰先生，像是岁寒三友，都是著名大学的留学生，有共同的文化背景，在分校里三位老人的融洽相处是稳定群心的良好保证。另外，晓沧先生还有深湛的中国传统文化造诣。

他和徐声越、胡伦清先生等中国文学教师之间诗词唱和的雅兴，更是别有风味。他有一首谢徐、胡赠诗的七律，后半阙是：

老树殷勤遮古屋，秋光明瑟媚前溪。
虚窗素壁才容膝，多谢诸贤为品题。

情景逼真，描绘出战时蛰居，鸿儒往来的陋室铭来，这种友情是弥足珍贵的。不但如此，晓沧先生还给石坑垅村学校自建的树皮木屋宿舍题名为“风雨龙吟楼”，和住在那边的单身教职员结社吟诗，极一时之盛。请看他写的五律，“风雨龙吟社首次社集”：

高士爱幽林，宁嫌云屐深？虬松能折节，空谷有知音。
伫目山河靖，长歌天地心。斯文风雨会，不绝听龙吟。

这不仅仅是雅兴，试想在那风雨如晦的年代里，来到芳野的都是乱离之人。尊称他们为爱幽林的高士，是在寂寞空谷中听到足音一样难得的人物，赞美他们是能屈己下人的虬松，是不嫌道途遥远前来的有抱负的人。而一校之长和这群高士在一起，歌我赤子之心，期待抗日胜利，这是一幅多么融洽无间的图画。

在理工科方面，晓沧先生延聘了朱叔麟、路季讷、郭贻诚、董聿茂、朱重光、张树森等名教授来。文理工农，各个主要学科都布满了棋子，使得小小芳野也做到了海纳江河，有了一个大学的雏形，而不仅是英士大学那样的专门学院。

这种通才教育的具体实践，是师生聚集的重要原因。

给我印象最深的是导师朱叔麟教授，他为学生所打下的基础是够我一辈子受用的，难得的还有他思想上的开明。他说："教育部为了要管制学生的思想，弄出导师制来。但是我做导师是不行的。我主张的是思想自由。思想是各个人头脑里的东西，怎么有叫自己放弃自己的东西而跟了人走之理。只要是好的对的东西，就什么都不能干涉他。"他又说："我从来不参加总理纪念周。要我在纪念周上去讲些政府里怎样怎样好，三民主义怎样好，那些真是说不出的。因为我明知他们是糊涂得很的。"

数学系还有一位毛路真先生，讲微积分、高等微积分和微分方程，上课从不带讲稿，只带两支粉笔，一堂课下来，刚好把粉笔用完。据说这是南派功夫，大家十分佩服。

物理系的郭贻诚教授是大家十分敬重的，他非常重视基本概念，反复强调，他的辩问"马拉车，车拉马，为什么它们还是前进了？"给同学们很深刻的印象。可是他的五分钟测验，常常使大家紧张万分。虽然怕他，却又爱他，这便是名教授的风度。物理教授中还有一位周北屏先生，刚刚从美国加省理工学院学成归来，小班上课，和同学们亲密无间。

分校的青年教授像吴浩青、陈叔陶等老师，都是很了不起的人物，为晓沧先生所特别器重。他们在那艰苦的战时环境里，却可以常常写论文到外国著名期刊上去发表，晓沧先生也常常拿这些事例来鼓励学生。

好老师的事说不完，晓沧先生除了他的先进的教育思想外，他在浙大长期当教务长的办学经验对龙泉分校也是非常有益的。当然在浙大里，校长竺可桢的办学思想是起决定作用的，然而实际上他们二人的思想是十分接近的。

四、别龙泉

最后，我还该说说离开龙泉的事。

龙泉的明山秀水，翠岚红叶，真是要修几生清福才能享受，但是龙泉还有另外的一面。只要打开曾家大屋的窗子，就能看到两三个碉堡蹲坐在对面的小山上，一股肃杀之气，真是大煞风景。晓沧先生有一首七律："龙泉不寐，得句，旋足成之"，从侧面道出了碉堡的底细：

龙泉宁有潜龙蛰，俗敝民贫奈尔何！
烈日敲神祈免旱，深宵振鼓听驱傩。
人穷半仰莶为活，田少长愁谷不多。
赴壑流民来避地，山中豹变待南讹。

我猜晓沧先生的“得句”，大概是指中间两联。山乡深夜击鼓驱鬼，低沉而恐怖的鼓声，可以叫人在不眠之夜冥想很多，想到老百姓的贫困愚昧和他们的命运。最后一句有两个典，看不懂，拿《辞源》一查，才知“豹变”是指状态变迁，“南讹”解为教化。毕竟是教育家的心肠，以为教育可以救民于贫贱，而宣铁吾辈频繁来往龙泉，想的却是镇压。我们初到龙泉时，就听说当年方志敏部队北上抗日，曾经过小梅、八都，播下革命种子。乡间还流传粟裕、刘英部队，曾活跃在浙西南地区，龙泉是个中心，贫民云集在他们周围，碉堡就是为了对付他们的。

我在龙泉两年，没有人知道我是共产党员。我在离开家乡时，中共鄞县县委书记对我说，大学需要有人去工作，这才使我下了报考大学的决心。千辛万苦入了学，就连忙给组织写信叫转关系。我也收到回信，说是：“书已寄出。”可是苦等、苦找两年，始终没有接上关系，这事使我纳闷很久。

解放后我在中央文委遇到邵荃麟同志，说起他曾于 1938 年以党的负责人身份率领流动剧团去龙泉和县政工队合作搞救亡活动，那时在城里是有县委的。1939 年形势转变，他就撤离龙泉了，不知是否此后县委迁农村了，反正那时在城里看不到党的活动的迹象。那时从宁波迁来的党员分居丽水、松阳、龙泉、南平、永安各地，都因党的关系没转到而苦闷异常，在通信中都是想“家”之情迫切。1941 年初新四军事件之后，一切显得十分困难。在我“投向人群”四处找朋友之时，也“发现”一些奇怪的人。譬如女同学谢福秀，男同学叫她“Loud Voice”，因为她说话声音特别低。她爱唱《延水谣》、《国际歌》，讨论问题时总喜欢把问题扯到政治问题上去。她说：“共产主义实行以后的世界，将是没有竞争、没有进步的世界。”后来我发现她是个基督徒，她的爱好和见解是在参加上海青年会的活动中培养的。我也发现先修班的郑生和是倾向进步的，在他的书箧里有《帝国主义论》、《政治经济学》等书，后来他把这些书送给了我。后来分校来了一个真的共产党员，那是国文专修科的翁心惠，他是因宁波沦陷而逃了出来。可是失去了和上级党组织的联系，因此什么活动也干不成。

1942 年 4 月，分校已经决定不办三年级，回家、留龙都不可能，我们只有西去贵州入浙大总校一途了。首要的是筹措一笔路费，在当时可说是一筹莫展。到七月初要出发时，我的手中只有物理系周北屏教授资助我的五十元钱，这是他从不富余的工资中节省下来，因听说我西行路费困难主动送来的。晓沧先生想给我一笔束脩，叫德基送了一个红包给我，我感到实在不好意思收下这笔酬金就推辞了，后来由郑师母出面送了我一些生活用品，说是路上好用，我才收下了。郑生和几经思考，设法给我一张划款的信，叫我到半路上建瓯县一家开柴爿店的同乡借五百元钱充路费，由他的父亲在家乡归还。这笔钱使我有可能跑到遵义，但也使我有一个毕生的遗憾，因为到解放后我才知道，这封划款信到郑家时，他的农民父亲也因时艰搞得山穷水尽，他只得借了钱才把这笔划款补上。翁心惠临行送了我一首诗：

朱老板出门到远方去了，
满心希望贩回满载的货色。
等我在这里学会了算盘，
一起打回闹热的东大街去。

这首诗的隐语不言而喻，在宁波时他是我们所在的高级工校的支部书记，我是负责联系学生工作的鄞县县委学委委员，所以他戏称我为"老板"。我把我的一本《政治经济学批判序言》笔记、一本《唯物主义论和经验批判论》笔记，以及郑生和送我的书留给他了。

但是临行之前，龙泉发生了一件悲壮的不幸事件：中共闽浙边委书记张麒麟同志，因在龙泉宝溪乡受到国民党搜捕，带领十余人向遂昌方向撤离，被浙保二团包围，在突围中壮烈牺牲。龙泉的反动派残酷地砍下了张麒麟等的首级，挂在龙泉县城号令示众。据最近读到的龙泉政协文史委员会编的《龙泉县民国时期大事纪》初稿的记载，张麒麟同志生前担任过龙（泉）浦（城）县委书记，浙西南特委书记兼江（山）浦（城）县委书记，处属特委书记，被选举为党的七大代表，闽浙边委书记等，长期坚持在龙泉，他的牺牲是党在浙西南革命事业的重大损失。据记载，龙泉地处边界，在不少村庄都建过苏维埃政权，是浙闽边委的活动中心。与此相对，国民党则设立闽浙赣三省绥靖指挥部，1941年后成立龙遂浦庆四县联合清乡办事处，组织龙泉巡回清乡工作队，所以斗争特别尖锐。不过斗争重点在农村，无怪城里和大学里冷冷清清了。

我去贵州是从步行开始的，从龙泉经查田、小梅入庆元县，再经竹口、新窑入闽，正是昔年红军出没的地带。没有组织和同志的送行，唯有张麒麟同志炯炯不闭之眼的目送了。这是1942年6月底的事，浙赣线的日军南下常衢，丽水和龙泉处于危急的前夕了。

我听说，后来龙泉分校也沿着我们离龙泉的路线到福建松溪大埔避难，而大埔又恰恰是鼠疫炽盛之区，刚逃离战争恐怖，又进入鼠疫。在那里竟是晓沧先生所说的"眠少常愁秋夕永，楼高厌听哭声多"的场面，真是"苍黄几翻复，去住两艰难"。到了"林叶始丹"时节，才又搬回芳野。

到年底时，可能芳野发生了一次风波，使晓沧先生萌发了离去的打算，"卅一年除夕感怀"诗中有云：

莫问廛寰事，璇玑自在行。
刁鸣催发白，瓢空益心清。
过隙光何迅，安樊气肯平？
薪传期不尽，谁与共扶倾？

我不知道他为什么生了这么大的气，虽然几经挽留，最后终于离开芳野了。他在龙泉的最后一诗是"别龙泉"：

不去又竟去，匆匆尽室行。
五年长作客，一别若为情。
佛岭攒眉翠，灵溪悬濑鸣。
他时重到此，川渎得毋惊。

他走了，芳野之名却留下了。听说后来地方上也把坊下正式叫做芳野了，五十年后还依旧叫芳野。晓沧先生已在 1979 年作古，可是芳野之名将会永久存留下去，如果昔年校友中有诗人的，该是最好的题材了。

忆浙大永兴分校主任储润科教授

杨竹亭*

在1940年秋天，我参加了全国大学统一招生考试，录取在浙江大学理化系。到遵义浙大总部报到以后，才知道一年级新生要去离遵义城九十五公里外湄潭县属的永兴镇分部报到。那时候，分部的负责人就是储润科老师。

赶到永兴，我已精疲力竭了，因为当时这条公路还没有通车。所以在这一路上，我都是挑担步行。走到永兴分校后，就忙于办理注册、编班、选课等等手续。而在办理这些手续封，又必须经主任签字，所以人人都得找储老师。加之这时的上课设备都还没有齐全，大小事情都要找他商量，他也就日日夜夜忙得不可开交。他给我们初次印象是——一个"个子不高，样子精明"的人。他带着一副深度的黑边眼镜，口齿清晰，操着一口"宜兴官话"（江南口音的普通话）。一位陪我同去的同学，在背地里告诉我说："储老师是留学法国的钢铁化学博士，教无机化学。书教得很好，你以后就知道了。"经这位同学介绍，我在无意中对他产生了"肃然起敬"的感觉。以后再经接触，又知道他办事认真。他负责分校校务工作，一丝不苟。老浙大是一个制度严谨的大学，这对初进大学的新生来说，是不容易习惯的。因此在接受严格教育之时，往往会与校方产生矛盾。而矛盾的焦点，又往往会

---

* 杨竹亭（1940级浙江大学理化系），上海市卢湾区永业中心教师，1988年离休后始终关心教育事业。原文载《贵州省湄潭县文史资料第七辑》，选用时编者作删改。

集中在分校主任身上。有一次同学为反对参加“编级测验”而出现了“拒考”风潮。幸好学生代表去拜访竺校长时，被校长训斥了一顿。结果，大家只好乖乖地再进考场。

在浙大，对一年级的基础课程，抓得特别紧。同学们想获得一个及格分数，真是比登天还难。因此，每年有不少同学，因不及格的学分超过了规定限度，就被留级或开除。而储老师又是负责无机化学课的把关老师。他的课，条理清楚，听后发人深思，且有举一反三之效。凡听过他讲课的学生，都会异口同声地说：“不愧是钢铁化学博士。”老浙大的许多理工科学生，大多在读大学一年级时，就打下了扎实的知识基础。而这些人后来都成了高级人才，这是与当年把关教师的辛勤教导分不开的。

储润科老师，又名储镐，江苏省宜兴县丰义乡人。他生于 1900 年，于 1919 年毕业于江苏省立常州中学。在中学毕业以后，就考入南京高等师范（史称“南高师”）的数理化部（即今之理学院），与朱正元等老师是同班同学，以后南高师改组成立南京东南大学。储老师于 1923 年毕业于东南大学化学系。他在东大时曾师从任鸿隽、王季梁、胡刚复、胡明复、杨杏佛等著名学者。毕业后先在天津南开中学教书，以后又南归在淮安、扬州中学等校教书。他在扬州中学时，结识了东南大学的同届同学王驾吾先生。因此，他又对古文、金石、书画产生了浓厚的兴趣。到 1927 年时，储老师应家乡父老之聘，回故里宜兴中学任教席。而当时在宜中的物理教师即当代著名的物理学家周培源先生。储老师与校内的各科教师关系很好，后来成了莫逆之交。那时著名的地理学家胡焕庸先生也在宜中，所以宜中的师资力量是很强的。在他们合作培养下，宜中也出了不少人才。著名的教育家蒋南翔（曾任中央高教部长）就是在这时候毕业的学生。

储老师与胡焕庸、邵鹤亭等人又是大学时期的同乡和同学，所以了解最深。以后他们自发地组织了一个“互助留学团体”，规定：“相互资助，轮流出国”去深造。结果由胡焕庸先生先行留学法国。以后轮到储老师时，已是 1930 年的事了。储老师出国时，是先到比利时，后去法国、德国、瑞士等国。后来因为法郎兑换中国货币最为合算，而且在法国的生活费用也比较低廉，所以储老师就决定在法国停留下来，并考进了南锡大学研究院。1934 年获该校科学博士学位后，储老师回国。

储老师回国以后，来浙江大学任化学系副教授，后升教授。到 1940 年秋，浙大一年级分校迁至湄潭县属的永兴镇时，储老师又受竺校长之命，任分校主任。以后他还兼任过浙大总务长，且一度被选为浙大教授会主席。浙大从竺校长主持校政以后，一向主张“民主办学”和“教授治校”的，而储老师被选为教授会主席，可见他在浙大教授之中，是具有相当威信的。

储老师对待工作十分严格，所以分校的学生和职工，都对他有些畏惧。但是他表面很凶，却心地善良，责任心也很强。有一次，重庆教育部给浙大分校的经费迟迟没有寄到，他焦急万分，因为这事关系着分校五百多名师生和家属的生活。如果这么多人遭到断炊危机，则学校的情况是不堪设想的！又何况这许多师生大都来自沦陷省区，囊空如洗，这如何得了？为此事，他几乎整整摇了一天电话(他的办公室在我宿舍隔壁)，向遵义总校呼救，可是怎么也没有打通。后来他毅然决定，将分校图书和仪器向银行作抵押，要求紧急贷款。幸好，在那天晚上，汇款到了，才解了燃眉之急。可是总校的有些负责人，不明情况，还批评他是"无纪律"和"擅作主张"。其时，他对同事们说："我岂敢作此主张，但是为了全分校五百多名师生免于饥饿，我什么责任都愿担当。"由此可见，他对工作的责任心。这年冬天，永兴特别冷。许多从沦陷区来的学生，因为要历经好几个省区而来，而且大多数是步行来的，他们翻山越岭，肩担书籍行囊，因此所带衣服不多。到了永兴，没有想到这里气候会跟家乡有这样大的差距，尤其是两广地区的同学，更是从未见过天上下雪。如今鹅毛大雪满天纷飞，怎能受得了！储老师身为分校主任，见教室里的某些学生，衣衫单薄，他非常不安，于是他主动打报告，向总部催发棉衣资金。在他的催促下，这一年的棉衣资金比往年提前发放了。

储老师是浙大迁永兴的第一任分校主任。凡事都是开头难。而要把一所五百多名师生集中一起的大学分校安置在两百多户人家的山乡小镇上，就更加难了。幸好地方士绅和四乡居民，都对浙大的迁来十分支持。他们除了把镇上最大的房舍如"江馆"、"楚馆"、"蚕王庙"等地方让给浙大作校舍外，各乡居民还分工把做好的新课桌椅等送来，作为上课用具。但是在这个镇上，还有一位国民党区党部的书记叶道明，就是不肯遵守县府的决定，不愿将区党部所在的南华宫让出给浙大作校舍。他还捏造事实，诬告负责湄永两分校的迁校任务的理学院院长胡刚复和分部主任储老师，说他们派人"冲入党部冲散会场，并撕毁党国旗"等等，国民党区党部还派人到处张贴和散发传单，企图煽动地方人士起来赶走浙大，但是地方人士都不信造谣。而储老师闻知以后，也只一笑了之。所以我分校师生，照常上课。以后知道，这批小爬虫造谣失败，讨了个没趣。但是从这一件事可以证明，浙大的迁黔，不是一帆风顺的，中间有不少阻力。但是，地方人民是始终支持浙大的。是他们的支持，使浙大能在这里安定七年之久，并不断发展壮大。

那时的永兴镇，是距离湄潭县城有二十公里的小镇。这个小镇，只有一条沿公路的小街。全镇只有二三百户人家，又因为地处偏僻的山村，所以谈不上任何现代化的设备了。街上没有电灯，用水靠河水或井水自取。住房全是砖木结构，所以最怕火灾。一旦火势扩大，就不堪设想。可是就在这一年，男生宿舍(楚馆)西首的民房失火了。因为这个镇上既无消防组织，也无消防设备。所以一旦发生火灾，只好眼看着火舌乱窜，老百姓都毫无办法。见此情况，大家慌作一团，不知如何是好。可就在这个时候，浙大师生知道了，大家赶到现场，进行拆屋、扑火、抢救。储老师当然也及时赶到现场，并亲任指挥。结果在三小时的全力搏斗后，终于把这场大火扑灭了，镇上绝大多数的房屋和百姓财产被保存下来。可是储润科老师因为离火势较近，衣服全烤焦了。而且又因为在扑火抢救之时，几小时的指挥呼喊，嗓音也嘶哑了。所以在次日为我们上课时，师生都相视大笑，因为他已成了“麒派老生”了。又一日竺校长闻讯赶来，看了现场，他非常激动地表扬了全体师生，并教导我们说：“要多为地方做好事，要永远保持这种好传统。”

储老师对自己一向是要求严格的，所以他对下面的职工也从不放松。这样形成了层层负责、人人律己的严谨校风。当时分校有一位会计陆瓒河先生，他是求是书院毕业的老学长，做事认真负责，从无分毫差错，而且勤恳踏实，几十年如一日。储老师闻知以后，就在当年他任职四十周年之际，发动在永兴的全体教职员工，为他举行盛大的庆祝会。次日还在早操课时，在全体学生面前介绍他的事迹，由此也教育了我们。从此，我们同学再也没有人为一点小事去会计室争论了。相反的，我们每次看到陆先生时，也像见到我们老师一样，总是向他敬后生礼。但是也有个别职工，暗地里在外面经商，被他知道后就立刻禁止。以后他还兼任了总务长，总务部门的职工兼商较为方便，但是他就是严命不许。

那时候，已是抗战的后期，国民经济处于十分困难的境地，物价时刻飞涨，师生职工生活都十分艰难。但是我们浙大是一所学校，是培养人才的场所，如果职工兼商，对学生会产生什么影响？这是全校教职工都十分明确的，所以都能遵守规定。当时储老师自己，家有子女七人，师母多病，全家生活来源全赖老师一人工资维持。有时接济不上，他宁肯挨饿，也绝不去校方借贷。他教育子女以“清贫为乐”，实则是教育子女做事为人都要严以律己，以身作则。他平时生活总是节衣缩食，笑迎困难。这些作风，在永兴都给人们留下深刻的印象。

新中国成立以后，储老师调往浙医大任教。当时全国上下正出现一片奋发图强的景象。这时期储老师也与全国人民一起，投入了火热的运动中去。他为了要使新中国的科学能赶超世界先进水平，常常日以继夜工作，不息地翻阅国际最新资料。他自己原已通晓英、法、德三国文字，这时还自学俄语。他过去是一向主教无机化学和分析化学等课的，几十年来，对教材内容早已了如指掌。在金属化学方面，造诣尤深，且为国内权威。可是他还是精益求精，不断更新内容，且把世界上最新资料引入教材中去。他为了要替医学大专院校主编《无机化学》教科书，曾不顾年事已高，去全国各重点医大征求意见。他为了培养研究生和关心青年教师的成长，不论寒暑，有求必应，都热情进行帮助，直到他们弄懂满意为止。在20世纪50年代末期，他为了在无机化学上为国家填补空白，曾呕心沥血，日夜试验，终于研制成了“高级光学研磨剂红粉”。这一成就，还为国家节约了大量的外汇。

储老师一生育人，一世辛勤，令人敬佩。他的光明磊落和刚正不阿精神，尤为我辈楷模。可是在“史无前例”的动乱时期，他身陷囹圄，惨遭不幸，于1969年4月6日去世。老师的一生为国家培养了无数的高级人才，凡是受过他教育的学生，都会牢记他的教导。他的业绩是不朽的！

“老树发新芽”

——苏步青先生与浙大数学系

董光昌*

苏步青先生

“老树发新芽”，是 1957 年浙大恢复数学系之后，当时的浙大校长刘丹对我们取得了一些成绩的评价。然而话头，还得从更久远的事说起。

我于 1946 年在江西省鄱阳中学毕业，正当八年抗战胜利的时候，在小地方读中学信息十分闭塞，对国内大学的情况基本上一无所知。由鄱阳坐小船到九江换乘长江轮顺流而下，到上海考大学。在江轮上与旅客闲谈说，我高中毕业，要去上海考大学，志愿是考数学系。有旅客说，浙江大学数学系有苏步青、陈建功，办得很好。正是由于有这位旅客的一番话，使我在上海考一些大学的同时，特地到杭州报考浙江大学数学系，然后在被录取的诸校中，挑选进入浙大数学系读书。

由于在上海即使住最小的旅馆也较贵，经济上负担不了，所以考大学时，经介绍得到允许，住在交大某教授单间住房前的走廊上，考完后索性在交大找一个楼顶暂住。交大快要开学了不

* 董光昌(1946 级浙江大学数学系)，浙江大学应用数学系教授。

允许这么住，而此时正好接到浙大的新生录取通知，所以在新生报到的十几天前就来到杭州，与浙大接洽后被允诺先来住，于是我被安排在可容纳很多学生的大厂房住下。住下后，陆续有老生来住，其中也有数学系的。他们见到我对数学很有兴趣，就介绍说，Hardy 著的 *Pure Mathematics* 很好，学生可向数学系图书馆借阅。但尚未注册的学生，不能借阅，要想借只有一个办法，就是找系主任苏先生批条子。我写了借条，得知苏先生的家住在离学校不远的东街路的二层楼房内，便去找他。登上楼就见到苏先生正全神贯注在书桌前，桌上摊开几张纸，算式很多。我说明来意，并递上借条，苏先生欣然同意并签名，使我实现了尚未注册就在系图书馆借阅参考书的愿望。这件事虽小，但具有很大的特殊性，所以苏先生和我对此均有很深的印象。数十年后，有一次我去上海看望苏先生时，还提起这一段往事，两人均说是记忆犹新。

读大学时苏先生教我们微分几何课，他上课十分认真，板书清晰工整。这为我在数学上的长进打下了扎实基础，也为我们学生树立了一个严肃认真、一丝不苟的形象。

我于 1950 年毕业，是新中国第一届毕业生。当时公布的我的分配单位是华东警组。虽是刚全国解放，对参加国家建设的热情很高，但对具体分配单位总觉得不对口，学非所用，心想警政单位主要是对付犯罪分子，化学毕业生较有用处，数学毕业生想必用不上。后来我和同班的厉则治毕业分配均改为留校，听说是苏先生见此情况提了意见而做更改的。

1952 年全国高校院系调整，浙大数学系撤销，仅保留教工科高等数学的数学教研组。原教数学系本科的教师分散各处，主要部分调整到复旦大学。此外，调整到中科院、南大、厦大和浙师院等。留在浙大的仅是教工科的教师，以及当时属于本科但还是助教的几位同事。

我因还是助教而留校，虽不因条件改变而动摇搞科研的决心，在完成教学任务之外，仍抓紧科研，也写出一些论文，但终究因被隔断国内学术联系，闭目塞听。

直到 1954 年 5 月，匈牙利数学家杜澜·巴尔来中国，上海组织了欢迎他的学术报告会，苏先生指定我为成员之一，发文到浙大，我因此而去复旦，完成作学术报告的任务，颇得杜澜·巴尔的好评。且更主要的是，由此获得重要学术活动消息：北京数学研究所为各综合大学顺利开出偏微分方程课，而于 1954 年暑期开办学习班。这样一个学习机会不能错过，因而我和郭竹瑞请浙大校方去争取参加名额，争取到一个正式名额难于满足我们的要求，再要求去三四个人旁听，住宿联系落实在数学所打地铺。全国高校院系调整后，我们几个留在浙大的年轻人能在学术上有较大提高，为 1957 年浙大恢复办数学系打下基础,1954 年的这次暑期学习班是关键的一步。而这一步,完全是因为苏先生指定我参加欢迎杜澜·巴尔学术报告会的提携。

1957 年浙大恢复数学系,在师资方面得到复旦大学数学系的大力支持,这也是苏先生从中主导的,此后师资的补充也陆续得到复旦大学数学系的支持。浙大恢复办数学系,继承与发扬了老浙大数学系由苏步青、陈建功形成的好传统:坚持搞研究,坚持讨论班,对学生要求严格,形成优良的教风、学风与浓厚的学术气氛,促使人才成长。在我们作出一些成绩后,浙大当时的校长刘丹曾评价为“老树发新芽”,这是苏、陈言传身教的结果。

浙大数学系的沿革很自然地分为三个阶段,第一阶段是解放前直到 1952 年全国高校院系调整,这是以苏步青和陈建功为主的办学阶段;第二阶段是 1957 年恢复办系直到 1998 年四校合并,这一阶段办学,大致是以董光昌、郭竹瑞、梁友栋为核心的办学;四校合并后是第三阶段,又开始了一种新局面。

我们是第二阶段办学的主力,做出了一些成绩。例如在培养高质量人才方面,浙大数学系培养出了一个中国工程院院士沈昌祥,两个在国际数学家大会上作四十五分钟邀请报告的学者林芳华、励建书。国际数学家大会每隔四年一次,相当于奥运会每四年一次,作四十五分钟以上报告的人约百余人,大致相当于奥运会金牌数,因而在国际数学家大会上作四十五分钟报告,可说是成年人的金牌选手(相对于少年组的国际数学奥林匹克竞赛而言)。第二阶段刚刚过去不久,因而在此阶段培养高质量学生人数还有可能再增加。而这些成绩的取得,是与苏、陈对我们的培养、教育、提携与扶植分不开的。培养出优秀的青年学者,也许就是我们敬献给苏老最好的礼物吧!

名师片断三则

徐义亨*

自1957年进浙大读书，五年间有幸受教于多位名师，他们有才、有德、有能，又都有着自己丰满的个性。离校已四十四年，人事沧桑，他们中的不少都已作古，但先师们留下的学问和形象如同石刻一样，不能磨灭，每当忆及他们的时候，总令我仰慕。时值"化自"专业建立五十周年，于是不揣文笔的粗浅将当年和他们接触的点滴片断记述下来。

面对大字报拒不说出违心之言的毛路真先生

一位大学教授要长存于自己学生的心目中，这是在人缘、浮名之外，需要有一个仗剑独立的形象的。

我们从大二开始，高等数学课是由毛路真先生讲授的。一位20世纪30年代初就从教于浙大的教授，又是数学系的系主任，为一个工科专业本科学生班开基础课，这是极难得的。

毛先生讲课完全用一口纯正的宁波话，刚开始时许多外地同学都听太不懂。但没多久习惯了，大家都被他精彩的授课所吸引。相对于工程技术课，高等数学较为抽象，需要凭借逻辑思维能力，但毛先生讲课却很善于将严密的数学概念形象化，恰如

* 徐义亨(1957级浙江大学化工系)，从事过程控制的设计和开发工作，现任浙江中控技术股份有限公司高级技术顾问。

其分地融会到日常生活中去。如在讲微分方程时，他用鸭子过河作比喻，这个例子在当时的同学中脍炙人口，人人耳熟能详。时间已过去许久，我常追思，形象比喻有着特殊的能耐，一头通向直观感觉，另一头通往逻辑分析，把抽象的数学问题深入浅出地引导出来，这就是毛先生讲课的艺术。

在学问之外，每位老师都有他自己外显的形象和内在的个性。毛先生对每堂课的五十分钟时间卡得特别准，上课铃声一响，他总是以敏捷的步子走进教室；讲完课跨出教室也刚好是下课铃响的时候，从不拖延，也不提前。他进教室素来是两手空空什么也不拿，但讲课时却似滔滔流水，再繁复的公式定理或例题也都能背得滚瓜烂熟，这很使当年我等年轻人惊讶和自愧不如。

也正因为如此，1958 年学校停课搞运动时，一位同学竟贴了他一张大字报，说毛路真先生讲课不负责任，上课连教材、讲义都不带。运动结束后的第一堂数学课，毛先生果然手里拿着讲义走进教室，但他把讲义往讲台上一放，就心平气和地跟大家说了如下一席话：

> 同学们，你们有人给我贴大字报，说我上课不拿讲义是对教学的不负责任。但是我可以告诉大家，我教高等数学这门课的时间比你们的年龄还长，讲课带不带讲义丝毫也不会影响教学质量，即便今天带上它，我也不会去看它。

在当时学校大搞运动的形势下，一位年轻幼稚的学子受蛊惑给自己的老师贴大字报，这不足为怪。但毛先生拒不说出违心之言的个性，比起当时一遇到压力就检讨过头的芸芸众生是永远值得后人称道的。

笔者在撰写此文时，和毛先生的儿子毛昭晰教授以及毛先生的孙女毛冀慧女士取得了联系。他们告诉我毛路真先生生前许多鲜为人知的事情，尤其是抗日战争时期于浙大任教的困难时期，毛先生在教书之外，宁可自己种菜来养家糊口，也不去外面谋取生财之道。他一生安贫乐道，严格要求自己"不做汉奸，不做奸商，不做官僚"，坚持自己的学术与品格。

和王仁东先生一起炼钢

历史对 1958 年的大炼钢铁是贬多于褒，但是它总让我追思起我国断裂力学研究与应用的开拓者王仁东教授。

由于我们班同学在校机械厂的铸造车间劳动过，掌握了冲天炉操作以及翻砂铸造的一些基本技能，所以被当时的化工机械教研室的王仁东教授看中了,他要我们参加到由他主持设计的炼钢厂的劳动中去。当时的浙大通过教育革命后正试行"一、三、八制",即一年一个月的寒暑假,三个月的劳动,八个月的课堂学习。

王仁东和年轻教师在一起

限于当时学校的办厂条件,不可能有大厂房和吊车之类的重型设备,所以该炼钢装置的条件十分简陋。但在设计上却很有它的独到之处,从冲天炉出铁水到铁水包,再从铁水包将铁水倾入到转炉,直至最后出钢水,完全是利用台阶式的地形高低,从上而下借重力做功。

早在1948年王先生就是美国西北大学的客座教授,但是在和他一起劳动的几个月,平易近人和吃苦的精神很令我们感动。记得当时劳动到半夜,学校有免费晚餐供应,我们每次去食堂前邀王先生时,他总是说:"我不去了,请给我带个地瓜回来。"偶尔有一次他和我们一起上食堂,在用餐时,我们发现王先生是手拿菜碗,而把饭碗放在桌子上,就跟他开玩笑:"王先生,您吃饭的操作规程错了。"王先生很认真地回答说:"是你们错了,应该多吃菜,少吃饭。"一反常人的习惯,这大概也是"大智者若愚"吧。

在那个年代,大学生参加劳动完全是以接受教育为目的,没有报酬,但王先生却给了我们难得的、另外一种形式的回报。在劳动结束准备数学期终考试时,王先生说:"你们帮了我不少忙,到时我给你们复习数学。"在临考前几天的一个晚上，王先生果然来到了我们的寝室答疑，当时我们正在讨论一道繁分数的不定积分，便要王先生帮我们求解。王先生仅扫视一下就说明天早上把答案送来，接着就准备离开寝室。我们有一位同学就急着问："王先生，您连题目都不抄去？"王先生有过目不忘的天赋，随即就把这道繁复的分式背了出来，这让在场的同学都惊呆了。第二天一大清早，王先生果然不失约地把解题答案亲自送到我们寝室。

既积极投身于轰轰烈烈的群众运动，但又保持着自己清醒的科学头脑，不人云亦云，这是王仁东先生独特的个性。面对 1958 年大跃进时的浮夸风，他曾说过："行百里者半九十"；"现在三面是山，只有中间一条血路"。对唯政治论，他又说"重赏之下，必有勇夫"等等。其所言，掷地有声，原本可作警钟长鸣，可是王先生为此却受到了全校不公正的批判。

时间已过去近半个世纪，王先生生前展现的才气睿智和精神魅力依然经常浮现于我们这一代人的心目中。

"一生和浙大结下了不解之缘"的王国松先生

1957 年国家经济正处于马鞍型的低谷，而"反右"浪潮却如火如荼。

当我跨进浙大校园，反右高潮已近尾声，只参加了一次批判"大右派"王国松和李寿恒的全校师生大会。王、李两先生是我国电机和化工教育界的前辈元老，也是 1952 年全国高校院系调整后，浙大仅剩的两位一级教授。会上，他们"交代"些什么，我已记不清了，只留下他们给我的最初印象：王先生说话平和，语调低沉；而李先生颇为激昂，不像是在挨批。

王国松先生没有给我们正式开过课，仅代过数节电工基础课。平心而论，王先生讲课，由于语音很轻，缺少激情，听者不易打起精神，不知这是否和他当时背负的政治压力有关。但是当你静心去听他授课时，你会被他的高度概括而受益无穷。记得当时他给我们讲授等值发电机原理课时，传授了我们许多解题的技巧，以至于我们对这门课抱有很大的兴趣。王先生敏捷的心算能力非一般人所及，两位数乘两位数可以不假思索地写出它的结果，即便是两位乘三位或三位乘三位，至多也停顿一秒钟。课后，有同学曾请教过他的心算能力，曾经以优异成绩载入了美国康奈尔大学校史的王先生却笑答："我现在老了，年轻时还要快。"王国松先生是 20 世纪 30 年代初到康奈尔大学学习的第一个浙大学生。由于他的优异成绩，使康乃尔对浙大学生十分信任，以致后来几位浙大学生申请去康奈尔求学时，被准予免试直接进入研究院学习。

在校时曾经听过这样一个传说，大概是反右斗争后不久的一个傍晚，浙大有几位同学在岳坟的曲院风荷处遇见了正在散步的周恩来总理。周总理向他们询问了浙大的反右情况，当周总理得知王先生被定为大右派时惊讶地说：“啊？王国松是右派？”

好在历史有它自己的命运和规律，不以某个人的意志所转移。我最后一次见到王先生是1982年4月，在浙大八十五周年的全校庆祝大会上，地点同是当年反右斗争的大草场上，王先生应邀作了简短的讲话。当王先生以缓慢的步子走上演讲台时，整个会场顿时活跃起来，老校友们情不自禁地纷纷起立。当年的学生如今都已经是鬓染微霜，但在这位前辈师长面前，犹如回到了风华正茂的年代，他们都十分敬仰这位恩师。当王先生说到他一生从考进浙江公立工业专门学校（浙大前身）起，除了中间去美国读书几年外，在浙大的时间总共是六十二年时，全场长时间地响起了雷鸣似的掌声。此景此情，催人热泪盈眶。和浙大的渊源是如此之深远，用先生自己的话说，“一生和浙大结下了不解之缘”。

写完这篇短文，我想起季羡林先生曾说过的一句话，世界各国的语言中，只有中国是将“师”与“恩”联在一起的。上述三位先生生前未必能记起我这位不才的学子，但作为曾经受教过他们的学生，我却深以为荣幸，他们永远留存在我的心中。

难忘导师情

——怀念业师郭在贻先生

张涌泉*

我自认为是一个幸运的人，在我求学的道路上，我有幸碰到了许许多多的好老师。郭在贻先生便是这些老师中的一个，是他把我引上了我今天所从事的学术研究之路。

一

我见到郭先生是在1979年。1978年春天，作为恢复高考制度后的首届大学生，我跨进了杭州大学的校门。中文系第三个学期开设的课程有一门是古代汉语，先生便是任课老师之一。本来我对古汉语并没有特别的爱好，但先生那渊博的学识、生动的讲授，却极大地激发了同学们求知的欲望，也激发了我对古汉语的兴趣。每次听先生上课，就像是一种艺术享受，我总是早早地来到教室。从那时起，我就成了先生的信徒，尽管当时先生并不认识我（那时我们上的是大课，全年级一百四十多人挤在一起听课，像我这样的无名小卒，任课教师是不可能认识的）。两个学期结束，古汉语期末考试我竟然拿了个全年级最高分。这使先生感到意外，他专门把我找了去，对我取得好成绩表示祝贺，

* 张涌泉（1978级杭州大学中文系），浙江大学人文学院教授，敦煌学研究中心主任，古籍研究所所长。

并说了一些勉励的话。此后，我便成了先生家里的常客。在先生的指导下，我开始阅读一些古汉语方面的名著，诸如俞樾的《古书疑义举例》、王念孙的《读书杂志》等等，都是我涉猎的对象，这为我今天从事古籍整理和研究打下了一定的基础。1979年下半年，我开始阅读杜甫诗及其他一些唐诗的选注本，其中如明王嗣奭的《杜臆》、清仇兆鳌的《杜诗详注》、杨伦的《杜诗镜铨》、施鸿保的《读杜诗说》，我都仔细地读过，并认真地做了笔记。一次我把阅读杜诗的一些札记送给先生看，先生亟表赞赏，并提了一些修改意见。后来我把它们整理成文，先生专门写了一个书面意见，推荐给杭州大学首届文科学生论文报告会，后来又推荐给学报发表。那几年我还写了另外几篇读书札记，每一篇先生都仔细地看过，一字一句也不放过。记得我在一篇文章中把单人旁的"俗"写成了双人旁，先生用红笔在旁边写了个大大的正字，并加上方框。他语重心长地对我说："别看错个字是小事，编辑看了，就会觉得作者的基本功不行，文章自然也不会给你发表了。"先生还把他写的论文手稿拿给我看，只见毛笔小楷，一笔一画，极其工整；所有的引文都详细注明书名、版本、卷次、页码，给我留下了深刻的印象。

1981年底，我结束了四年的大学生活。虽然先生极力推荐我留校任教，但由于种种原因，我还是被分到了远离杭州的一个小县城工作。对此，先生十分惋惜，但他劝我不要灰心丧气。先生用毛笔写下了"长风破浪会有时，直挂云帆济沧海"十四个大字送给我。在我悲观的时刻，是先生的临别赠言，给了我继续前行的信心和勇气。

1983年春天，我出差来杭州，特意去看望了先生。先生详细地询问了我的工作情况，他希望我不要沉沦下去，并鼓励我报考研究生。在先生和母校其他老师的关心、鼓励下，我参加了1984年的研究生考试，并以较好的成绩考取了古籍所的研究生，重新回到了先生的身边学习。

在读研究生的两年时间，先生系统地为我们讲授了训诂学、文字学等基础知识；先生还专门抽出时间，为我们介绍治学的经验和方法。先生常对我们说：不要急于述作，要紧的是打好基础，要甘于坐冷板凳。先生告诉我，做学问要注意根柢之学，对几种小学名著，必须扎扎实实地精读一两种。先生说他自己曾把段玉裁的《说文解字注》从头到尾认认真真地读过几遍，这使他受益终身。根据先生的建议，1985年春夏之际，我开始通读郝懿行的《尔雅义疏》。正好当时上海古籍所出版社拟议出版《清十三经注疏》，约请先生校点《尔雅义疏》，先生便让我和他合作，校点该书。在先生的直接指导下，我先把《尔雅义疏》通读一过，又在自己用的本子上校点一遍，然后再迻录到其他本子上。《尔雅义疏》的引例十分丰富，全书引例约有三万余条。这么多的例证，并非都出自第一手资料，其中有相当多一部分是郝懿行据《经籍籑诂》等书转引来的，存在着不少错误。为了保证校点的质量，我逐字逐句地查核了郝书所引例证的原文。有时为了查找一条例证，甚至要花上大半天的时间。这项工作从 1985 年下半年开始，到 1987 年底基本完成，几乎花了我整整两年的时间。虽然由于出版事业的不景气，上海古籍出版社在 1998 年取消了整套书的出版计划，但通过这样一番艰苦劳动，我学到了一些根柢之学，觉得是值得的。

1985 年暑假，我因事去上海，随身携带了王重民等先生编校的《敦煌变文集》上下册，抽暇读了一遍。我发现该书在校勘方面存在着不少问题。其中有些前贤已经指出，有些则没有指出。当时我想，造成这么多问题的原因何在？其间有没有一些规律性的东西可以总结？回杭州后，我把自己的想法向先生作了汇报。先生大为赏许，他要我把《敦煌变文集》再认真地看一遍，写成一篇专文。后来先生因病住院，在病床上，先生仍不时地关心着文章的写作情况。每写成一条，就让我读给他听。后来病情稍有好转，先生就让我带上文章的初稿，陪他到医院外面走走。洪春桥边的茶室，植物园中的小亭，飞来峰下的石墩，先生抱病为我审读论文的情景，今天仍历历在目。文章草成以后，先生写了很长的一篇评语，对我这篇今天看来并不成熟的论文，给予了较高评价。开始，先生建议我把这篇文章寄给《文史》，但又觉得《文史》出版周期太慢，便把它推荐给《杭州大学学报》。后来这篇长达三万余字的论文分别在《杭州大学学报》和《敦煌学辑刊》上发表了。

1986 年夏天，我完成了两年的研究生学习。由于先生的力荐，我得以留校任教。这年春天，国务院批准先生为博士生导师，先生便鼓励我报考他的博士研究生，并说可以以《尔雅研究》作为我的博士学位论文。当时有关部门负责人认为研究生班毕业必须工作两年以后才可报考博士研究生，不同意我报考。为此，先生亲自找研究生部主任，又专门写推荐意见。经先生的据理力争，有关部门终于同意我报考。但临到考试那天，却又突然通知我必须加试政治。对此，我毫无准备，只得罢考以示抗议。事后先生安慰我说，做学问关键是要有真才实学，要出成果，而不在于考不考博士。先生说他自己只有大学文凭，没有读过硕士研究生，更没有读过博士研究生。先生劝我不要考博士研究生了，他希望我抓紧时间多出成果，争取破格晋升。

二

1980 年前后，在蒋礼鸿先生的影响和熏陶下，先生的研究方向从传统的训诂学领域转向了六朝以来方俗语词的研究，并取得了丰硕的成果。但作为俗语词渊薮的敦煌变文,却一直未能有一部较为可靠的校点整理本问世。当时学者所依以为据的,大抵是50年代王重民等先生编校的《敦煌变文集》。如前所说,由于受当时学术发展水平的限制,《敦煌变文集》的校订工作存在着许多明显的疏漏,这就不能不对方俗语词考释工作的准确性带来严重的影响,同样也不利于敦煌变文研究工作的深入发展。有鉴于此,著名语言学家吕叔湘、徐震堮等先生都一再呼吁学术界吸收这些年来的校勘成果,编辑出版一个敦煌变文的新本子。在老一辈学者的倡导下,先生在1987年前后开始酝酿《变文集》的汇校问题,并决定与我和黄征同志合作进行这一工作。1987年4月在杭州富阳举行的中国训诂学研究会年会上,先生正式提出了编著《敦煌变文汇校》一书的设想,在学术界引起了广泛的反响。吕叔湘、项楚、王锳等著名学者都对我们的工作表示积极的支持。后来先生又提出编著《敦煌文书俗字典》及《〈敦煌变文集〉校议》的计划。这样,加上《敦煌变文汇校》,就是先生与我跟黄征合作撰著的"敦煌学三书"。

由于合作撰著"敦煌学三书",我和先生有了更多的交往,也更多地接受了先生的教诲和熏陶。先生经常对我们说:学术商榷文章态度要诚恳,语气要谦和,用词要婉转,尽量少用"非也""误"等等过于生硬的字眼。先生说他早年写的一些文章有时锋芒太露,过于咄咄逼人,这是一个教训,要我们引以为戒。先生曾和我合作撰写过一篇《俗字研究与古籍整理》的论文(刊《古籍整理与研究》第五期),文章要刊出了,先生重阅此文时,觉得其中对《王梵志诗校辑》一书的几条批评,用词过于尖刻,便亲自给主编写信,希望主编代为斟酌删改。1988年8月,我和黄征同志赴京参加敦煌吐鲁番学国际学术讨论会,行前先生特意把我俩叫去,授以"谦虚谨慎"四字。可以说,"谦虚谨慎"正是先生处世治学的基本准则。

先生强调治学应该谦虚谨慎,但他又反对无原则的迁就,反对人云亦云,无所发明。先生提倡年轻人要有点傲气,要有点初生牛犊不怕虎的精神。他认为年轻人如果没有点傲气,没有自信,是很难在事业上有所作为的。先生经常对我们说,做学问要贵发明、重创造。他把某一个训诂问题的解决比作发现一颗新星,并且常常以此自得其乐。先生特别推崇宋代理学家张载的一段话:读书先要会疑,于"不疑"处有疑,方是进矣;在可疑而不疑者,不曾学。先生认为任何人的知识都是有限的,或精于此,或疏于彼,不可能包罗万象,无所不通。所以他认为即便一些名家、权威的著作也会有纰漏,年轻人读书要尊重名家、权威的意见,但又不可为名家、权威所限,不敢越雷池一步。在学术探讨上,先生从不以长辈自居,他常常鼓励学生挑他的文章中的毛病。先生的《敦煌变文校勘拾遗》是一篇有影响的学术论文(载《中国语文》1983年第2期),

我看了这篇论文后，觉得其中有一条似乎未尽切当："遍体悉皆疮癣甚，形体苦老改容仪。"(《目连缘起》)其中的"苦老"较为费解。先生认为"苦"是恶义，"老"乃"差"字形讹，"苦差"就是丑陋、难看的样子。从文义看，这样的解释是可以成立的。但"苦差"连用，别无文献佐证；"苦"指容貌丑陋，也没有更多的证据，所以我觉得先生的校说不一定可靠。我把我的想法向先生作了汇报，先生觉得有理。他让我核对一下这两句话的敦煌写本原文，一查原文，答案找到了：原来"苦老"写卷本作"苦考"，"考"乃"考"的俗字(见《干禄字书》)，"苦考"就是"枯槁"的假借字。在先生的指导下，我把我的想法整理成文，与先生的意见进行商榷。文章写成后，先生又专门写了一个评语，推荐给有关刊物发表。先生这种严于解剖自己，不护己短的治学态度，使我很受感动。

在合作撰著"敦煌学三书"的过程中，先生和我们合写了数十万字的学术论文。这些论文，通常由黄征和我分头执笔。黄征执笔的，写好后先让我看一遍；我执笔的，写好后先让黄征看一遍，然后再送先生审定。先生审阅时，大到谋篇布局，小到遣字造句，都认真地加以推敲，或肯定，或否定，或增加例证，或删除枝蔓，在我们论文的初稿上，留下了先生数以千计的评语和删改意见。先生在我执笔的一篇论文初稿上写道："文章应力求精炼，套语少用，多余之字宜删，反复琢磨，必能臻于妙境。"像这样的指导性意见，既使我们看到了文章的缺点，又使我们明白了今后进一步努力的方向。

读书治学，先生对我们的要求非常严格，从不马虎苟且。但对我们的进步，先生却满腔热情。先生和我合作校点的《尔雅义疏》完稿以后，先生让我执笔写一篇校点前言，分析一下《尔雅义疏》的成就和不足。初稿写好后，我送给先生审阅。先生当天下午就带着看好的稿子来到我的住处，他说写得不错，他要我署我一个人的名字，誊抄后由他推荐给《辞书研究》发表。他对我说：像这种重点文章，你一个人署名好了，两个人署名，对你以后升职等不利。但这本是先生与我合作的项目，我怎么好意思一个人署名呢？由于我的坚持，先生才让两人连署。先生与我们合作撰著"敦煌学三书"，先生也坚持要把我和黄征的名字写在前面。他说，中国人论资排辈的思想非常顽固，这不利于学术发展，他想为学术界开一种新风。

三

1985年夏天，先生因胆囊炎引发腹膜炎而动了手术。手术不算太大，但术后的恢复却特别缓慢，先生在医院里一住就是四个多月。从那以后，先生的身体似乎一直就没有真正恢复过，不幸的种子那时候大概也就已经种下了。

但与此同时，先生在学术界的声望却如日中天，不断上升。于是登门拜访的、委托审稿的、请求看稿的，认识不认识的人都接踵而至。特别是许多年轻人都喜欢把自己的论文请先生审阅，在他们看来，先生俨然是一个超级裁判，先生的意见将会决定他们论文的命运。而先生恰恰又是“菩萨心肠”（一次先生和我谈话时，曾用这四个字来形容他自己），来者不拒，有求必应。先生每天忙于会客、看稿、写信（先生自己曾有个统计，1987 年全年发信 297 封）、跑邮局，这些繁杂的事务消耗了先生的时间，也消耗着先生的生命。与此同时，先生又要为未来的博士、硕士、学士们上课，为他们审阅论文、批改作业。就在先生去世前的那个学期，先生还为本科生、研究生开设了《训诂学》、《楚辞研究》两门课程。实在太忙了，先生只得放弃许多像高考阅卷、自学考试阅卷、为夜大学生上课、函授辅导等等，这些在清贫的大学教师看来都不失为“赚钱”的机会，尽管先生家里仍然穷得可以！先生是一个急性子的人，今天可以做好的事绝不会拖到明天，如果有什么本该做的事拖下了，先生会坐立不宁的。后来实在力不从心，书桌上待看的稿子渐渐多起来了，先生只得请他的学生帮着看一部分稿子。有一次先生感慨地对我说：人怕出名猪怕壮，我现在算是体会到了这句话的真正含义了！先生指着他刚编好的论著目录说：从 1978 年到 1985 年，他每年都要发五篇以上的论文，而这两年每年只发一两篇小文章，因而大有“江郎才尽”之叹。其实我们这些弟子心里都清楚，这些年杂七杂八的事就够先生应付了，先生那还有多少时间去搞他自己的科研呢！

四

先生的周围，聚集着一大批门徒弟子。先生对这些弟子的培养，倾尽了自己的心血；弟子们也十分崇敬、热爱自己的老师。1989 年的 1 月 11 日是先生的五十岁生日。早在 1988 年初，弟子们就筹划着为老师举行一次热闹的庆祝会。但先生却说：不必大家费心了，去年《训诂丛稿》被评为省高校文科科研成果特等奖，有 1000 元奖金，到时我请大家到外面吃顿饭吧！可是谁能想到，癌细胞已在吞噬着先生的生命，可怕的命运正等待着先生……

1988 年 10 月底 11 月初，先生身体异常不适。11 月 5 日上午，再次的 B 超检查诊断先生得了肝癌。那天下午我去看望先生，先生平静地对我说：情况不妙，我已作好了思想准备，只可怜他们孤儿寡母的……听到这个意外的消息，我震惊得一时不知说什么才好，眼泪不由得夺眶而出。先生这么好的人怎么能患上不治之症呢？我不敢相信，也不愿相信。我极力控制住自己的情绪，安慰先生说：不会、不会的……接着几天的 CT 检查、彩色 B 超检查，似乎出现了某种转机,诊断结论倾向于血管瘤。对于经历了一场生死大地震后的人,这无疑是个值得庆幸的消息。然而好景不长,11 月 7 日我和师母去医院取验血报告,上面赫然写着:火箭电泳 642ng(正常值为≤20ng)。这是一个不祥的数字,我们的心头又罩上了一层阴影。为了稳定先生的情绪,我们没有把事实真相告诉他。11 月 10 日晚八时许,先生肝部剧痛,我和一新匆匆忙忙从黄龙饭店门口叫了一辆出租车,和师母一起,把先生送进了浙江医院。值班医生诊断后,怀疑是肝癌肿瘤破裂(第二天下午开刀手术证实了这一点),因为是晚上,当时只采取了些止痛措施。病房没有空床位,当晚只得把先生安置在走廊尽头的一个临时床位上。初冬的夜晚,寒气袭人,走廊上风呼呼地,简直让人冷得发抖。先生躺在病床上,脸色苍白,疼痛和寒冷一起袭击着他。我口袋里揣着值班医生开的病危通知单,心里感到一阵阵的悲哀。第二天下午,先生接受了开刀手术,但因肝癌肿瘤太大,医生认为不宜切除,便缝了回去。手术刚结束,先生看到我,第一句问话就是:是不是血管瘤?我强忍着心中的悲痛,告诉先生是血管瘤。我还说:手术很成功,肿瘤已经切除,请先生安心养病。在先生面前,我从不敢撒谎,也从没有撒谎。但在先生在这个世界上的最后六十多天里,我们却一次又一次地欺骗先生,我为此感到负疚和不安。如果先生九泉之下有知,该是会原谅我的吧?

在学校领导的关心下,11 月 19 日上午,浙二医院为先生组织了第二次手术。先生后来对我说,那天他是担心在手术台上下不来的。但在进手术室前,先生显得分外平静;那天早晨,先生的食欲也特别强,他看到傅杰拿了一个包子给我吃,笑着说:"给我也吃一个吧(手术前是禁食的)!"先生谈笑风生,但我们却怎么也笑不起来。第二次手术是成功的,先生左肝上的大小三个肿瘤全被切除了。然而一切都太晚了。手术后不久,癌细胞便迅速向右肝转移。虽然医院、学校想尽了一切办法,但最终未能把先生从死亡线上抢救过来。

随着时间的推移,先生的病情不断恶化,身体也是日渐虚弱。但先生仍念念不忘他的科研工作,不忘他的学生。先生挂帅的"敦煌语言文字研究"被列为国家社会科学基金资助项目,先生说他出院后要召集有关人员开个会,争取尽早完成;研究生要毕业了,先生关心着他们的分配问题;学校评职称了,先生记挂着青年教师的晋升;小方的论文迟迟不能发表,先生让我捎口信给编辑,先发小方的,他自己的论文晚些再发;小金为完成博士学位论文向学校要求延迟回国,先生让我回信,说他出院后马上找校长商量……最使先生难以忘怀的,是他和我们合作撰著的"敦煌学三书"。当 B 超检查显示先生得肝癌的那天下午,先生忍受着精神上的巨大痛苦,给我和黄征写了一封遗书,希望我们努力完成"敦煌学三书"的撰著工作,争取把三本书出齐。

1989年1月8日，离先生五十岁的生日只有两天了，我对先生说：再过两天，就是先生的生日了，先生需要买点什么？先生回答说：什么都不需要了！后来他对我说：你给我重新编个论著目录吧。那天先生还对我说：方以智的《通雅》是本好书，如果到了，给我也买上一本。

1月9日晚，是先生在这个世上的最后一个晚上。那晚我去医院护理先生。先生双眼紧闭，呼吸急促，前几天连续不断的咳嗽却意外地停止了，因而病房里显得格外的宁静。这异常的情况，开始并没有引起我的特别注意。晚上十点多，护士对我说：郭老师情况不大好，今晚可能要出事，你要特别留神！护士这一说，可把我的心提了上来。我把靠椅移近病床，守候在先生的身边。先生偶尔睁开眼睛看看我，旋即又闭上了。夜越来越深，我那颗悬着的心也越来越感到紧张。好几次我想给师母挂电话，但又怕师母太紧张，拿起电话机又放下了。后来我想让蒋冀骋来医院，可偏偏学校研究生宿舍的电话好半天也接不通。那几天，我的左肩膀隐隐作痛，那晚上更是莫名其妙地痛得厉害，我真担心自己坚持不下去了。实在痛得不行，我便向护士要了颗止痛片，凑着自来水吃了下去。晚上十二时许，先生让我给他翻了个身。过了一会儿，先生要喝水，我便让先生喝点参汤。先生喝得特别费劲，连张开嘴巴似乎都需要巨大的力量，好半天才喝进去一点点。望着先生那痛苦的神情，我的心底感到无限的悲痛。此后，先生就再也没有吃过什么，也再也没有说过什么了！凌晨四点左右，先生的血压突然降了下来，医生让我赶紧通知家属，并采取了紧急抢救措施。但这时任何灵丹妙药都已经无济于事。1989年1月10日13时10分，先生的心脏停止了跳动。先生走得那样匆忙，他没能过上他五十岁的生日就永远地离开了这个世界。

先生走了，先生永远地走了。他静卧在他深深依恋着的西湖旁边的群山中。他太累了，他是需要好好地歇一歇了。虽然我和我的师兄们不能再当面请先生为我们传道解惑，但我们能在他留下的著作里找到我们需要的答案。先生，您安息吧！

言传身教　恩重如山

——忆老学长徐僖院士和冯新德院士

郑　强*

我有幸本科毕业于浙江大学，我更有幸在我成长过程中得益于两位浙江大学杰出学长的培养和教诲，他们就是中国著名高分子科学家——四川大学的徐僖院士和北京大学的冯新德院士。

1982年我从浙大化学系毕业后被分配到地处四川省自贡市富顺县的化工部晨光化工研究院工作。我是在那个地方第一次见到徐僖先生的。化工部晨光化工研究院是我国化工新材料领域顶级的研究大院。提及徐僖先生，那里的人无不充满敬佩。徐僖先生是研究院的科学顾问，时常关心研究院的发展。1983年徐先生到晨光院讲学，我第一次学习到关于高分子力化学研究的前沿，第一次知道了流变学的神妙。待讲学结束后，我走到徐先生面前，激动、感动，溢于言表。当得知我是浙大毕业的学生时，徐先生亲切地称我是"小学弟"，说"我们都是浙大的学子"。现在回想起那一次见面，我想我一生受教于浙大，受恩惠于浙大恐怕是上天注定的事——本科毕业于浙大，后来的硕士、博士又师从于一位对浙大母校有着深厚情感的浙大老学长。1985年我考上由单位委托培养的硕士研究生，就读于徐僖先生

* 郑强（1978级浙江大学化学系），教育部长江学者奖励计划特聘教授，浙江大学材料与化学工程学院副院长，高分子系系主任。

任所长的四川大学(原成都科技大学)高分子研究所。由于我的努力学习和好的表现,毕业时,徐先生与我工作的单位协商将我留在他的身边工作。之后我于1990年考上徐先生的博士研究生,1991年徐先生推荐我作为中日政府联合培养博士赴日本著名学府京都大学学习。在时任国际聚合物加工学会(PPS)主席、日本流变学会会长升田利史郎教授指导下完成了聚合物流变研究的博士论文。1995年我留学回国后,当浙大提出希望我回母校任教时,徐先生对我讲“只有浙大要,我才让你去;要是其他单位,我是不会考虑的。这是支持母校,回报母校”。

徐先生给我印象最深的感受就是他对浙大的深厚情谊。爱的程度如何形容呢?怀念、惦记、追述,用来描述徐僖先生对浙大的爱太平常。“跟我们浙大比一比看……”,“我们浙大的做法就不会这样……”。一位阔别母校五十多年的人对自己母校如此的情感是实属不多见的!我想,用“爱在骨子里”来描述徐先生对浙大的爱是恰如其分的。徐先生对浙大的爱源于他在浙大的求学。他对竺可桢老校长无比景仰,对在抗战艰苦岁月中浙大的求学经历无比怀念。徐先生1940年考入迁入贵州的浙江大学。第一年在永兴,第二年到湄潭,1944年毕业于遵义浙大化工系。徐先生对我讲的最多的格言就是“饮水思源”。其实就是教育我一辈子要感激浙大母校的培养。

徐先生对我最大的教育是对事业、对工作兢兢业业的态度。现在我在浙大做了教授(博导),我对学生的严格实际都是学徐先生的榜样。徐先生对文字要求极为严格缜密。我对先生的英文写作文笔的流畅和表达无比钦佩。一篇稿子不管是英文稿还是中文稿,都是改得密密麻麻,逐字逐句推敲。记得有一次参加国际会议做英文的Poster。我改了几次,以为可以完成任务了,可还是被徐先生退了回来。我现在寄文字稿(纸稿)都要将钉书钉敲平,也都是照着徐先生的样子做的,目的是防止上下文稿被凸起的钉子划破。我的学生们都觉得这样做寄出的稿美观、平整,都时常好奇地问我何时有这一窍门。同学们也时常在背后赞许我几句,“郑老师岂止口才好,文笔也了得”。我告诉他们“这是你们的祖师爷徐僖先生教的”。我与徐先生最像的恐怕就是办事的“急性子”了。这个“急”实际上就是办事追求快节奏、高效率 。徐先生布置了一项工作,是“追”着、“推”着你去办。稍有耽误,先生就会批评。现在我的研究生最怕的就是我“追”着、“赶”着他们做事。

前些年浙大老书记张浚生教授在访问西藏途经成都时专门去川大看望了徐僖先生。回到浙大就说:“郑强跟他老师一模一样。简直就是徐僖老先生的模子倒出来的。”是的,徐先生的风格、思想,乃至举止都对我产生了重要的影响。

在我成长过程中，冯新德先生是对我产生重大影响的第二位恩师。1978—1982年我在浙江大学化学系读书时，就知道冯新德教授是我们中国化学界老前辈、是浙大老学长。冯先生1941年12月到遵义浙江大学，做化工系系主任李寿恒教授的研究生。也正是在这个期间认识了后来成为他终身伴侣的在化工系读书的叶学洁先生。我初次见到冯先生是1989年11月在成都召开的全国高分子学术论文报告会上。当时尽管冯先生公务甚多，但刚一住进旅馆，他就叫我给他夫人叶学洁先生发封电报，告知他已平安抵达成都。此事虽小，但我却深深地为两位老人这样恩爱所感动。1990年4月下旬，应徐僖先生之邀，冯先生偕夫人叶先生来四川讲学、参观。在听完冯先生博大精深的学术报告后，遵徐先生之嘱咐，我陪同冯先生、叶先生前往外地参观游览。在整个参观过程中，冯先生就像一位慈爱的父亲对自己的儿子一样，对我谆谆教导，使我终身难忘。

冯先生教导我要有做人的准则，做一个正直诚实的年轻人，特别要培养自己吃苦耐劳的精神。冯先生深有感触地说："人的一生多种多样、丰富多彩，可以有珠宝玉器、绫罗绸缎，也可能是两袖清风、粗茶淡饭。真正的价值在于对国家、对民众、对事业作了多少事情。"谈到年轻人，他说："现在的年轻人有许多优点，思维敏捷，接受能力强，敢想敢做。但似乎又缺少点什么。"他认为现在的年轻人最缺乏也是最需要的就是艰苦奋斗精神。他给我讲述了抗战时期浙大师生在竺可桢老校长率领下西迁办学、求学的情景。"正是具有中华民族'富贵不能淫、贫贱不能移、威武不能屈'的立身情操，正是靠着'求是'的校风，虽然住茅屋、吃粗粮、点油灯，浙大仍然培养出了、成长出了许多杰出人才。过去许多年了，什么都发生了巨变，但有一条是永恒的，那就是人要做一个地道的人。论条件、今非昔比，但浙大的精神和优良传统永存。"冯先生感人肺腑的话语，使我们看到了浙大老前辈的崇高思想境界。冯先生鼓励我要树大志、求上进、肯钻研。在询问我们的学习和工作后，他对我们讲，在学习和研究中遇到困难不要怕，要多动脑子、勤动手，这样才能长进。作为在高等学校任教的年轻教师，我们向冯先生请教怎样才能处理好教学和科研的关系，冯先生谈了自己的看法。他指出，搞教学和搞科研是一个整体，相互联系，相互促进。给学生上课，要求教师理论全面系统、语言丰富生动、思维准确严谨；搞科研，要求教师视野开阔，能把握学科最新动态，能促进基础理论的深化，有助于实践能力的提高，更能进一步丰富、更新教学内容。听了冯先生一席话，我们深感他对专业和教育的真知灼见。

自那次见面后至2005年冯先生去世的十五年间，冯先生一直关心着我的成长。我在日本留学期间也与冯先生保持着书信联系。他一直认为在当时中国的学术大背景下，浙大的优良校风和学风尤为可贵，认为在母校的环境中最利于我的成长。在得知浙大缺乏我所从事的高分子物理特别是流变学方向的人才后，还专门向母校推荐。后来我才得知，一方面母校虽急需高分子物理人才，另一方面在求聘人员充足的状况且追求高水平的前提下，对引进人才极为慎重，是冯先生的特别推荐起了关键作用。

谈起我自己从 1995 年回母校任教至今十多年的成长和学术发展，不少朋友戏称为“坐火箭”。他们说的可能是我的某些职位和头衔晋升和变化。我在不到三年的时间内完成了通常需要五年甚至更长的时间的从讲师到正教授的晋升。随后又成为系主任、副院长、国家杰出青年基金获得者以及教育部“长江学者”特聘教授。实际上就 1978 级的我而言，无论是资历和年龄，与许多一直在高校特别是像浙大这样高水平大学以及中科院里正常成长的我的同辈相比，获得这些也属正常。但恰恰是我自 1982 年从浙大毕业十三年后回母校时的起点与他们相比太低，他们中不少已是教授，而我才是一位刚拿到博士学位的讲师。因此，我常问自己，如不回母校，我能有今天吗？如不是在浙大的环境里，我能取得今天的成绩吗？如果说“肯定没有”或“肯定不能”似乎有些言重，但说“不确定”，或“需要更长的时间”是不为过的。也正因如此，今天当我回想起徐僖先生对我的教诲“饮水思源”的时候，我特别感激敬爱的冯新德先生对我的厚爱——推荐我回浙大母校，让我在人生成长历程中有了新的飞跃。由此，我更要感激我敬爱的导师徐僖先生对我的教育与培养——把我领进了流变学领域并推荐我出国留学，在国际流变学权威日本京都大学升田教授那里获知并学到了先进的流变学概念和方法，使我在学术研究领域站到了新的起点。

徐僖先生和冯新德先生对我的言传身教，恩重如山！

清风留古道 春雨忆初阳

——怀念朔方师

楼含松*

我国著名的中国古代文学研究专家、浙大人文学院中文系资深教授徐朔方先生于2007年2月17日下午与世长辞。在告别仪式上，我撰了一副挽联："绛帐清风留道古，青衿凄雨忆初阳。"联语未工，但记录了师从先生的点点滴滴，也表达了我在先生逝世后的伤悼之情。作为他二十多年的学生，爰作此文，通过几个片断，感怀先生的教诲之恩，抒发对先生的深切思念。

"听不懂"的课

初识徐先生，是在我大学二年级。记得当时徐先生给我们上古代文学基础课，主讲两汉魏晋文学。当时徐先生年近六旬，虽然白发萧萧，但脸色红润，精神矍铄，身材不高而敦实。徐先生进得课堂，没看他拿什么讲义，只是带着《古代文学作品选》和几张写满字的纸片，没有什么客套，兀自就开讲了。他的嗓音清亮而略带尖锐。

已经不记得徐先生当时上课的具体内容了。说实在的，当时我就没有听懂徐先生的课。这固然与我的鲁钝有关，不过确实有不少同学与我有相同的感受，认为徐先生的课"听不懂"。

* 楼含松（1979级杭州大学中文系），浙江大学人文社科处副处长。

徐先生上课，并不像一般老师那样从时代特征、作家生平介绍开始，然后是作品串讲，进而思想与艺术分析，最后讲历史地位和文学影响。这是我们熟悉的文学史的授课方式，久之习以为常，觉得文学史就是应该这样的讲法。但徐先生不是这样。记得是他讲《史记》，对于教科书上已经系统介绍的司马迁生平、思想，他没有重复讲述，简单带过，接着就讲作品。而讲作品，也不是逐句解释，大凡书中注释详尽的地方，他就略过不讲；而没有注释和注释不确切的地方，徐先生或作补充，或为纠谬。与后来读到的徐先生的学术论文思维缜密、文采华滋不一样，徐先生上课并不追求耸动听闻的效果，即使一些极有独到见解的观点，也是要言不烦，点到即止。

要听懂徐先生的课，得有充分的课前准备，必须对所讲内容有相当的了解，至少应该大致浏览过教材，这样才能领略徐先生揭示问题的眼光、解决疑难的慧心。这是我后来慢慢体会到的。但在当时，习惯了让老师牵着鼻子走的我们，面对徐先生这样看似略无崖际、不成系统的讲解，真有点丈二和尚摸不着头脑，心中还生出一些不满。但是也有一些同学十分喜欢徐先生的课，认为这样的讲课，才是真正水平的体现，可以得到很多启发。到了期中，徐先生安排了一次测试，结果班里几乎有一半同学不及格，我的成绩也很糟，但少数几个同学却得了高分。下半学期，我逐渐适应了徐先生的讲课方式，知道一点读书的方法，也略窥徐先生治学的门径，才算品到了听徐先生课的味道。

我本科毕业留校任教，后来成为徐先生的在职博士研究生。在闲谈自己的治学道路时，先生提到，当年他考进浙大师范学院中文系，在听了一位先生连原文带注释照本宣科讲解《庄子·逍遥游》的课后，他产生了与《牡丹亭》的女主人公相同的感受：依注解书，学生自会。就不愿再在中文系了，转学到了英文系，直到毕业。直到这时，我才领会当初徐先生给我们上课时的良苦用心。"授人以鱼，不如授人以渔。"尤其是大学教育，关键是培养学生的学习能力和思考能力。我博士考试复试时，徐先生对我说了一番话："我看过你写的一些文章，总的来说，文字功底还不错，表达还算清通，但思想深度方面不够。要不断给自己提出新的学术目标和要求，要超越自己。"此后，无论进修课程还是确定博士论文选题，徐先生都有针对我的弱点，有意识地增加这方面的训练。跟徐先生读博士，随时感到有巨大的压力。他的课程，常常会布置一些具体的问题，要求学生自己去查找资料，独立思考，写出文章。其实，这时候徐先生自己对此问题已经做了研究，并写成了论文。他会指点材料的范围，通过什么途径去收集，重点思考什么问题，但不会事先告诉他自己的研究结果。这样做，就是要我们经历研究的全过程，而不是简单接受现成的结论。我们学生提出的观点，常常与徐先生不一样，他就与我们辩论，引导我们研究的深入。有的时候，双方都不接受彼此的观点，徐先生也从不将自己的结论强加给学生。这样的授课方式，对学生研究能力的提高十分有效，并让学生养成无证不信、实事求是的治学态度。

行走的“课堂”

“徐老师有一个毛病让我很难过，就是酷爱走路。在杭大时，他经常来到我的房间谈谈。他不喜欢坐着谈，不喜欢开空调，最讨厌老专家楼的沙发，夏天十分钟一过，冬天三十分钟一过，他就说：‘在外面走着谈谈吧。’我们从西溪路走到黄龙公园走一个小时左右。各位知道，徐老师谈的内容很丰富，但表达很简要，而且还带有一点儿家乡东阳的口音，像我这样的外国人，面对面谈谈也不容易理解，徐老师走着谈话，我把全身变成耳朵，拼命努力听他的话，总有不少部分听不懂。回到专家楼，满身是汗，累得要死。对当时的我来说，西溪路到黄龙公园这一段路，是我的大学院，世界上教育最严厉的大学院。”

这是日本神奈川大学的铃木阳一教授在庆祝徐先生从事教学科研五十五周年学术研讨会上的发言，他的话引发会场一阵会心的笑声。凡是徐先生的弟子，都会有相同的感受。徐先生认为繁重的学术研究工作需要有充沛的体力支持，因此十分注意身体锻炼，夏天游泳，冬天跑步，到了七十多岁，出门还骑车。即便给研究生上课，他也喜欢边走边谈。徐先生招收的硕士生、博士生数量很少，因为他出的专业考卷很独特，内容范围很宽泛，问题角度不拘一格，几乎没办法通过常规的考前准备来应付，更不要说临时突击背书本。只有靠平时的阅读积累，加上一定的独立思考能力，才能勉强通过。考徐先生的研究生难，是出了名的，很多考生知难而退，尽管应试的不少，能列门墙者还是寥寥。学校有关主管部门曾经向徐先生委婉提出降低考试难度，但徐先生照样我行我素，坚持宁缺毋滥。

因为及门弟子不多，徐先生也就不在教室正襟危坐地授课，而采用讨论的形式，通常是让学生定期去他家，讨论他事先布置的课题。但这样的讨论课一般总会从他家的客厅开始，在他的家门口结束。那时候徐先生的家在道古桥的杭大新村，等到二三个学生到齐，他开个头，一般不超过半小时，就会提议出门边走边谈。通常的路线是沿杭大路到宝石山下，再拾阶而上，直到山顶的初阳台，稍作盘桓即下山，有时是原道返回，有时会过紫云洞、黄龙洞而返，等走到徐先生家门口，大约已经过了一个多小时，这一堂课也算结束了。

在徐先生看来，读书做学问，外在环境并不是很重要，关键是自己能否坚持。在“文化大革命”中，图书馆、资料室“门虽设而常关”，徐先生不能正常进行小说戏曲的研究，就想到“借《史记》和《汉书》的研读，也许可能做一点有益于人的事”。因为他手头有开明版的《二十五史》，研究《史》《汉》无待外求。徐先生谦称自己只是把小学生的加减法运用到了文史研究中，把《史记》和《汉书》内容重叠或其他可以对比的部分，逐一比勘，详细列出两书的异同，分析探究其中蕴涵的曲折原因和文化信息。在许多学人专业荒废的“十年动乱”期间，徐先生写成了《史汉论稿》一书。此书的研究方法和治学态度，对于当时好发空论甚至歪曲史实的恶劣学风来说，无疑是一种无言的抗争和有力的反拨。

有一次徐先生问研究生有什么困难，那位学生随口说，早晨宿舍楼外的学生广播站太吵。他想了一下，说：图书馆线装书部的门外，有一张长桌子，很安静，可以看书。又有一次，徐先生九十多岁高龄的老母亲摔跤骨折住院，需要有人抬着去拍片检查，几个学生赶去帮忙。学生到医院时，离约定时间还有十多分钟，徐先生当时正站在病房门边，手持一卷线装书看得入神。见学生来了，赶紧说：“对不起，医生说可能还要晚几分钟，你们带书了没有?”这话让几个学生面面相觑，因为谁也没想到带书本去。凡此种种，言传身教，令学生终身难忘。

徐先生博览群书，但自己的藏书并不算太多。一方面因为他所读的书、需要的资料不是寻常书肆上能够购得；另一方面，他认为书关键是为我所用，而不是为我所有，即使家中坐拥书城，也不过是摆个虚架子。因此他的工作地点常常是在图书馆。到外地出差开会，他总要尽量挤出时间去当地图书馆访书；对于自己没办法找到的资料，就千方百计托朋友查找。他也常常到学生、同事家里借书。有一段时间，我家也在道古桥，离徐先生住处不远，那时候徐先生体力已衰，腿脚不便，已经好几次摔倒受伤。但他还是坚持走路，好几次独自登上三楼到我家，为的是借书。每当听到他那清亮尖锐的嗓音喊着我的名字，打开门看到他颤颤巍巍地站在面前，我总是又惊又愧，一来担心他走路不稳，怕出意外；二来看他在这样的身体状况下还坚持学术研究，除了钦佩，只有惭愧了。我每次和他说，只要打个电话，他需要什么我马上可以送上门去。但他总是呵呵笑着回答：不麻烦你！

“我不同意你的观点”

20世纪80年代的杭州大学中文系，老一辈著名学者王驾吾、胡士莹、夏承焘诸先生，先后驾鹤归去。徐先生是中文系中承前启后的重要学者，加上他本人学术造诣高，为人坦诚，在中文系具有极高的威信。但徐先生也是一个看上去不容易接近的人。我留校任教时，正值徐先生应邀去美国普林斯顿大学做访问学者。等他回国，我怀着忐忑的心情登门谒见徐先生，因为他是我们古代文学教研室的主任，他还没见过我这个新助教。但徐先生听我说明来意后，马上说："我已经不当教研室主任了，因此你不必向我汇报。"听了徐先生如此直接回答，我一时竟不知道该说什么好。

这就是徐先生的直率。他从不客套，说话率真，不假辞色。在徐先生家，我经常遇到这样的情形：正在与徐先生讨论学术问题的时候，有人敲门，徐先生总是快步走到门前，打开一条缝，问来人有什么事？不管是熟人还是生客，只要没特别重要的事情，徐先生一般不会让人进门，就隔着纱门，简单将事情说完，道声再见，随手就将门关了。徐先生平素喜走路，路上遇见相识，往往也是微笑点头而已，很少会停下他那急促的脚步，与人寒暄。这就是徐先生的风格，中文系的师生都知道他的脾气，也就见多不怪了。

在学术研究上，徐先生同样表现出鲜明的个性，那就是"特立独行"。他在学术界崭露头角，是1956年关于《琵琶记》的大讨论。这一年的4月8日，他在《光明日报》副刊发表《〈琵琶记〉是怎样的一个戏曲》一文，在肯定这个剧本在中国戏曲史上的重要地位以及对后世戏剧创作的深远影响的同时，着重指出它的基本倾向是宣扬封建道德的。同年夏天，中国戏剧家协会邀请首都文艺、戏剧界人士以及上海、广州、杭州、重庆、青岛、长沙、武汉等地的专家学者，在北京召开了一次大规模的《琵琶记》讨论会。会议从6月28日开始，7月23日结束，共进行了七场讨论，所有发言和会议记录汇集成书，由人民文学出版社于1956年12月出版。前两场讨论中，所有发言基本上都对《琵琶记》持肯定态度。徐先生应邀于7月初赴会，参加了第三场以后的讨论。他重申了自己的基本观点，并作了更加细致的分析。他的发言在会上引起强烈反响。一大批很有声望的学者都反对徐先生的观点，其中包括他的老师王季思教授。作为一名三十三岁的青年讲师，徐先生坚持自己的观点，进行了热烈的辩论。这种独立不倚、惟真是尚的学术胆识与勇气，贯穿了他的一生。徐先生是汤显祖研究的权威，晚年还发表过《汤显祖与梅毒》的论文，有人劝他不要发表，以为有损汤显祖的清誉。但徐先生说："我有材料啊！"因为在他看来，这样的文章对于了解那个时代文人生活和社会风气，自有其特殊的学术价值，而不必为尊者讳。

熟悉徐先生的人，经常会听他说两句话："我不同意你的观点。""我不知道。"在学术问题上，徐先生绝不苟同别人的观点，认为所有的观点和结论，都要经过事实的论证；他写文章也从不含糊其辞，总是思维缜密，论证充分，观点鲜明；但凡自己没有把握的问题，他绝不会强不知以为知，不作无根游谈。有一次，徐先生毫不客气地向我指出："你的文章，'也许'、'可能'用得太多了，既然自己都没有把握，为什么还要写出来呢？"原来我自己并没有意识到这一点，还以为加上这样字眼，修辞上显得委婉些，徐先生一针见血的批评，正是发现了我写作时的不自信。20 世纪 60 年代初，徐先生完成《汤显祖诗文集编年笺校》并在《人民日报》上发表了该书的前言。出版社来信，说“中央负责同志”（实即当时的中宣部副部长周扬）看了之后不满意，要求修改。徐先生回信说自己只能重新研究以后才可以修改，怕他们急于出版，不能等待。出版社又来信说可以参考侯外庐（时任中国科学院历史研究所所长）最近发表的有关汤显祖的论文加以修改。徐先生读了侯外庐的论文后认为，他引用的汤显祖诗文，诠释理解往往违背原意，无法令人信服。于是徐先生写了论文对侯氏观点予以纠正，并告诉出版社，自己不能按照侯外庐的观点进行修改。徐先生的学术风骨，由此可见一斑。他在学校为庆祝他从事教学科研五十五周年召开的学术会议上，笑称自己是个“捣乱分子”。这是徐先生特有的幽默，这种自我解嘲其实表露了他对自己学术个性的自信和坚持。但徐先生对自己的学术研究从不自满，而是不断修改以至重写旧作。他晚年自我总结说：“我不急于争辩，哪怕在几年以至几十年之后，我也要重申并完善我的论点。在《琵琶记》讨论之后三十多年，我重又发表了《论琵琶记》和《高明年谱》。正如同 1954 年我在《新建设》杂志发表论文《马致远和他的杂剧》，三十六年后我又发表了同样题目的论文；50 年代发表的论文《汤显祖和他的传奇》到 1993 年的专著《汤显祖评传》；1957 年的《汤显祖年谱》到 1993 年收入《晚明曲家年谱》中的《汤显祖年谱》重写本都是同样的例子。”

其实徐先生是一位“望之俨然，即之也温”的学者，对于认真与他商榷学术问题的人，他都青眼有加，给予热情的回应。他待人真诚，因此也赢得别人的由衷尊敬。这里仅记两件小事。一是他的《史汉论稿》中关于司马迁生卒年份的考证，有一个附注：“在讲授《史记研究》选修课时，陈南民同学在课堂作业中对司马迁出生年提出一个极为简截了当的论证：如果司马迁生于汉武帝建元六年（前 135），他就不可能出生在原籍龙门，那时他的父亲已经奉令迁居茂陵。这种政治性的迁居不允许只身来京，而把家属留在原籍。乐于补充并介绍如上。”这就是他对一位在校本科生的奖掖。

还有一件让我至今历历在目的事：在师母不幸病逝后，徐先生年事已高，孑然一身，他的生活令大家担忧。一天傍晚，我去看望先生，才走到门口，就看到中文系王元骧（林祥）教授手捧一碗热气腾腾的红烧鱼，特地送来给徐先生。王老师是徐先生在温州师范学校任教时的学生，当时也是年近七旬的老人了，而且也是孤身一人。王老师是著名的文学理论家，本不是徐先生的学术同行，但他多次在我面前提到徐先生对他的关心和帮助，表达对徐先生的崇敬之情。当时的场景令我十分感动：这碗鱼汤，凝聚着半个多世纪的师生情谊啊！

回忆父亲竺可桢

竺　安*

人之将老，其忆也深。与父亲相处的时间实在不算长，而他又工作繁忙，日理万机，教诲我或带我去玩的机会真如凤毛麟角般稀少。然而，儿时的一语一事，往往予我深刻印象。现搜索记忆，撷得零星片断，以纪念父亲。

竺可桢先生

忙碌的身影

我未出生前，父亲担任中央研究院气象研究所所长。在我刚记事时，他改任浙江大学校长，担子极重，工作异常忙碌。尤其是任校长的一年后，爆发了日军侵华的七七事变。11 月，日军在金山卫登陆，杭州告急。父亲焦急万分，学校如不内迁，则不是落入日寇之手，就是面临解散的命运。而要搬迁，教员是否续聘，一千六百箱的图书仪器怎样搬运等，真是千头万绪。在他的精心计划与领导下，浙大终于成功地逐步内迁，一迁浙江建德，二迁江西泰和，三迁广西宜山，四迁贵州的遵义、湄潭。

* 竺安，竺可桢先生三子。教授，中国科学院北京化学所研究员。

1938年在泰和，夏季频有雷雨，往往在漆黑的夜晚，父亲还要出门去办公室。那时大哥已经从军抗日，姐姐和二哥在安徽屯溪就读于中央大学实验中学，在家的孩子只有我和宁妹。在泰和上田村旧式的大屋子里，父亲一走，越显得空落落的。闪电劈空，雷声如炸；油灯一盏，火苗飘摇，使我倍感恐惧。父亲为了学校的前途和全体员工的安全奔波在乡间小道上，牺牲了与家人共叙天伦的时光。而父亲出门时那小巷中伸手不见五指的暗夜和偶尔的电光照耀下父亲撑着布伞迅步前行的身影，是我一生中脑海里从未忘却的形象。

也就是在泰和，在抗日战争进行了一年的时候，母亲和二哥同时患了细菌性痢疾，病急且危，而父亲斯时正仆仆于黔道上，为学校的迁移筹划路线。接到学校的加急电报，慌忙赶回，然二哥已魂归西天，母亦重病不起，越九日而撒手人寰。我们兄弟姐妹五人中，二哥聪敏好学，最受父亲钟爱。十二日之内，失子丧妻，况且连二哥临终的一面都未见到，人生之痛何过于斯？遭此沉重打击，父亲几至悲不欲生。但抗日烽火正炽，迁校重任在身，幼儿绕膝依依，又不得不强自支撑，继续为浙大的生存和前途奔波、操劳。

潜移默化

在遵义，我小学毕业，父亲拿了法布尔的《科学故事》给我阅读。这是科普通俗读物，主人公保罗是个少年，他叔叔给他讲昆虫的故事（蚂蚁与瓢虫的亲密关系）；讲意大利维苏威火山的喷发及引起的地震与海啸的故事；一起到野外观察自然，带领他用土法做化学实验（人造火山）……这些课外知识极富趣味，深深吸引着我，令我终生难忘。日后，我走上科学研究之路，这本书起了很大的作用。

在此前三年，抗战尚未爆发，二哥过十三岁生日，其时他刚要念初二，将要开始化学课，父亲送给他的礼物是一只小木箱，上面的标签是“少年化学实验室”。里面有二十多种化学药品，还有试管、试管夹、酒精灯、石蕊试纸等用具。另有一本小册子，讲述了几十个化学实验的做法。得此礼物，他兴奋莫名，立刻和大哥动手做起来。第一个实验就是制造笑气。把药品放在试管中加热。可惜的是他们俩嗅了试管口的气，都没笑。又叫我嗅，我也没笑。看来这是一次失败的试验。但没想到这次失败的试验却勾起了我对化学的莫大兴趣。那时我小学四年级，到五年级时，我常到隔壁一家书店去翻阅化学读物，还利用二哥的“遗产”做实验。到进入初中，就立志以后学化学，其根源实在于此。

的确，一个启发兴趣的小礼物，远比几百次枯燥的训诫要有益得多，也有效得多。我很希望众多的家长和老师都能采取启发、诱导兴趣的方法来教育子女和学生。

体　育

谈到体育，人们都知道讲德、智、体、美四育，但实行起来，对于后两者往往忽视。父亲对于大学和中学教育极其注重体育，在他做浙大校长期间，规定体育课不及格的学生不许毕业。这是一项果敢的措施，学生因此都重视体育运动。在湄潭，在清澄碧绿的湄江，游泳又成了体育的必修课。尽管有些“旱鸭子”学生是很不情愿地被老师赶下水去学游泳，但是学会一点以后，他们反而感激这一“赶”。事过数十年，这却成了他们美好的回忆。

父亲个子较矮而自小身体羸弱，同学胡适曾讥之曰：“此君活不过二十岁也。”这句话给他强烈的刺激。恰巧二十岁上，他与胡适同船赴美留学。在美国大学里，他为了学好科学知识，报效祖国，刻意锻炼身体，参加了游泳、网球、骑马、滑冰等多项运动。由此他获得了强健的体魄，不但突破了胡适的预言期，而且能胜任繁重的工作，直至八十四岁高龄。坚持锻炼还培养了他的毅力，练成了多种技巧。他在六十至七十岁期间，每逢冬季，都经常去北京的北海或什刹海滑冰。由于过去长期在浙江、贵州等南方省份，没条件滑冰，而中断三十年之后，居然毫无困难地能自由滑行，这说明他年轻时已奠定了优良的技术基础。他的游泳更是出色，一直坚持锻炼到七十六岁，因“文革”而停止。浙大的学生就记得他与体育系主任舒鸿教授双双在浙大农学院的华家池游的是“标准的”蛙泳动作。

我儿时的美好记忆之一就是父亲带我去南京中央游泳池游泳。我虽不会游，却毫不惧怕，而且兴趣盎然。那年头的男式游泳衣，与女式的相差无几。上身似一背心。我就两手抓住他的左右肩带，由父亲拖我前进，我则两腿瞎扑腾。抗日战争时期，在泰和的赣江、宜山的小龙江，父亲也常常带我去游泳，这时我已能独自游了。不过直到小学毕业的暑期，在遵义的湘江中，我才终于“豁然贯通”，能够游泳自如，游个上千米也不在话下。我虽然不是游泳科班出身，后来却在不满十六岁时战胜成年选手夺取了贵州省的游泳冠军。参加工作以后，也曾两次获得浙江省冠军。这都是受赐于父亲的循循善诱。

父亲有清晨即起，做早操锻炼的习惯，数十年不辍，直到晚年。在宜山时，正值父鳏吾哀，我与父亲同睡一床。天一亮，父亲就催我起身，带着我做早操，无一日间断，积久成习，使我日后也爱好运动，长期坚持锻炼。

活到老，学到老

父亲是国际知名的气象学家。从 20 世纪 50 年代起担任中国科学院副院长。他意识到过去在浙大十三年的任期内，自己已经逐渐脱离了气象学研究的第一线，加以气象学也已以物理学的新成就和数学工具来进行研究，他知道自己已不适宜做这个领域的带头人，所以集中将力量放到科技组织工作上。后来科学院一些地学研究所的筹建和布局，地震研究所的建立和发展，及综合考察委员会的建立和明确方向，他都作出了重要贡献。他感到自己的知识不够用，非常努力地学习新的知识。记得 60 年代初，一次他和来访客人谈到新兴的边缘科学 Bionics(仿生学)，我当时是第一次听到这个名词(英文)，而他已经读完了不止一本仿生学的书了。理论物理学家汪容是我家的亲戚，每来造访时，父亲必定要请教他关于基本粒子的常识和最新进展，例如 60 年代中国科学家提出的层子模型、世界各国的加速器性能、核爆炸的遥远探测等等。总之，他不放过任何一个机会去学习新的知识。久而久之，他在本专业以外的知识也丰富起来。

从 50 年代起，他在繁忙的工作之余，每周两晚向一位俄国老太太学习俄语，不久就能阅读俄文文献与书籍，也能简单地会话。这个学习坚持了十多年，这对工作繁重而且已届六七十岁的老人来说，实在是难能可贵。但奇怪的是，他英语虽早已炉火纯青，而他学讲普通话却费力多、效果少，劳而无功。他浓重的绍兴口音是不少浙大同学都喜欢模仿的。1947 年他访美时，遇见了多年不见的老友赵元任，赵与他是哈佛大学同学，又是中国科学社的创建人之一，友谊甚笃。赵是知名的语言学家，一听他说话乡音如此之重，就责怪他，“你怎么还是不改说国语呢?”接着，他又很有把握地说：“我来教你，保证三天就能学会。”可是第一天下来后，赵泄气地嚷嚷道：“不可教也，不可教也。”终于死了这条心。尽管语言学家给他作了“判决”，他在 50 年代仍买了几张普通话的唱片，经常跟着学，直到七十多岁也没停止过。虽然成效甚微，但这种精神实在令人感佩。他在事业上的成就，即基于这种滴水穿石的毅力，而主要并不是靠他的天赋。

竺可桢与丁绪贤、胡刚复教授在广西桂林中学物理实验室的合影

爱　心

父亲的教育成功，不仅因为他学识渊博，治校有方，还因为他礼待教师，挚爱学生。凡遇学生受到国民党特务迫害时，他必定挺身而出，给予保护。1941年1月，抗日的大后方发生了“倒孔运动”，遵义的浙大学生也奋起要游行示威。父亲知道国民党军警已有布置，准备镇压，就再三劝说学生只在校内活动，不要出外。可是学生情绪高昂，不受劝阻，冲出了学校。在这一发千钧的时刻，父亲当机立断，马上跑到学生队伍前头，也参加游行，以保护学生。当局果然未敢下手，让学生游行完全程。这在父亲来说是冒了极大的危险的。没过几天，在湄潭的特务又在进步学生潘家苏、滕维藻的床下放置伪造的信件和传单，企图栽赃诬陷。父亲闻讯后，立即赶赴湄潭，将二人带回遵义，名为交给遵义专员公署看管，实际是避免让特务直接插手。他又亲自布置收集证据，调查事实，终于揭露了事实真相，使特务的阴谋未能得逞。1945年费巩教授失踪，实际上是被军统特务绑架、关押(后杀害)。特务反而将陪送费巩至船码头的邵全声逮捕，诬其为凶手，宣判死刑，并不得与外界联系。事过半年，父亲打听到他的下落，又冲破重重阻碍和危险去探监。后来他写信给当局，再经一年之久，始得将邵从军统监狱转到法院，随后法院承认罪名均不能成立，由父亲去签名、盖章将他保释出来。这件事父亲本来可以不管的，因为邵全声毕业三年多，正在重庆教书，不再是浙大的学生了。但他痛惜为国家培养的人才横遭摧折，遂义无反顾去多方营救，历时两年半，才从虎口救出一命。

在生活或其他方面，父亲对师生之爱也是有口皆碑的。学校往贵州搬迁时，某日，父亲发现有几个女同学到中途站，为找不到旅馆而愁眉苦脸。他毫不犹豫地将自己订的旅馆房间让给他们，而自己则蜷曲身子在小汽车里过了一夜。

1985年，我赴美开会，会后专程去看总角之交——在夏威夷大学任教的张镜湖教授。他又带我拜访在夏威夷的另一浙大校友周桐。周谈起她曾在遵义读浙大外文系一年多，恰在那时患了盲肠炎。抗战时期贵州的医疗条件十分落后，弄得不好，会得严重的后遗症，甚至危及生命。父亲立即派校长专车(全校唯一的小汽车)将她送到贵阳就医，又写了一封信给医院院长请为其精心诊治，周终于安然痊愈。这事过去我还未曾听说过。那时浙大只有一名校长，连副校长也没有，而学校有五个学院，师生员工约两三千人，加上新生部和附属中学，单位既多，又分散在遵义、湄潭和永兴三个不同地方，且交通极不方便。而一校之长在如此繁重的工作之下，还能照顾学生如此入微，无怪乎会得到师生员工的爱戴，并且在离校多年以后也难以忘怀了。

数学系苏步青教授回忆抗战初起，学校决定内迁，而那时他的妻子还是日本国籍。父亲特地找浙江省主席朱家骅要来一份手令，以保证军警盘查时安全无事。要不然，真说不定会发生什么事故。后来在湄潭，父亲惊诧地看到苏教授在晒山芋（白薯）干，方知他全家已有半年就靠山芋蘸盐过日子。遂千方百计为他争取到“部聘”教授的待遇，又让其子女在附加住校，吃公费饭（按当时规定家在湄潭的学生不得住校读），以减轻他的负担。

由于受父亲做人治学精神的感染，加之父亲亲自倡导浙大校训为“求是”，这一精神在学校蔚然成风，同学、教师在离校几十年之后仍是情深谊长。北美的浙大校友会每年一次年会，参加者总在一二百人，已开过17届。更有奇者，有一些并非校友，而是校友之友，却年年与会，乐此不疲。究其因，曰：浙大校友相叙，亲如一家，我特别喜欢这种亲切友爱、无拘无束的气氛，令人感到仿佛回到了少年时代。记得1990年我将去肯达基州参加校友年会，一位朋友就说：“嗨，校友会？没什么大意思。吃吃喝喝，各自吹嘘，拉拉生意而已。”但是浙大的校友都觉得每年这一次聚会是“返老还童”、“充一次电”和“延年益寿”。这就是父亲的爱心和他倡导的求是精神，如春雨入土，化而为前进的推动力和人与人之间强大的凝聚力。

我的爸爸苏步青

苏德晶*

清光绪二十八年(1902),爸爸出生在卧牛山下一农户家里。他最小,上面有十一个姐姐和一个哥哥,其中有几个夭折了,只剩下大姑妈、二姑妈和大伯伯。爷爷和娘娘有八亩水田,住的是茅草房。爷爷善于种田,而且很勤奋,天天早早下地,中午不回家,午饭由家人送到田头;娘娘能干得很,里里外外都得干,一有空就织布、缝衣、做鞋,好在她没有包小脚,顶得住。爸爸从四岁起开始干辅助活,先送送饭,长大一点,能上牛背了,放牛是他的活,到八岁才上私塾读书。他喜欢书,老先生教孩子们读古文、旧体诗,教他们写大小楷。爸爸特别喜欢旧体诗,走路读诗,在牛背上读诗,简直成了小诗迷,直到现在年纪大了还是诗迷。在他书桌上有《唐诗三百首》和《旧体诗集》,他天天要拿起来读,读时铿锵有力,满腔热情,我们都百听不厌。爸爸还爱种地,不论刮风下雨,骄阳似火,天寒地冻,有空和没空,他必天天去园里干活。

后来,爸爸所在的乡有了小学,他便去那里上学了。小学里开的课多,老师也多,他特别喜欢数学和国语。老师不但教书,也教人,爸爸非常敬佩和爱戴老师。小学毕业,爸爸去县里上四年的旧制中学。在那里接触的世界大了,他明白了许多做人的道理。为了使自己成为一个有用的人,爸爸刻苦学习,每次考试都得第一名。老师和校长都很喜欢这个年轻学生。

* 苏德晶,苏步青的长女。

东渡去日本求学

爸爸中学毕业了，还想升学，但是无钱实现升学的愿望。正在此刻，中学的洪校长给了他两百大洋去日本留学。那时大伯伯在日本已完成学业，而且找到了工作，爸爸去那里有亲哥哥照顾，爷爷和娘娘也就放心了。1919 年春天，爸爸登上了东渡的轮船，到了东京。在东京，有大伯伯的关照，生活没有问题。那时他打算进东京高等工业学校。离考期只有三个月了，可是爸爸不会说日语。那怎么通过面试？爸爸决心要花三个月的时间攻克日语口语。他抓紧时间练说，拜房东太太和小孩子为师，跟他们学，跟他们讲，和中国人在一起也用日语说话。有志者事竟成，爸爸终于过了考试官的面试关，进了学校。东京高等工业学校创办于明治维新时期，是实力很强的学校，培养了许多人才，陈建功先生就是其中之一。爸爸在那里读书收获不小，一是打下了扎实的理工科的基础，二是掌握了好几门外语，以日语和英语为最。

1923 年，东京发生关东大地震以后，爸爸来到仙台，考进了东北帝国大学数学系。这所大学师资力量雄厚，藏书很多，教学仪器齐全，是日本最有名的大学之一。是这所大学和老师的培养造就了我的爸爸，使他成了一个著名的数学家，一个德才兼备、为人师表的教师。爸爸不死读书，他的爱好广泛，可以说，诗、书、文样样精通。他喜欢运动，在校时经常打网球、踢足球。他喜欢劳动，所以他才有好的身体。

爸爸敬业乐群，好朋友多，例如陈建功先生、陈乐素先生和茅诚司先生。陈建功先生是爸爸的学长，回国以后又在同所大学同一个系共事，有五十年之久，爸爸非常敬佩陈先生，他们的友谊和交情很深。陈乐素先生也是留日中国生，是个爱国的人士；抗战时家居香港，陷贼中年余，卒弃其藏书万余，挈眷北去遵义浙大执教。爸爸和陈先生很投合，还有陈绍琳先生，他是爸爸的好友，我们两家的关系密切。我们全家都特别喜欢这个陈先生，他和蔼可亲，他一来，我们都赶忙到他身边，连话不多的妈妈也滔滔不绝地讲话了。四弟德昌从仙台回国，全靠他的帮助。茅诚司先生是日本著名的物理学家，他和爸爸是大学同学，又同住在一所公寓里，加上公寓里另一个日本学生，他们三人总在一起，形影不离，好像大仲马的三剑客

苏步青先生在日本求学
（1924 年）

一样，引人注目。1977年，茅先生和夫人来北京访问，爸爸去北京见了阔别四十六年的好友，感触很深。1979年，爸爸率领上海科学代表团访问日本大阪，妈妈偕同回家探亲，茅先生邀请他们去家做客。在茅先生家过得很愉快，有张照片留下了当时美好的时光。爸爸和妈妈穿着和服，并排坐在沙发上，爸爸的神情是那么安详、轻松和满意，妈妈侧过头含情脉脉地看着爸爸，好像年轻的姑娘一样。

爸爸和妈妈的结合颇有神奇色彩。妈妈在少女时代，是高级女子学校的高才生，她的文化素养和艺术造诣相当高，而且长得很秀丽，是外公、外婆的爱女。妈妈喜欢弹古筝，还常上广播电台去播音。妈妈说他俩的月下老人是古筝，爸爸从广播电台听到松本米子的大名，才想亲眼见见弹古筝的小姐的风采。1925年，在樱花盛开的季节，爸爸终于见到松本米子。据妈妈讲，那天她的朋友说要带几个年轻朋友来她家，听她弹古筝。到了一大群人，有爸爸和另外两"剑客"。说也奇怪，妈妈一眼相中了瘦小的爸爸，爸爸就不用说了。外公外婆有四女三男，还有老母，不过外公有很好的工作，薪水很高，所以日子过得相当富裕。妈妈和爸爸相好以后，外公唯恐失去爱女，不太赞成，但外婆却很支持他们，尽管已有个二女儿，也就是妈妈的二姐，嫁给了中国留学生，一同去了中国。1928年，爸爸和妈妈喜结良缘。一年以后生下老大，就是我；过一年又添了个弟弟德雄。爸爸那时在东北帝国大学当讲师，薪水不少，日子好过，那几年是他们最最快乐的时光。爸爸一早去学校，上课和读书。妈妈收拾好家，背起白白胖胖的我，走到外公家，路不远，走一刻钟光景。在外公家，妈妈、我、外婆和大舅舅热热闹闹地过一整天，到下午五点多，爸爸下班到那里，外公也下班到家了，大家在一起吃大酱汤和米饭，又说又笑，开心得很。然后等天黑了，爸爸妈妈带我回家。有了大弟以后还是老样子，只不过妈妈手上要抱一个了。爸爸很爱我们，天天晚上都唱催眠曲拍我睡觉，等我入睡以后再看书到深夜。外公、外婆非常爱我们，他们不想让我们离开，元旦去神社参拜时，只向神祈求留住妈妈和爸爸。

1931—1937年在杭州

1931年，爸爸应聘国立浙江大学，只身来到杭州。当时浙大数学系已拥有雄厚的师资，诸如陈建功先生、钱宝琮先生等。爸爸的到来，给系里又增加了力量，大家都决心办好数学系，使其成为全国一流的，为国家培养优秀的科教人才。同年，爸爸去仙台接我们。外公、外婆伤心得不得了。

爸爸在浙大附近租了住房，那是一排三间的平房，向阳，前有大园子，有院墙与外面的巷子隔开。我们后面有排房子是房东住的，他家在北面破墙开了米店，他们家人都从北面进出，我们这边十分清静。妈妈到了中国，一下子改变了生活习惯，有些不适应，可是她不抱怨。爸爸关心她无微不至，给她弄了一只大铁桶作洗澡盆，下面可以加柴烧水，还教她吃中国菜，教她说和写中文。妈妈渐渐习惯了我们的生活和习俗，刚来时讨厌的腐乳和皮蛋后来是她最喜欢的小菜，红烧蹄髈成了她最爱吃的菜肴。

苏步青先生与夫人松本米子及子女合影

爸爸喜欢教书和科研，也喜欢种地。每天早上到房前去种花，给花施肥、拔草、洒水、松土、培土，从锄头到大粪桶，样样农具都齐全。园子种了许多种花，墙根上种了牵牛花，一早牵牛花盛开，把园子装饰成了花仙子的花园一般。爸爸在地里干，我们小孩子在他周围转来转去，总想帮他干点什么。最后，他剪下几朵最美的花，叫我们给妈妈，妈妈喜欢把它们插在爸爸书房的花瓶里。妈妈喜欢月季花、玫瑰花，我们喜欢牵牛花、凤仙花、鸡冠花和夜来香，还有一种像韭菜样的草，结许多碧绿的小圆果实，爸爸把它们种在通到大门的石板路旁。

爸爸工作很忙，上课，搞行政工作，还搞科研。白天他都在学校里，中午回家吃饭，小睡半小时，下午又去学校，晚上备课和写论文，一直到深夜。妈妈是典型的日本妇女，照顾爸爸的生活，还带孩子，好让爸爸一心都放在工作上。爸爸走前，妈妈早已准备好外衣和公文包，帮爸爸穿好外衣，送他到大门口，每次都是爸爸说“我走啦！”妈妈接着说“走吧！”这样的对话一天要听好几遍。中午，到爸爸快下班那会儿，妈妈已在门边等候了，一听见他大声说“我回来啦！”我们小孩子马上奔过去，刚一岁的德洋跟在德雄后面叫道“爸爸，抱，抱！”吃饭是最高兴的时刻，因为大家都坐在一起，连德洋也上桌，站在妈妈旁边的藤椅里。爸爸喜欢喝一小杯酒，一边喝，一边讲，讲的都是学校里的事，妈妈听着，偶尔也插一句话。

那时我们在家里讲日语，跟外人讲汉语。在妈妈不会讲中文时，我们小孩子是妈妈和女佣陈妈的小翻译。爸爸很爱我们，但从不姑息我们。他每天抽空检查我们的作业，特别要看我们写毛笔字，笔握得是否正确以及字写到哪里要用力。每次出差回来，总不忘给我们带书和文具。在园子里干活时给我们讲大禹治水、司马光砸缸、孔融让梨，还讲伊索寓言里的小故事，教我们要学古代圣贤，要勤劳、节俭，要天天向上。爸爸是个急性子，我们常常因做错事或打架而挨骂。爸爸发火时我们怕得要命，训斥我们的声音大得连后面的房东家都听得见，不过不管他有多么生气，却从不动手。

爸爸有许多同事和学生，他们交往密切，每到星期天总有客人来。我记得最早的学生是方德植先生，后来有徐瑞云小姐。妈妈的朋友都是师母，她们一来，小孩子也来，我们玩得很高兴。妈妈不但长得好，而且心眼也好，没有人不喜欢和妈妈交往。另外，家里的人口几乎与年俱增。1932年，二弟德明出生。同年妈妈带我们回仙台看外公、外婆，他们说什么也要把德明留下，所以回杭州时妈妈少带了一个孩子；不过，过了一年，1933年，德洋出生。隔两年，德昌又来了。家里人多，住不下了。爸爸、妈妈想扩大住房。租房子不如自己造房子，爸爸在求是村那边买了一块盖房子的地。可是没等到盖，八年抗战就开始了，盖房计划落空了，最后那块地也不了了之，没有了。

抗战八年

1937年，抗日战争爆发，国内局势越来越紧张。仙台的外婆来电，告外公病危，要妈妈速归；日本东北帝国大学也来电，聘请爸爸去教书。爸爸要留在浙大，劝妈妈带我们四个孩子走。妈妈心里痛苦万分，想走，但又舍不得爸爸。当时妈妈还以为局势很快就会转好，所以决定等几天再说。

同年8月13日，日军进攻上海，我军奋起阻击，抗日战争自北向南全面展开了。杭州遭受日机频繁的空袭。浙大校长竺可桢先生决定立即迁校。正在这紧急时刻，我的第五个弟弟德成出世了。10月份，我们随校一同迁往建德。一路上难民如潮，人心惶惶。爸爸抱着四岁的德洋，我拉住爸爸的衣服，妈妈背着未满月的德成，一手抓住一个弟弟：一个是德雄，还有一个是妈妈1936年去仙台探亲用德昌换回来的德明。家里大多数的东西都留在杭州了，只带出来些好点的衣服和被褥，还有一件贵重的古筝。到建德不久，事态急剧恶化，建德也不安全了。于是浙大决定再迁，到江西泰和。爸爸赶在再迁前，匆匆送我们回老家平阳避难，把娘娘从乡下接过来，和我们一起生活，因为妈妈不懂平阳话。我们在平阳的日子过得不错，吃的不缺，那里亲戚很多，都挑着担子送来鸡、肉和水果。在县里工作的大伯伯隔三差五来看我们，我们喜欢他来，因为他和爸爸很相像，声音完全一个样。好几次我们在外面听到屋里在讲日语，我们以为是爸爸回来了，而爸爸只在假期才会回家。

1940年,家里有了个可爱的妹妹,正好生在浙大迁到宜山时,所以爸爸给她起名叫德宜,小名叫小米,因为长得像妈妈。产后妈妈没有好好的调养,加上长期以来的劳累,她病倒了。尽管一个月以后见好了,但落下了关节痛的毛病。从1937至1940年,浙大搬迁了四次,最后到了黔北。迁校完毕,爸爸立即回平阳接我们。我们一行九人:爸爸、妈妈,六个孩子,还有我们的表姐卢志学。我们一家随着大批迁移的人们上火车,换汽车,穿山越岭,经过一个又一个的城镇,通过数个检查关卡,走了半个月,才到目的地。幸好我们一路顺利,没有关卡找我们的麻烦。这都亏了竺校长替爸爸办了一张免检放行的通行证。

在遵义,我们家住三间独门独院的茅草房,三间房都朝阳,前面一块空地。爸爸在上面种了菜和瓜,每天都能摘不少菜和瓜。在遵义只住了一年不到,那时家境已穷困了,爸爸把香烟戒掉了,妈妈为了省几个铜板的水钱,每天到井边洗衣、洗菜,有时家里没有人看小米,她就背着孩子去。弟弟的光头都是爸爸自己剪,我和小米的头发是妈妈剪,剪成童发头。1941年,我们搬到湄潭,这是校本部所在地。湄潭东面依山,西面傍水,风景秀丽。浙大的几百个师生员工和家属的到来,使这个小小的山城沸腾和闹猛起来。学校在东山坡顿时盖了简易教室和礼堂,并盖了学生宿舍;租民房给教工家住,为教工子弟办了附中。我们一家被安插在一个破庙里。庙前有一大片空地,爸爸高兴得不得了,连忙开垦出来种菜。到湄潭后,物价开始飞涨,浙大教工的生活日益艰难。我家人口多,日子要比别家困难得多,竺校长在力所能及的范围内帮助爸爸渡难关,解决衣被和粮食不足。爸爸开出半亩菜地,收的菜和瓜又大又新鲜,我们吃了他劳动的收获,个个长得健康又可爱。我们小孩子整日无忧无虑,上课和玩耍,不知困难是啥,但爸爸、妈妈真是操心。虽然穷,但是他们相亲相爱、互帮互助,日子过得蛮好。爸爸教书特认真,爱学生胜过爱自己。真奇怪,他居然有如此多的精力!白天工作那么忙,晚上在桐油灯下写下一本又一本的教学讲稿和一篇又一篇的论文,一直要坐到12点,早上还要早起种地,还抽空读诗和写诗。我们的爸爸总是那么精神,那么乐观,那么自信,那么坚定不移。他在这时期的教案"乌鸦集"有十几本,今日翻开仍熠熠生辉,非常珍贵。爸爸在湄潭的学生很多,他们非常敬佩和爱戴爸爸,至今我还叫得出他们的姓名,还清楚地记得他们的容貌和笑容。熊全治先生、杨忠道先生和秦元勋先生现在在美国,张素诚先生在北京。

爸爸爱国、爱校。在祖国生活,在浙大工作,不管条件和待遇多差,他都甘心情愿。1946年初,爸爸去台北接收台北大学,台大曾以高薪聘请爸爸,再说台北还有他的亲哥哥苏步皋,但都未能使他动摇。

1946 年浙大复员

1946 年 5 月,浙大开始复员。大家都欣喜若狂,等待好日子来临。爸爸、妈妈吃了八年的苦,该结束了。他们老在讲回杭州以后日子有多么好,妈妈一心想接外婆和德昌来,和他们一起过好日子。我们是 8 月启程的,从汉口乘船到上海,乘火车到杭州。六弟德新是湄潭出生的,从没见过汽车、轮船和火车,一切都使他感到奇怪,一路上不停地问这问那。在上海到杭州的火车上,爸爸给我们买了咖喱鸡盖浇饭和火腿煎蛋,真好吃!

回到杭州,一切并不像原来想的那么好!内战爆发,国内民主运动日益高涨;国民党加紧镇压,各地学生纷纷起来举行示威游行、罢课。国民党为取得美帝的支持以进行内战,大量出卖国家主权;美国加紧对中国的经济侵略,美货充斥市场。国民党统治区出现经济危机,滥发纸币,物价飞涨,民不聊生。

爸爸深感教书难和工作难,养家也难。为了摆脱困境,他协助竺校长工作,甚至在工作已非常多的情况下,仍接受了训导长的职务。竺校长认为大学生敬佩有名望的教授,因此也就听得进他们的意见和建议,但是爸爸和妈妈说了不知多少次,训导长难做。爸爸和所有有正义感的浙大人一样,反对内战,反对饥饿,反对迫害;在学运中,爸爸支持学生,同情学生,而且是站在学生一边的,但是他认为,与国民党斗,要讲策略,要做长期打算。学生们都爱他,尊重他,他们相互之间建立了深厚的友谊,谷超豪先生就是他最好的学生之一。五十多年过去了,他们的友谊越来越深厚。

1948 年,四弟德昌才回国。说起来真叫人伤心,外公 1937 年底就去世了,外婆饿死,大舅舅接着也病死,可怜的德昌由二舅舅收养,但他有八个孩子,生活也非常困难,德昌哪里能吃饱肚子。妈妈听了这些,悲痛欲绝。爸爸那时天天教德昌说和写中文,他脑子很灵,三个月就会说中文了,第二年就进了中学。

1948 年底,爸爸当了浙大应变执行会副主席,工作更多,他参加护校工作,出去采购柴火。爸爸已对国民党不再寄托任何希望,所以尽管教育部三番四次要他带家去台湾,他都拒绝了。爸爸和大家一样,都在等待黎明的到来。

回忆父亲王国松先生在遵义的岁月

王筱雯*

王国松先生

父亲自1920年进入浙江大学，直到1983年生命的最后一刻，在浙大学习、工作了六十多年。用父亲自己的话说，“一生和浙大结下了不解之缘”。他为浙大、为祖国的科教事业贡献了毕生。

1937年，抗日战争爆发，浙江大学被迫告别明媚的西子湖，辗转西迁。历尽艰难险阻，行程数千里，最后于1940年春在遵义地区定居下来。校本部驻在遵义，工学院设在遵义新城何家巷。当初，身任电机系系主任的父亲为了轻装率队西迁，硬是把母亲和我们五姊妹送留上海。珍珠港事变后，日寇占领上海，大肆暴行，物价飞涨，而来自父亲方面的财源又断绝，我们难以继续在上海度日。于是，在1943年春，母亲带我们跟随浙大校友奔赴遵义。我们穿龙门、闯潼关、过秦岭、登蜀道，途中遭到日寇炮击、伪警敲诈和国民党军队的掠夺，经受了汽车翻车的劫难和土匪袭击的恐

---

* 王筱雯，王国松先生的二女儿，1950年毕业于浙江大学，现为浙江衢州化工集团公司高级会计师，曾为浙江省政协常委。

慌，千辛万苦长途跋涉，终于到达遵义和父亲团聚。直到 1946 年秋全家才随浙大复员返回杭州。因此，在浙大迁遵义的七个年头中，我亦有将近一半的时间在遵义。在那里，我读完了高中，常耳闻目睹浙大师生在竺可桢校长领导下，在抗日战争最激烈、民族危机最深重的时刻，团结一致，生死与共，发扬爱国主义和求是精神，克服学习条件简陋和生活极端艰苦的困难，不但弦歌不辍，而且使浙江大学崛起成为名闻中外的高等学府。岁月流逝，六十余年过去了，但昔日情景犹历历在目，不能忘怀。现谨将当年父亲在浙大时的工作、生活片断略书一二以资纪念。

诚朴求是的学风

父亲一生忠于教育事业，立下了“愿为英俊出中华”的崇高理想，坚持以浙大的“诚朴”、“求是”学风培养年轻有为的科技人才，以振兴中华为己任。浙大迁往遵义后，教师的家境更加清贫，生活非常艰难。我亲眼目睹著名心理学教授黄翼伯伯身患胃癌，缺医少药，贫病交加，在被病魔折磨的极端痛苦中过早地离开了人世。有的教授迫于生活不得不弃教从商，但父亲始终坚守自己的教育岗位，毫不动摇，并且，还千方百计邀聘名教授加强师资队伍。他曾受竺校长之托，不惧艰险，绕道越南、香港到上海去聘请李熙谋教授再度出任浙大工学院院长。经他多方工作，不少著名教授也加盟浙大电机系，如马师亮、蔡金涛、沈尚贤、殷元章、王超人等。当时，师资阵容之强大，在国内各大学电机系中是少有的。系内学术空气浓厚，学术讲座、读书报告等经常不绝。他除担任工学院院长、电机系系主任等行政职务外，仍然坚持每周授课十二小时以上。其间，他讲授过的课程有直流电机、交流电路、电工数学、高压电力传输、电工原理、输变电工程等，有时还代授其他课程。电工数学这门课不仅在当时国内大学是没有的，就是在国外大学也很少开设。

父亲设想采用数学模式对许多电气现象进行论证和解释，他自编讲义，首创此课，亲自讲授，效果甚好，获得同学们的高度赞扬。后来，有的同学出国进修，发现美国学生在大学时都未读过这门课或类似的课，而在浙大学过“电工数学”的人在进行以后课程学习或工作时都获得了事半功倍的效果。

父亲的教学特点是：治学严谨，一丝不苟；深入浅出，生动有趣；条理清晰，逻辑性强；明净畅达，循循善诱；理论实践，两者并重。他对基本概念追本求源，使同学们弄清来龙去脉，从基本概念中引出新的理论。他熟悉每个学生，能因材施教。当时，课本大都采用国外原版书，同时，由于学校搬迁影响，课时被迫缩短，给部分同学学习带来困难。他了解每个学生的学习情况和困难所在，总是伸出热情援助之手，诲人不倦，直至教懂为止。并能从精神上予以开导慰勉，及时表扬学生的点滴进步，以示鼓励。同时，也对学生提出严格要求。有一次，一位同学要毕业了，但检查学业中发现二年级时机械制图的作业没有交齐，父亲限他在一周内补齐，否则，不能毕业，充分体现了父亲一丝不苟的精神。当时，遵义没有电灯，为了帮助同学加深理解建立城市配电网络的技术知识，父亲曾指导同学沿着遵义城的主要街道，统计灯负荷，如编制负荷曲线，规划供电网络，计算线路损失，统计需用材料。这些工作帮助同学树立起理论与实践相结合和求是务实的作风。我想，这也许是一次对遵义城市供电的最早规划吧！

父亲除重视课堂上的基础理论和专业知识教学外，还十分重视实验教学，认为古今中外的科学家都离不开实验室，通过实验不但能验证已经掌握了的理论知识，而且，可以帮助发现新的现象，从而得出新的科学论断。居里夫人不正是这样发现了“镭”元素吗？因此，他认为实验教学是一个重要的教学环节。他曾对一位青年教师说，开好实验课对学生的收益有时甚至会大于上好理论课。浙大西迁时，父亲亲自负责电机系的图书仪器和实验设备的拆卸、装运工作，并亲自参加押运。每驻一地，准备开课，就立即开箱安装仪器设备，同时开出实验课，从不耽误。从杭州经浙东、江西泰和、广西宜山到达遵义古城，这长征式的万里跋涉，仪器设备竟能保持完整无缺，如期开出实验，在当时困难环境里是国内大学中所不多见的。到达遵义后，父亲就为筹建实验室竭尽全力。当时，教育经费十分匮乏，没有钱盖实验楼，只能因地制宜利用当地材料建立因陋就简的实验室。在他亲自筹划监督下，紧靠着老城城墙外的湘江之滨建立起数百平方米的电机、化工、机械实验室。人们从远处望去很像一排排农民草舍，但里面却井井有条地安装着各种机床和一台台交、直流电机、木制的试验桌和开关柜。电动机的实验设备和各种仪表测试设备，能测试发电机和电动机的各项特性、各种电路接线以及求取各项图表曲线的数据，基本上满足了教学实验的要求。在茅屋里，一台柴油机拖着一台发电机在呼呼地发着电。父亲曾对一位教授说：“遵义晚间照明用的是菜油灯，但未来的电机师却不能不做实验，因而不能没有电。”当时，柴油很贵，而且很难买到，有时只好用桐油代替。由于机组很小，不能作大范围供电之用，只能作为实验用电，它就显得更为可贵。同样，机械系的各种机床也用柴油机来拖动，最艰苦的时候，甚至利用人力手摇木轮，以皮带传动天轴，进行各种工作机床实习，使同学们获得实践知识。因此，同学们都非常珍惜这草棚实验室。英国著名科学家、前驻华科学考察团团长李约瑟教授1944年曾两次到浙大,父亲陪同他参观了工学院的实验室。他对浙大师生在如此困难的条件下开展科学研究,水平之高和学术风气之浓大为惊奇,赞浙大为“东方剑桥”。回国后,撰文称浙大是中国最好的四所大学之一。

由于学生夜自修时都点菜油、桐油或柏油灯,不少同学得了近视眼和肺结核,父亲就将实验室的另一台小柴油机和发电机安装在何家巷大院里。每夜发三小时电,许多同学在傍晚都主动到发电房去帮忙拉皮带、发动柴油机,使何家巷教室大放光明。这不但改善了学习和卫生环境,而且使同学们更加爱惜这来之不易的三小时自修时间。经过这种严谨、求是精神熏陶出来的毕业生,踏上工作岗位后都成为“文武双全”的人才。今天,许多昔日学生已成为教授、厂长或总工程师,但他们永远不会忘怀湘江之滨的实验室里的发电机和何家巷那小小的发电房。

为了传播科学技术知识,提高中华民族的文化素质,也为了让遵义父老兄弟有机会了解和观摩最高学府,在每年6月6日工程师节时,工学院实验室都要对外开放。这一天,所有实验室的教学实验设备全都开动起来,供大家参观。我到遵义后不久,正遇上1943年的工程师节,电机系的女同学张团珠和华景行姐姐带我去参观电机实验室,我看到人们兴高采烈地结伴而来,就像是过节一样。我记得设在老城子弹库里的实验室是有关电讯设备的,展示电话、电报传导全过程,湘江之滨的实验室则示范发电机组发电全过程。还有利用两个放在不同高度、装满着流水的巨大木桶,利用其水流落差冲击一台小水力发电机发电,使许多电灯泡发出耀眼的亮光。这对于当时仅用几根灯芯草和一碟桐油或菜油来照明的遵义人民来讲,真是大开眼界,人们久久不愿离去。但是,1944年6月6日那天,天气晴朗,气温较高,过热的柴油机排气管烧着了竹编的土墙,延烧至稻草屋顶,火势迅速蔓延,在场的和闻讯赶来的师生都不顾自己的安危,奋力抢救。柴油桶着火了,一团团浓烟烈火平地升起。为了控制火势,有的同学爬上泥墙拆屋顶,有的抢抬柴油桶,有的用消防皮带浇水,烈火终于被控制和扑灭了。这时,城墙上站满了焦急的人们,无不痛惜实验室遭受的飞来横祸。父亲为此心痛不已,夜不能眠,徘徊于室内,不时听到他发出叹息之声。母亲和我们也都为之痛心。为了筹建实验室,曾耗费他多少心血呀!事后,父亲发动浙大同学会进行募捐,使实验室很快得到了修复。1946年浙大东归前夕的工程师节,实验室还最后一次对外开放,以向遵义人民道谢和告别。

深厚的师生情谊

浙大在遵义的七年，正是民族灾难深重，抗日战争如火如荼的时候。大多数学生到内地上学，要离乡背井，穿越火线，经济陷入困境。他们举目无亲，无所依靠，只有学校是他们的家，教师、同学就是他们的亲人。我父亲爱生如子，帮助他们排忧解难，相互间自然而然地建立起同患难、共生死的浓厚感情，令人终生难忘。

当时，战区来的学生吃饭大多靠学校贷金，额度甚微，仅够吃糙饭和八人共用一碗蔬菜，衣着费用得靠自己设法解决，有些学生几年买不起袜子。当时，老百姓曾戏称大学生是“大鸭蛋”，因为有不少学生袜子的后跟破了一个大洞，脚后跟都裸露在外面，像个大鸭蛋。有的衣衫单薄，难以过冬。有的得了夜盲症，晚间不能学习。因此，父亲要花许多精力帮助学生克服困难。他千方百计争取扩大贷金额度和资金面，并尽力给学生安排一些刻蜡纸、打字、抄写等工作，让学生勤工俭学，挣些小钱，以解燃眉之急。父亲还在校务会议上竭力主张设立寒衣贷金，帮助学生渡过难关。对于一些特别清寒的学生，自己也常帮助垫交学费，使他们不致中途辍学。

父亲读大学时，曾因患伤寒症休学一年，在这段时间里他自学了许多中医知识，颇有心得。当时，内地医疗条件很差，特别是西药十分匮乏，给医疗工作带来困难。云贵高原素以盛产药材闻名，遵义有中药材齐全的药店，不仅供应方便，而且价格较低廉。父亲常在繁忙的行政、教学工作之余，为同学、员工及家属把脉看病。他能辩证地分析病情，虽然开的药方常常只是简单的几味药，但效果较好，因而蜚声全校。记得有个星期天的清晨，李汉清工友奔到大仕阁找父亲，一见面就跪倒在地，流着眼泪说：“王先生，救救命吧！”我们都被这突如其来的行动惊呆了，父亲急忙将他扶起，请他坐下慢慢说。原来是他的孩子患了百日咳，已经发展到咯血，请求父亲给他开张药方。当时，我心中暗想，父亲能治这样重的病人吗？只见父亲详细了解病情后，进入内室独自思考，经反复推敲，开出了一张药方，请工友拿回去试试。孩子服药后，有了好转，转危为安。父亲是博士，“博士”英文为“Doctor”，“医生”的英语译文也是“Doctor”，因此，大家推崇他，说：“Doctor is now a doctor”(博士现在是医生)。虽属趣言，但也可见同事、同学们对他的爱戴和敬重。

父亲平易近人，乐观开朗，同学们的学术、群众活动，他都参加。1940 年春，父亲和杨耀德教授带电力组全体同学到遵义城的附近农村郊游，在一个杏花林中进行座谈、野餐，还照相留念。系里每年的大型活动一般有迎新会和毕

1949 年 5 月王国松教授与浙大工学院电机系 1938 级毕业纪念

业欢送会，全校还经常组织各种文娱活动，有合唱、独唱、话剧等节目。每次开会，父亲带领全家参加，斗室之中，济济一堂，欢声笑语，其乐融融，无形中增加了大家庭的欢乐气氛。春节，在柿花园俱乐部有各种游艺活动，如钓鱼、套环等。还有，沈思岩、杨增慧两位音乐教师组织指挥的浙大合唱团，非常活跃。沈先生是声乐教授，杨先生是钢琴家，他们夫妇俩还在新城的播声电影院举办过独唱音乐会，其中有自编自谱自唱的贵州民歌。父亲虽对音乐不很感兴趣，但他仍带领全家参加。因为他尊重别人的事业，懂得人们的生活中需要各项艺术，它能鼓舞斗志，陶冶性情，增添生活的朝气和乐趣。

在旧社会，大学生毕业往往面临着失业的威胁，女生更甚。作为系主任和工学院院长的他，总在学生毕业前数月，不遗余力地亲自往各处发信，通过他的老同事、老同学和毕业校友，为同学联系符合他们志愿的工作，男女生一律平等对待。由于社会上对他的信任和尊重，以及历届毕业同学的求是作风和艰苦努力工作所赢得的好评，浙大电机系毕业生基本上都能得到专业对口的工作。有的即使一时找不到，他也总是设法再次为他们介绍。在“毕业就是失业”的时代，要做到这样，是很不简单的事，许多校友为此终身不忘。远隔重洋、身居北美的浙大校友，很多是抗战时期毕业的，数十年未通音讯，都十分思念这位当年的师长和院长。中共十一届三中全会后，祖国对外开放，北美校友多次函请母校派代表团去美访问，父亲亲自与北美校友会多次联系，将访问日程和具体参观项目安排就绪，但因健康原因未能飞渡重洋与海外赤子团聚，这成为父亲终生的憾事。但聊以告慰的是，经他安排的浙大代表团访美之行不仅增进了国外校友和母校的情谊，也推动了浙大与国外有关院校的科技协作和学术交往。

学生奔赴工作岗位时，父亲总是勉励他们要实事求是，不务虚名，并以“人生应以服务为目的”等格言相赠。在同学们眼中，父亲不仅是一位优秀教师，而且是一位长者和慈父。

真挚的同僚之情

父亲和竺校长共事了十三年，相知甚深，配合默契。在七年遵义时期，父亲被任命为电机系主任。竺校长带领全校师生员工，同舟共济，渡过了一个又一个难关，在极端困难的处境中做到教学秩序井然，学术研究活动活跃，科研水平不断提高。浙大，在战火的锤炼中从一个地方性的大学崛起为全国性的著名大学之一。在这过程中，父亲与竺校长更是风雨同舟，生死与共，结下了深厚的友谊。

以后，不断鸿雁往来，父亲每次去北京总要去拜访竺校长。“文革”期间，父亲在长期蒙受莫须有的罪名之外又遭到了更大的诬陷，他忍辱负重，痛苦地活着。可是，在那是非颠倒、人妖不分的日子里，又能向谁去申诉呢？不白之冤何时才能得以澄清解脱呢？70 年代初，竺校长曾写给父亲一封信，大意是：“我受中央保护，幸免于难，闻你受原浙大同人诬陷……望自珍重。”在竺老逝世前几天，他老人家还惦记着父亲的情况，并要秘书写信询问冤案是否已大白。父亲刚收到书信不久，却传来竺老逝世的噩耗。父亲老泪纵横，他为失去了一位知音和良友而悲痛欲绝。在父亲逝世前一天，他为《竺可桢传》(上册)写了序言，序中写道：“藕舫先生是国内外享有卓著声望的科学家和教育家，对于他的爱国热忱、求是精神和科学态度，我早就钦佩。……他的事迹应该流芳百世。”字里行间洋溢着他对这位卓有成效的学者和专家的崇敬之情和永恒的怀念。

1949 年 5 月，杭州解放。6 月，军管会正式接管浙大，蔡邦华先生和父亲受命主持浙大校务。8 月，著名经济学家马寅初先生出任浙江大学校长。次年，经马校长提名，中央任命父亲为浙大副校长。他竭尽全力辅佐马校长建设和发展新浙大。父亲与马校长早在三四十年代就有交往，现在又在一起办学，心情十分舒畅。他对马校长渊博的学识、严谨求实的治学态度和为真理而斗争的精神有了更多的接触和了解。他深深钦佩这位著名的教育家的爱国主义精神和民主治校的方针。他们配合默契,就像当年辅佐竺校长一样。

不料,1951 年 4 月,突然传来中央将马寅初先生调任北大校长的消息,父亲即召开校务委员会紧急会议,师生联合致电周总理和高教部长,要求挽留马校长。然而中央已作出决定,无法变更。马校长北上前夕,多次动员父亲代理校长,父亲生性谦虚谨慎,总感难以当此重任,婉言推让,但拗不过马老一次又一次来到家中相邀,终被马老真情所动,应允暂时代理校长,请中央另派贤达之士。两年的朝夕相外,彼此相知较深,建立了真挚的友情,从此经常保持联系。他们两人都是第一届全国人大代表,每年都有会面叙谈的机会。1955 年,全国人大开会时,马老在浙江小组会上作了"关于控制人口与科学研究"的发言,这是首次提出关于"新人口论"的观点,邵力子先生、竺可桢先生和父亲都表示赞成与支持,但也有代表持不同看法,有的甚至将这比同马尔萨斯那一套。马老看到认识不一,讨论此问题时机还不成熟,就未在大会上发言。他继续调查研究,直到 1957 年 6 月在全国人大会上作了"新人口论"的发言。次年,"新人口论"遭到了否定和批判,这位优秀的教育家被推入了深渊,开始了坎坷的历程,音讯被迫隔绝,但父亲仍然将这段友谊珍藏在心灵深处。1979 年 2 月,父亲的冤案得到彻底平反。10 月,赴京参加民盟第四届全国代表大会,他特地去医院探望病中的马老,当时,老人已九十有八高龄,惜未能叙谈,在医院陪伴的亲人赠给父亲一本《新人口论》,距当年提出此论点已二十四年。由于否定人口的计划管理导致了如今中国人口的大膨胀,等到人们认识真理,已无法纠正,悔之晚矣! 1981 年,在庆贺马老百岁寿辰大会上,父亲作了《忆马老二三事》的发言,高度评价了马老对祖国、对人民所作出的贡献,表达了对这个博学多才、有独特见解的教育家、经济学家和爱国民主人士的无限敬意。

正直爱国的精神

浙大民主空气浓厚,当时被誉为"民主堡垒",这是和竺校长的开明、爱国、正直的政治态度和一贯支持、保护学生运动的实际行动有密切关系的。在遵义,有时竺校长出差时间较长,也曾指定父亲代理校长职务,父亲均能按竺校长制定的方针处理校务,包括不少政治上的问题。父亲一直是一个正直、爱国的人,早年就担任过浙大校学生会主席,发动同学参加罢课、游行和募捐等爱国学生运动,再加上现实生活中发生的当局对进步教授和学生的镇压迫害,更是教育了他,使他深深痛恨国民党的法西斯统治和政治上的腐败。虽然他当时对共产党的认识还不足,但他始终不肯加入国民党。对于富有正义感的爱国民主教授倍加赞扬和推颂，并引为知己，对进步的学生也加以保护、支持。

贵州与四川相邻，抗战时期，国民党实行特务统治，民主空气受到压抑，言论自由及进步学生运动都被严密控制。费巩先生是浙大政治经济学教授，为人正直，嫉恶如仇，能大胆抨击国内的腐败政治，是当时一位比较有影响的爱国民主人士，但也因此受到国民党特务的严密监视。父亲和他私交甚深，堪称知己。1940 年费巩教授受竺校长的约请，出任浙大训导长，深得学生爱戴和教职员工的敬重。父亲支持他出任训导长，热心推行他提出的导师制和改善学生生活的施政方针。但不到半年，国民党教育部即以其非国民党党员，胁迫其去职，父亲深为不平。1945 年，按规定费教授和父亲两人可以休假一年外出讲学。费巩应母校复旦大学的邀请，要去重庆北碚举办“民主与法制”特别讲座。父亲本已应邀去昆明讲学，后因院务、系务工作繁忙，脱不开身，未能成行。在费教授离遵义前的一个星期天，父亲、母亲特地邀请他到大仕阁家中共进午餐，为他饯行。我还能清晰地记得那是一个晴朗的日子，温暖的阳光照在我们小楼前的菜园上，菜园里发出温馨的泥土味。十一点左右，费巩伯伯来了，他个子不太高，胖胖的身体，宽宽的额头，温和的目光，显露出他深邃的思维和广博的智慧。父亲特地亲自烧了一个家乡菜——金银蹄。席间，他们两人侃侃而谈，非常亲切。

下午，大家互道珍重而别，谁知这竟是永别。当 3 月 5 日费巩教授在重庆千厮门码头被国民党特务绑架“失踪”的消息传来，全校师生为之震惊，父亲更为焦急。各种营救活动，通过不同渠道在进行。为掩人耳目，蒋介石和美国驻华远东战区参谋长魏德迈不得不下令查找，假惺惺地派美国名探克拉克和中美合作所总务处长沈醉到遵义等地查访，真是贼喊捉贼。他们找浙大教师多人询谈。父亲向他们指出，费教授为人耿直，治学严谨，追求真理，酷爱民主，被称为“品格的支柱”和“道德的力量”，然而这样的教授竟不为国家所容，实难理解；还气愤地说：“在遵义是绝对找不出费巩教授的，要找只有到你们重庆去找。”以后，浙大师生在每年 3 月 5 日都要举行“费巩教授怀念会”，学生自治会还通过会议，将《生活壁报》改名为《费巩壁报》，父亲都深表赞同，并发表演讲。三十几年之后，浙大举行费巩烈士纪念会，父亲特地为他写了挽联，寄托哀思。

对进步学生的活动，父亲是持同情和保护态度的。1942 年初，电机学生陈海鸣收到西南联大学生来信，介绍了昆明学生“倒孔（孔祥熙）运动”的情况，并在壁板上张贴了西南联大“倒孔运动”的宣传品，引起全校师生的强烈共鸣。1 月 17 日，竺可桢校长得知学生将要游行，当劝阻无效后，为保证学生安全，竺校长亲自走在游行队伍的前头，父亲和许多教授也加入行列。事后，国民党大肆拘捕和迫害进步学生，教育部下令开除一批学生。电机系学生陈天保将要被拘捕的消息被竺校长和父亲知道后，即同意他本人要求，先离开遵义，再公布开除通知，实际上是保护他们免遭拘捕。

1945 年 8 月，从电机系也是全校唯一的短波收音机里获悉了日本无条件投降的消息，全校师生、全市人民连续多日沉浸在胜利的欢腾中。9 月 4 日晚，遵义全城举行了盛况空前的火炬游行，浙大师生和遵义人民一起，热烈庆祝八年艰苦卓绝的抗日战争的伟大胜利。人们总算把颠沛流离的日子熬到了头，可以重返久别的故乡与亲人团聚了，浙大师生怀着极其兴奋的心情，噙着喜悦的泪花走在长达一公里的游行队伍中，高跷、灯笼、彩船、活报剧，五光十色，鞭炮齐鸣，欢声震天。大家唱呀，跳呀，笑呀，尽情享受着胜利的欢乐！

1946 年 8 月，父亲带领工学院师生和我们家属，随同竺可桢校长的大部队，复员回到杭州。从此告别工作、生活了七年的遵义何家巷、子弹库，告别了湘江之滨的实验室和大仕阁的小家园，也告别了遵义的父老乡亲。但是，浙大在战火中的成长和父辈们艰苦卓绝的奋斗，以及遵义的一草一木，遵义人民的深情厚谊却永远铭记在我们的心头。

相敬如宾，白头偕老的贤伉俪

父亲一生贡献给教育事业，在浙大学习和工作了六十多年，培养出一代又一代的人才。他的优秀品德和高风亮节赢得了老师、校友、同事、朋友和遍天下的桃李们的敬仰和推崇，人们给他作出了公正的评价，并永远怀念这位有才智的爱国知识分子和老教育家。在父亲所取得的成就里，包含着母亲的支持和帮助，渗透着母亲的鼓励和理解。

外祖父陈均适先生早年留学日本，思想新派，到浙江工专任教后即从家乡平阳县将年方十四的长女汉兰带杭读书，成为省女子师范早期毕业生之一。毕业后在杭州盐务小学任教。她端庄清秀、温文尔雅，和父亲结为伉俪后继续教书。在三妹出生后，为让父亲集中精力于教学工作，她忍痛离开了教师队伍，专心哺育孩子和料理家务。抗战爆发后，又为了不拖累父亲随校西迁，母亲带着我们五个姐妹在上海暂住。虽然有姨父母的照顾，但在日寇、汉奸横行的上海滩度日是很艰难的。珍珠港事变后，白色恐怖笼罩着全上海，上海与内地交通被阻，我们的经济来源断绝。1943 年，父亲托校友姚卓文先生回上海接眷之便把我们带往内地，我们历经了千辛万苦历时两月才到达遵义。当时，物价飞涨，教师待遇菲薄，一家九口，全靠母亲勤俭持家、节衣缩食，日子过得十分不易。双亲相敬如宾、相互支持，在融洽的气氛中度过了五十七个春秋，特别是在父亲蒙受冤屈二十余年中，二老相濡以沫，增强了生活的勇气和信

全　家　照

心。他们正像父亲的名和字那样，像两棵劲松屹立在高山上，共同经受风吹雨打。这是因为，在母亲身上，不仅有中国妇女的传统美德，而且，由于母亲也是一位教育工作者，她深深理解父亲对教育事业的无限忠诚，从而给予了最大的支持和有力的帮助。为此，母亲也得到了广大校友的敬重。在父亲逝世八年后的 1991 年校庆，来自全国各地的 1942 届学长来校团聚，他们还特地到家中来看望重病的母亲。望着二十几位七十开外的老学长们渐渐离去的身影，我们真被感动得热泪盈眶。

最后，我借原浙大校长韩祯祥先生在为《怀念王国松先生》纪念册所作的序言中所说的两句话作为本文的结束语："一切为人民，为祖国作出贡献的人，人民都是永志不忘的。一切有才智的中国知识分子，人民都会牢记在心。"

父亲是我们心中不朽的丰碑

——费巩子女回忆录

郑旭萍　徐静休　姚晓玉*

2005年是费巩教授诞辰100周年和遇害60周年。他的儿子和两个女儿专程从上海赶来参加纪念活动。在他们下榻的灵峰山庄,笔者聆听了他们对父亲的追忆。抚去六十多年时光积下的灰尘,往事历历在目,点点滴滴都在心头。

儿子:别具一格的教育方式

费巩先生的长子费让若,退休前是上海电器科学研究所的高级工程师。现在虽已八十高龄,但仍然精神矍铄,思路清晰:

费巩在浙江大学任教时
(1934年)

我和父亲虽然相处的时间不长,但他对我们的为人处世却有很大的影响。父亲对我的要求特别严格,但他教育子女不是说教,而是用一种独特的方式。

我六七岁的时候,父亲在浙江大学教书,我们住在杭州,父亲经常带全家去岳王庙瞻仰岳飞塑像,给我讲

---

* 本文为费巩教授诞辰100周年和遇害60周年之际,费巩子女来校参加纪念大会时接受校报记者采访,原文载《浙江大学学报》,选用时编者作了删改。

费巩像落成

岳飞精忠报国的故事，让我自己去领悟其中的内涵。

还有，每年农历的八月十八日，是传说中潮王的生日，也正好是父亲的生日。所以父亲就带我们到海宁观潮，教育我们要学习大潮大气磅礴、一往无前的精神。

父亲和我都很喜欢京戏，他曾经叫我一个人去戏院看《西游记》，为什么要看呢？父亲说，在《西游记》中有三个人物，各自代表了三类人：孙悟空有“天不怕、地不怕”的精神，代表的是正义、有本领的人；猪八戒是只会拍马屁的人；沙和尚则是平庸之辈。父亲意味深长地问我：“你会学谁呢？”父亲就是以这种独特的方式来教育还不到十岁的我。

1937年抗战爆发，我和祖母、母亲逃难转到了西天目山，最后到了上海。父亲安顿好我们，便追随浙大踏上了西迁之路。1941年，父亲从遵义回上海探亲，教育我，国难当头，要学习岳飞、文天祥的“富贵不能淫，贫贱不能移，威武不能屈”的精神。那时，父亲每天都要我到三楼的阁子间读书练字，临摹文天祥的《正气歌》：“天地有正气，杂然赋流形。下则为河岳，上则为日星。于人曰浩然，沛乎塞苍冥。皇路当清夷，含和吐明庭。时穷节乃见，一一垂丹青。”我现在回想起来，父亲的一生，正体现了《正气歌》里所描绘的浩然正气。

女儿：责之切，爱之深

费巩先生的长女费川如，话虽不多，但说起她印象深刻的事，仿佛就在昨天。父亲对川如生活方面要求很严格。川如小时候爱漂亮，对穿衣很挑剔。

她上小学的时候，早上起来，对佣人发脾气不要穿这件，不要穿那件。父亲听到后，二话没说走进房间，一下子把川如举起来，从床上抛了上去。那时房间有三米多高，川如吓得魂飞魄散，小女儿莹如也看得心惊胆战。费莹如说："父亲从小教育我们不可追求虚荣和奢华，生活上要朴素。那时我们家有不少住花园洋房的阔亲戚，父亲说去他们家可以，但绝不能羡慕、学她们涂脂抹粉，绝不能有任何打扮，而父亲回国后，自己也保持一身布衣布鞋的生活作风。"

费巩先生被害时，幼女费莹如年仅十岁。加之平时聚少离多，在她的记忆中，父亲回家探亲的一年半时间，是她童年中最快乐也是真正享受父爱的一年半。"小时候，父亲对哥哥特别严格，让哥哥在三楼练字看书，对女儿则是既疼爱又严格。除了扔姐姐那件事外，父亲待我们真的很好。父亲回到上海，忙着利用探亲的时间著书立说。不过在家里，父亲晚上一有空就会和我们玩。记得当时家里有一个长沙发，上面有三个靠垫，父亲、姐姐和我一人一个，互相扔来扔去，父亲边扔靠垫边喊'娃娃——接铺盖啦……'，我们玩得真是开心死了。父亲有空还带我们去永安公司的地下室开小火车，我贪玩撒娇不肯走。父亲好言相劝，耐心地说，'回去吧，回去吧'。"

子女：民族气节传后代

在费氏兄妹的心中，父亲虽然求学英伦，学贯中西，却有热爱祖国、自尊自强的气节和傲骨。费巩先生曾经说过："我出国求学，是为了探求使中华国强民富之道。"对于子女，他也是这样教育和要求的。

莹如回忆说："当时我们住在上海英租界，到处可见霸道的洋人，我们弄堂里就有不少。有一次，我在弄堂里玩耍，迎面开来一辆黄包车，上面坐着一个洋人。车停下，那洋人下了车，径直往门里走去。当车夫向他要钱时，他却蛮横地给那车夫两记耳光，打得车夫直流鼻血，我在旁看得吓呆了。回家后，我把这件事告诉父亲，父亲气愤地说：'外国人仗着他们的势力，在中国的领土上耀武扬威，欺凌中国人，这是不能容忍的。这笔账要记在心中，任何时候都不能忘记自己是一个中国人。'这件事给我留下了不可磨灭的印象。"

妹妹的话也勾起了让若的回忆，他补充了另外两个小故事："1938—1941年，父亲让我去学太极拳。教我的是当时有名的拳师马玉良。他是个英雄好汉，当时有个外国人在上海跑马厅，一只手撑着墙，叫路过的中国人从他手下钻过去，马玉良义愤填膺，几拳就将那外国人打倒在地。还有一件事，我在上海本来可以进一所教会学校，父亲知道学校里有崇洋媚外的风气，所以坚决不让我进。"

忆马校长二三事

王国松*

马寅初先生

马寅初先生是我国著名的教育家和经济学家，也是一位负有盛名的爱国民主人士。他坚持真理，不畏强暴，爱祖国，爱人民。所以道德文章深受人们的敬仰。正由于他这样爱国爱民，在他百岁历程中前一段时间里，受尽了蒋家王朝的摧残和迫害，走过了漫长的坎坷道路。直到全国解放，国家进入伟大的社会主义时代，才有条件发展他的抱负。

马老是在1949年8月被任命为浙江大学解放后第一任校长，受到全校师生员工热烈欢迎，在1951年5月因工作需要调任北京大学校长，在我校担任校长共一年零八个月，时间虽短，而他的民主精神和以身作则的作风，都给我们留下深刻的印象。马老同浙大的关系不只是他任校长时开始的，早在1946年4月22日，他应浙大学生自治会之邀，曾在浙大作过《中国目前经济之危机》为题的演讲。在同年五月下旬又亲自"一马当先"参加学生的争

* 王国松，浙江大学前副校长，教授。本文选自《百年大寿——马寅初先生百岁寿辰庆贺会文集》。

民主示威游行的行列。马老对浙大这座“民主堡垒”是早有赏识了的。革命一家，他同浙大师生爱国热情早已心心相印了。1947年、1948年竺可桢校长曾两度聘请马老来校任教，他答应了，但由于国民党反动当局的阻挠，没有成功。正如马老在就职演说中所说的：“过去国民党统治下，我是连浙大教书机会也被剥夺的，做个教授尚且如此之难，何况做校长?！现在由于毛主席的英明领导及人民解放军的英勇斗争，打败了帝国主义，铲除了国民党的反动势力，所以我才能够被任为校长。”所以他一任校长，感慨万分，非常珍视党对他的重视，非常珍视他任校长的职责。到校后就提出：“要在党的领导下，同心协力，培养切合实际要求的人才，建设新浙江，建设新浙大。”并以身作则，不耻下问，深入群众，发扬民主，引导全校师生员工为办好学校作出贡献。

这里我举几件事情作为例子来说：

第一件，发扬民主：马老任校长之后，他继承了竺校长办学的精神。在1950年4月1日浙大举行23周年校庆时召开师生员工代表会议，广泛发动师生员工以当家作主的态度，以知无不言、言无不尽的精神，对于学校行政、学制、课程内容、教学方法、师生关系、职工生活等各个方面，“人人提案，个个想办法，办好新浙大”。在当时这样的做法，还是一个创举。全校师生员工对此非常拥护，纷纷提案，提出了九百多条意见与建议。马老亲自领导进行研究，分轻重缓急，责成有关部门逐一加以处理。这次会议一共开了七天，但它的作用却很广泛，为发扬民主，集思广益，加强团结，办好浙大，树立新的里程碑。

第二件，爱国主义教育：马老在浙大校长任职期间，还担任中央人民政府常务委员、中央财经委员会副主任、华东军政委员会副主席等职务，所以他对国家的方针政策、时事形势都曾亲聆中央领导同志的指示，理解较为深刻。为了贯彻中央的精神，他每到节日和重大的政治运动，总是发表演说，对全校进行爱国主义教育。同时对政府的号召都身体力行。例如当时国家经济还困难，发行了人民胜利折实公债，马老不仅自己带头认购，而且亲自率领学生上街宣传。又如1950年上海“2·6”大轰炸后，为了对蒋介石集团进行反轰炸斗争，他又亲自带头在校内挖防空壕，并说：“我们一定要把防空壕挖好，我虽六十九岁了，但一定陪着大家干，我挖也来，挑也来的，要风雨无阻地干。”许多教授、院长、系主任与全校师生员工，都来参加，原来估计一天才能完成的任务，不到

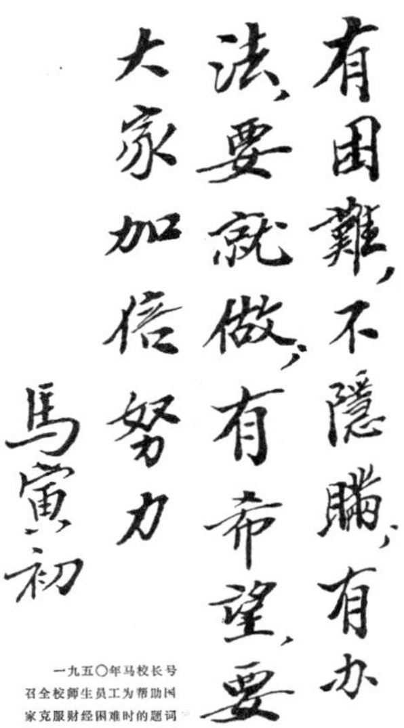

一九五〇年马校长号召全校师生员工为帮助国家克服财经困难时的题词

十一点就完成了。当时老浙大钟山下一片劳动的欢呼声,既是战场,也是时事教育、爱国主义教育的动人场面。

第三件,治学态度:马老不但在爱国主义精神方面使人非常感动,而且在治学态度上也是人们的一个模范。他不要学生死读书,要重视实践,要学以致用。他自己就是这样体现的。他读书很用功,每天坚持读书到深夜,研究理论,同时更重视实践,注意从客观实际出发,强调深入实地调查,掌握大量第一手材料,然后加以仔细分析,以理论联系实际,解决实际问题。他的《新人口论》就是一个理论与实际结合的突出例子。马老除重视德和智外,他还很重视体育锻炼,他来浙大任校长时已近古稀,却仍坚持做早操,冬天洗冷水澡,爬玉皇山,持之以恒,从不间断。这表现出他"德、智、体"并重的主张。他与竺校长一样,身教言教,教育学生成为德智体全面发展的人才。马老的许多言行,到现在仍值得我们借鉴和学习的。

老校长与新浙大

魏益华*

刘丹先生

每当我看到浙大在党的基本路线的指引下日新月异的发展，不由得深深怀念起老校长对新浙大不可磨灭的贡献。他为浙大的历史曾写下了光辉的篇章，留下了大量的物质财富和精神财富。浙大培养出来的许许多多优秀人才和一批批丰硕的科研成果，也都凝结着老校长的心血。这些都值得今天的后继者们永远的珍惜，并在新形势下加以发扬光大。

1952年院系调整前的老浙大，虽在国内外享有盛名，曾被英国的著名学者李约瑟誉为“东方剑桥”。但是，这样一所名牌大学，其校舍却是非常破旧的，仪器设备十分简陋，学校没有自己的礼堂，甚至连图书馆的房子也是向浙江图书馆借用的。当时的第一教室就是一座木结构的二层楼房，污泥的墙壁，二三个人在楼上行走，整座房子都会发生震动。至于教职工的宿舍，如有名的“龙泉馆”，教师在忆苦思甜时还讲到邻居之间仅隔一块破旧的木板，所言所行，互相听得清，看学

* 魏益华，浙江大学教师，原浙江省委党校副校长、教授。本文选自《海岱杰望——刘丹纪念文集》一书，浙江大学出版社1991年版。

校得见。的情况在院系调整后，也是相当混乱，文、理、农、医等学校都已分了出去，留下的工学院也只剩下四个系（因航空系也被调整出去了）。此外还有少数的数、理、化、外语、体育等基础课教师；系、处一级的领导班子很不健全，教研室尚未建立，行政的科室很少；思想改造和院系调整的后遗症甚多。正当浙江大学百废待兴、百事待理、百业待举的关键时期，1952 年 11 月刘丹同志被组织上任命为浙大第一副校长兼党委书记，从此他从教育厅调到了浙江大学，直到 1989 年 9 月逝世，在长达三十七年的漫长岁月里，为建设社会主义的新浙大，呕心沥血，鞠躬尽瘁，付出了全部的精力。

在浙大我也可算是最早熟悉刘丹同志的人之一，他兼任党委书记，我做党委秘书工作，接触的机会是不少的。有一年的春节他还特地邀我去吃年夜饭。此后，我也是长期在他的领导下工作了三十多年。对他在院系调整后如何把一个破旧的老浙大建设成为一个规模宏大的社会主义新浙大所付出的努力，以及当时他对许多重大事情如何决策和处理的情景，我至今记忆犹新；在他领导下如何从一片坟地和空地上把新浙大建设起来的件件业绩，我至今仍历历在目。他在建设新浙大时所表现出来的远见卓识，智慧胆略，高度的事业心和责任感，他的严肃认真和艰苦奋斗精神，至今仍然使我非常敬佩，值得永远学习。

择址建设，他是新浙大的奠基人。新浙大如何建设，如何发展，事关百年大计。刘丹同志来校后不久，敏锐地察觉到，大学路老浙大旧址不仅育人环境欠佳，而且已无多大扩建的余地了，如果不及早另择新址建设校舍，以后浙大的发展就很困难了。就在他来校后的一个月，即抓紧时机，向省里请求并得到同意后，亲自带领土木系的几位教师和总务处的几位工作人员，在省里规划的文教区范围内，跋山涉水，不辞辛劳，踏勘选址，最后选定原浙江第一公墓作为现在新浙大的校址。他在选址过程中反复比较，审慎思考，在初步选定之后，还动员学校其他领导同志一起到实地踏勘选定。当时他高兴地说："这块地方，地处近郊，背靠老和山，离玉泉、黄龙洞、西湖都不太远，进城方便，环境安静优美，又有充分的发展余地。将来师生课余饭后爬爬山，散散步，都有去处，晚饭后到风景区散个步，回来夜自修也来得及。"当时有同志凑趣地说："将来玉泉变成浙大的后花园了。"他却深沉地说："不错，我也正是考虑到了这一点。"接着他组建了浙大基本建设委员会，亲自担任了主任，组织力量一面进行地质钻探，一面进行地形测量，绘制校园总平面图，落实总体规划。他还常到实地察看，和设计人员一起反复研讨，教学区、学生宿舍区、附属工厂、医院区、生活区、家属住宅区等总体布局。他认为总体布局事关学校建设和今后发展的大局，必须对每个建筑物的位置定得合理一些，今后工作、生活尽可能方便一些。我常常看到他面对挂在会议室墙壁上的总平面图,有时一个人凝神思索,有时和设计人员热烈议论,有时又向校系其他领导同志详细介绍评说,有时又向老教师们叙说蓝图展示的规划,征求意见。他还特别指定预留图书馆的建设基地,说将来造个高层房子作为浙大的主楼。他对设计的建筑物的造价、式样、朝向、采光都考虑得十分仔细,甚至种什么样的行道树都亲自确定。现在教学区的两排已经长得枝叶繁茂的樟树,就是在他一再坚持后种下的。对图书馆的建筑,他更是一往情深。"文革"后在他重新站出来主持工作之后,就不失时机提出建造图书馆。当时我任土木系党总支书记,他亲自嘱我,要做好设计人员的工作,保证任务的顺利完成。他还曾动情地对我说,这是他在浙大基本建设上最大的一笔欠账,如今能在自己的任上建造好,这就完成了他的一个大心愿,将使他感到莫大的快慰。总之,刘丹同志对新浙大的基本建设所花的心血是无法计算的,所作的贡献是巨大的,他的事迹足可写成厚厚的一本书。

刘丹同志在建校67周年纪念大会上讲话

爱惜人才、培养人才、尊重人才,是刘丹同志给我印象最深的又一个方面。刘丹同志认为要办好大学,一定要依靠党,依靠全体教师,依靠全体职工。其中特别需要有一支高水平的教师队伍和高水平的管理队伍。而关键是首先要抓好领导班子自身的学习、培养和提高。党委为此既抓政治理论学习,也抓业务学习。有一次他讲到:在社会主义建设时期列宁号召"学习、学习、再学习"。

刘丹同志在校运动会上

毛主席也教育大家要“苦干、苦学”。1953年上半年开始，党委决定每星期六的晚上，党委委员都要参加教师党支委和各系秘书的汇报学习会。每次会议他都亲自主持，一面听取情况汇报，一面把自己的办学思路向学校骨干说明，征求大家意见，共同探讨社会主义浙江大学的办学路子。这种汇报学习效果很显著，不仅使党委一班人能较快地熟悉领导学校工作，而且也为学校培养了一批领导骨干。当时的这些中青年同志，以后绝大多数成了校系两级的领导人。

刘丹同志爱才、惜才、尊重教师也突出地反映在认真执行党的知识分子政策上。刘丹同志来浙大之后，尊师重教，特别是对有才华和有造诣的业务骨干很是器重，常常召开座谈会听取他们的意见；对贡献较大有威望的老教授，他在春节期间还亲自上门拜访，学校还因此规定每年春节请全体教师参加茶话会。1956年在中央召开知识分子工作会议后。他满腔热情地召开许多次座谈会，征求他们的意见，共商如何贯彻好会议精神，同时又抓了各级干部统一思想认识，研究解决知识分子工作中存在的实际问题。当时对高级知识分子入党难，老教师搞科研缺乏经费，仪器设备、资料和助手问题，对合理解决教师职称评定、工资待遇、医疗、住房、伙食等条件的改善方面，在可能条件下办了大量的实事。我还记得他自己亲自做了几个高级知识分子的入党介绍人，自己也曾到教师食堂里吃过饭以体验生活。

刘丹同志的办学思想有很多特色。他十分重视抓学生的培养目标，反复提到培养学生一定要不断提高质量，专业设置和教学内容一定要对上国家经济建设需要的口径，一定要使学生在德、智、体诸方面得到全面发展。很长一段时间里他曾兼马列主义教研室主任，与政治课教师一起讨论理论问题和教学工作问题，并在教师和职工中建立严格的政治学习制度。他对我们谈到，做政治理论教师的重要作用和发展前途。他说："抗战前我和艾思奇同志等在《上海申报》上写了些文章，后来艾又写了《大众哲学》，许多青年人受他这本书的影响，有的还因此走上革命道路。"他还说，提高教职工的理论水平对教书育人意义很大，教师在讲业务课的时候注意做学生的思想政治工作。如解放前有的进步教师在讲业务课时适当地插进些革命和爱国的思想教育，就很起作用。他对学生的文体活动的提倡、组织也很热心。他自己在体育方面也很有素养，虽然工作很忙但一到课外活动的时间，他常常出来打网球。1955 年开运动会，此时他年近半百还自己参加足球比赛，当他和几位教师一起跑步进场时，引得在场的师生一阵热烈的掌声。那时学校还规定全校的学生、教师和干部每天都要参加二十多分钟的广播操，许多年过花甲的老教职员也都参加锻炼，学校里一派朝气蓬勃。学生中每年评选一次"三好生"予以奖励，并成为一种制度。学生中体育比赛、文艺会演也丰富多彩。

他认为办学一定要建立严格的教学秩序，授课的时数、质量等都要严格保证，生产实习、毕业设计和实验、实习课等实践性环节都必须严格要求。他不但常到实验室察看，而且还常跑到工厂里去检查实习的质量，和师生亲切交谈。那时政治运动很多，每次运动来他都担心会打乱正常的教学秩序，党委会上分工时他总欣然接受负责抓运动、教学两不误的硬任务。在"大跃进"的年代，一到贯彻"八字方针"恢复教学秩序的时候他抓得很紧，尽量弥补学生在学业上造成的损失。

刘丹同志非常重视抓科学研究工作，热烈响应周总理向科学进军的伟大号召。我记得他较早就重视科研工作，认为要提高教学质量必须开展科研工作。早在 1954 年放暑假前，还在老浙大时他就专门到灵隐寺附近召开了一次商讨浙大如何开展科学研究的座谈会。他认为大学抓不抓科研关系到能不能提高教学质量，甚至会影响到学校发展的前途。因此，浙大较早地提倡开展科学研究工作。1956 年周总理号召向科学进军时，他提议在浙大召开第一次浙大科学讨论会，除全面展示本校的科研成果外，还邀请在学术上有造诣的校友回母校作学术报告。在科学讨论会期间，刘丹同志还亲自出面开座谈会征求校友们的意见，共商浙大如何向科学进军的大计。在听了一些校友中著名的学者、专家的意见后，他深感浙大只有工科而无理科，非常不利于深入开展科研工作和提高教学质量，进而影响为科学进军作出贡献，他深感理工结合的重要作用，竭力为恢复浙大的理科而努力。经过他扎扎实实的工作，教育部于1956年同意浙大建立理科系。浙大是全国院系调整之后，最早成为理工结合的一所大学。这是刘丹同志对浙大的一个重大贡献，为浙大今天的格局奠定了基础。

为了培养学生具有科学研究的能力，他提倡在学生中建立科学研究的兴趣小组，使一批学生积极参与科研活动，大大浓厚了学校的学术空气，加速了科研后备队伍的培养。经过几年的努力，特别是抓住一些重点项目，投入必要的人力、物力、财力实行攻关，具有世界先进水平的科研项目如“双水内冷”等先后被突破，当时赢得了刘少奇同志、陈云同志都来校察看。1964年教育部组织科技成果展览会，浙大的科研成果很显著，得到了好评，尤其可喜的是培养出了一支科研队伍，涌现出一些科研尖子和学术带头人。十一届三中全会之后，浙大成立了一批科研所室，为参加“七五”攻关和博士、硕士生的培养等打下了基础，为社会主义的现代化建设正在作出重要的贡献。

到了晚年，他虽然在“文革”中受到了很大的冲击，身心也受到很大的摧残，党一旦让他出来工作，他仍不顾已过花甲之年，领导浙大干部、群众和林彪、“四人帮”作坚决斗争。在十一届三中全会之后，他领导浙大坚决地执行党的路线、方针、政策，以极大的热忱和比较快的速度实现拨乱反正，大踏步地迈出了改革开放的新步子，使新浙大的建设走上更高的台阶。扩建校舍，增设和调整系科，新增添了大批现代化的实验仪器设备，建立新的一批科研所室，科研成果累累。教师队伍的提高和充实，研究生的扩大培养，外籍教师的聘用，留学生的大批出国，国内外的学术交流活动，以及住宿和其他生活设施的改善，他都一一作出了决策，并着手领导其实现。最难能可贵的是，虽然他已年过古稀，仍非常关心浙大职工子女的求学和就业问题。1980年的一次校党委的常委会上他提议让我去兼任校工会主席，并亲自听我们工会工作汇报。会上向我们明确指出一定要工会出面解决部分教工子女的求学难问题，创建劳动服务公司解决部分教职工子女就业难的问题。当这些问题得到一一落实之后，他才感到放心。直到1982年他退出浙大党政领导班子之后，他还受省委委托，为选拔浙大新的领导班子而操劳。我们怀念刘丹同志，感到他对浙大的建设发展建立了不可磨灭的功绩，他的精神尤为宝贵，应该加以深入的开发和发扬。

怀念我的老师王季午先生

陈宜张*

创办浙江大学医学院

抗战胜利的1945年，当时的教育部准备在几所大学办医学院，其中包括浙江大学。据竺可桢日记记载，先请李宗恩先生为医学院筹备主任。后来李先生因为要去掌管协和医学院，因此，就转请时任贵阳医学院教务长和内科主任的王季午先生负责筹建浙江大学医学院。

1946年浙大开始录取医学专业的新生。新生入学后，先学两年预科，预科课程由浙大理学院开设，医预科主任是生物系的谈家桢先生，选课由谈先生签字。考入浙大时，我原是机械系的学生，到了二年级，1947年暑假时，才转院入医学院二年级，加入医预科学习。因为我是机械系的学生，对医学院的事不太关心和了解，但当时看到，在浙大注册课大厅内，靠西边有一间不大的办公室，那是医学院院长的，有时还会看到有一辆人力车停在门前，后来知道，那是因为1947年浙大医学院附属医院成立，王季午先生兼附属医院院长，他的工作需要在附属医院所在地

* 陈宜张(1946级浙江大学医学系)，神经生理学家。1999年至2003年任浙江大学医学院院长，中国科学院院士。此文为2005年悼念王季午先生逝世而作。

田家园与大学之间走动。当时的田家园只能靠三轮车、自行车才能出入。2000 年我在杭州时去季午师家,他女儿告诉我,在政治运动中有人揭发、批判他,说他出入坐洋车,资产阶级思想严重云云。这完全不符合当时客观情况。

在医预科学习阶段,与季午师的接触不多。我们只是在关心医学院建设进展时,有时会去院长办公室找他。医预科二年结束,从 1948 年秋天开始,我们就要进入医学基础科即临床前学习,所以老师是谁也是我们学生所关心的,谈话的内容,多半是请到了哪些有学问的教师。季午师曾给我们介绍王仲侨、李茂之老师将要来校的消息,后来还请来了张汇泉、龚建章老师,他们分别教我们胚胎学和寄生虫病。另一件事是随着浙大基建的进展,为医学院基础课专用的实验楼——叔和馆也建起来了,我们的基础课学习就是在那里进行的。我们时常可以看到季午师挟着皮包往叔和馆方向跑,想必也是去看看那里的工程进展。

解放那一年,我们正读三年级。解放后,我们学生思想很活跃,要求把原定的七年制(预科两年,前期两年,临床两年,临床实习一年)改为一般的六年。我也曾充当过学生代表,为此也多次找季午师交涉,后来浙大也同意改为六年。有时遇到一些教师教书不甚成功,我也去反映过同学们的意见。在交谈接触中,我感到季午师总是倾听我们的意见,有时作些解释,有时点头称是,从无疾言厉色。

后来我得知,1945—1946 年,季午师从贵阳医学院来杭州时,开始尚无住房,他就住在刀茅巷谈家桢先生家中。谈先生和他是东吴大学同学,以后又分别是医预科主任和医学院院长,公谊私交,甚为笃厚。

浙大 1945 年复员回杭州,校园百孔千疮,许多我们听课的教室都是联合国救济总署(UNRRA)送的低矮活动板房。在这样的条件下建设浙大医学院,真可以用得上“筚路篮缕”这个词。而季午师所关心的就是要把优秀的教师请来,把医学基础课的实验楼盖起来,把附属医院建设起来。

田家园的浙大医院

1947 年 11 月 1 日浙江大学附属医院(浙大医院)在田家园挂牌,向公众开放。因为浙大医院有一大批十分年富力强的高水平医师,他们大多是季午师从贵阳医学院引入的,有外科学的刘振华副教授,内科学的赵易、张鸿典、李之彬讲师,耳鼻喉科的梁树今讲师。另有内科学的楼福庆副教授和眼科学的姜幸曼教授则分别从著名的中央医院和江苏医学院引进。医院声名鹊起,很快令杭州医界瞩目以看。浙大医院刚成立时,仅一百张病床,地方并不大,但不少从贵阳医院来的医生，英文都很好，他们用英文写病历，因为在大后方的贵阳医院许多医生，都是协和医学院毕业的。

对于建设一个医学院的教学医院，季午师有更高的要求。所以当1949—1950年我们进入临床课学习以后，他还想方设法请许多高水平的教师来杭州为我们讲课，这当中有神经科的张沅昌先生，精神科的夏镇夷先生和伍正谊先生，妇产科的李瑞林教授。从中再一次看出季午师的建院思想，他要请最好的师资来教育我们。那一段日子里，我们每天早上从浙大走到田家园，中午下课回校，下午再去田家园。虽然这是一个新办的医学院，但同学们都很自信。

季午师在浙大医院有一间不大的办公室，前半间是秘书办公。有时我们去找他，先要在秘书那边等。记得有一次我去，听得里面有两人在用英文交谈，秘书告诉我刘瑞恒在里面和王院长谈话。后来我知道刘瑞恒是中国救济总署（CNRRA）的负责人。浙大医院初建时，许多设备有赖CNRRA的支持，想必他们是在谈这方面的事吧！延请高明的专家，筹措办院的物质条件，季午师所付的辛苦可想而知！

2003年10月浙江大学第一附属医院大楼揭幕仪式，我去了，季午师也去了。他发表了热情的即席讲话，未带讲稿，内容很清楚，令人动容。巍峨的大厦已非昔日三层楼房可比；医院范围已北扩到庆春路，不需要再从田家园小巷进出。默默地历数这五十六年的风云变迁，季午师此时心中，想必有无限感慨，在他边上的我，也已是七十六年岁的老人，我的想法是：季午师为我国医学事业，特别是浙江医学事业的发展，真是贡献不小呀！

王季午先生与学生们在一起

临床课开始后，我们的学习方式有很大的变化。我们有很多机会与病人接触。当时的制度，一个新病人住院，实习医生要做全部物理检查及血、尿等化学检查，并写出完整病历。一个下午如有两个病人入院，实习医生就得忙到午夜，因为病历（中、英文均可）须在第二天早上查房时向主治医师报告。我们的教学密切结合病床实例，有时常中断讲课，走到病房检查一位病人，回来接着上课。我们班上同学只有十五人，教室就在院长办公室的二楼，人少，教学也就灵活。

给我们上临床课的老师很多，除了前面提到的名字之外，还有眼科的蔡戍侯、骨科的朱焱、泌尿科的王历耕、X光科的裘敏芗等，以后还有公共卫生学的李邕教授。

老师们讲课各有特色，但季午师的讲课给我们印象最深。在课堂上他讲课很有系统，讲历史发展，引人入胜，令学生了解这个病的各个方面。我们都知道，当他还是协和医学院医生的时候，就对于黑热病有过研究，所以他讲热带病、传染病就格外引起同学的兴趣与重视。季午师的教学临床(teaching clinic)，最令人折服，他从病人的体征、症状，及各种检验结果出发，作出各种鉴别诊断的分析，有时还夹一些他自己所经历的实例，娓娓道来，如数家珍。最后得出可能的诊断及合理的治疗方案。我们同学们都感到：听季午师的一次临床课和一次查房，简直就是一种享受！半个世纪多已经过去了，季午师给我讲课时情态，仍宛然在目，可惜他老人家已驾鹤西去，黄泉碧落，不能再见，思之泫然欲绝！

对我的关心和爱护

1951年8月，我们被中央卫生部调去作高级师资进修员，离开杭州前，我去向他告别，我告诉他分配到上海军医大学(现在的第二军医大学)生理科学习生理，我向他表达了我有志于做基础医学的志向，他点首称是。他告诉我上海军医大学生理科主任是朱鹤年教授，介绍了朱教授的学术水平和风格，要我好好向朱鹤年教授学习。当时的我年少气盛，不免讲出一些宏愿大志，他一方面表示赞许，一方面告诉我，科研方向的选择，要通过自己的琢磨与体验。回首我五十多年来的经历，深感季午师的话很有道理。80年代以前我研究过条件反射、大脑皮层、下丘脑及中脑电生理，研究过烧伤输液、军事劳动生理，研究过针刺镇痛机制；到了80年代后期，开始研究糖皮质激素的快速、非基因组作用，这是我自感比较做得深入的一个课题，到今天已延续近二十年。这一课题，正是沿着自己在工作中的琢磨与体验提出来的。

1995年我被增选为中国科学院院士后，杭州的一些老同学，都给我传来信息，说季午师为我能当上院士，十分高兴。1997年浙江医科大学召开重点学科建设评审会，邀请我去参加。会议期间，多次与季午师见面，我向他问好，他神采奕奕，非常高兴。我们两人还在某个展室前合了影。有时碰到一位陌生的来宾，他会向人介绍"这是陈宜张，他是我们浙大医学院第一班的学生"，寥寥数语，可以体会出他发自内心的喜悦之情。1998年杭州四所大学合并为新浙大，1999年浙大领导和郑树、朱荫楣教授等到上海来看望我，希望我兼任浙江大学医学院院长，并提出王季午先生也有此推荐意见。我自认对于行政工作既无经验，也缺少兴趣，但既然杭州的师长、老同学们均有此意，所以在议定条件下同意了承担这一任务。在1999年到2003年的这五年时间里，我多次去杭州，每次总要去看看季午师，与他谈谈学院的情况，他很少发表什么意见，但显然他对于学院的事情是关心的。

2003年秋天，经我反复提出，浙大领导原则上同意我辞去浙大医学院院长之职，恰好此时我与他一起参加了浙医一院大楼揭幕式。散会回来时，我向他谈了我将要辞去公职一事，他听后说了一句话："那你还是要多关心关心。"话虽不长，反映了他对自己长期浇灌起来的医学院的无限关心，也反映了他对我的信任，这句话我不会忘记，也经常在回味着。

记得小时候读袁枚"祭妹文"，其中有一句话"往事历历，逼取便逝"。记忆中的东西确是如此，有些事感到记忆非常清楚。例如季午师与我们谈话时的那种情态，临床教学时，他穿着白大衣，挂着听诊器的那种姿势等等，似乎都记得很清楚，但要真正深追的时候，反倒又模糊起来。现在季午师已离我们而去，种种印象，都只能从记忆中去寻找，生活中再也不可能出现了。在这些日子里，我经常想起关于他的一些往事。现把它写出来，从一个方面反映我所知道的王季午先生，好让更多的人知道他的贡献，同时也寄托我对季午师的无尽哀思！

深深的怀念

——回忆和朱祖祥院士一起的几件往事

唐耀先*

朱祖祥院士

1937年夏，我考入浙江大学农学院农业园艺系农业化学系，9月中旬到杭州入学。当时日寇已侵犯上海，我们一年级学生在杭州大学路浙江大学校舍内住不到一周，在参观了华家池新建成的浙江大学农学院建筑后，就迁到天目山禅原寺临时校舍内学习。随着日寇不断侵犯，为求安定的学习环境，学校接连向内地搬迁，先到江西泰和，继迁广西宜山再迁贵州遵义、湄潭。诚然，教学条件较杭州时差了，但师生们爱国情绪高涨，教学科研工作，愈益奋进，始终保持着浙江大学的优良校风。

我和祖祥的认识，始于在泰和学习时期，这时学习生活已稳定，星期日各系常有高年级同学主持的系会、同乡会等联欢活动，会上常请教师介绍专业的社会发展情况，高年级学长介

* 唐耀先（1937级浙江大学农学系），沈阳农业大学教授。原文载《求真·求善·求美——纪念朱祖祥院士诞辰90周年》，科学出版社2006年版。选用时编者作了删改。

绍学习心得和体会。那时全校农业化学组的学生，不到二十名，祖祥是四年级系会主持人，所以很快就相互认识了。至今我还保留着一张1938年暑期在泰和时系联欢会上在趣园摄得的一张合影相片，虽然时间长远，相片已褪了色，但看到它我仍禁不住怀念故人，重温旧梦。

在泰和暑期里，我在赣江浙江大学白鹭洲游泳场跳水不慎，呛水咯血，学校送我进吉安医院治疗。出院后还需继续疗养，无法按时迁广西宜山学习。那时我家乡沦陷，无家可归，经济来源断绝，陷入了困境，正是过兴先和朱祖祥两位学长劝我到浙江大学为江西省农垦厅办的由过兴先学长毕业后主持的沙村垦殖场继续疗养，才度过了那个艰难的寒冬，我的病体才得以康复，于1939年春去宜山复学。两位学长对我的关护爱心，我永远难以忘怀。直到1996年1月13日，祖祥在杭州住院检查身体时给我来信中还谈到："1995年10月应中国科学院组织沿京九线，从江西至广东进行红壤区开发考察，顺便还到泰和上田村肖家祠堂旁你养病处及沙村示范垦殖场（现千烟村综合开发生态试验区）凭吊旧踪，发现如今与以前大变样了，真是感慨良多！"当我看到此信，知道他还记得五十八年前我养病的事，颇受感动！

1940年暑期后，因遵义校舍紧张，理、农二学院迁湄潭。在选课时，不少老师包括祖祥，都曾劝我不必多选课程忙着在1941年毕业，不如宽松一些，推迟到1942年毕业，这样不仅对我身体健康有利，且可在校多学一些课程，多做一些科学研究，对我学业和成长都有好处，我听从了他们的建议。

湄潭时期，最初的科研

这时彭谦教授教我们土壤学，祖祥教土壤分析并带土壤学实验。彭老师和他正在试制土壤反应粉剂速测指示剂。一天，祖祥通知我，彭老师要我随他俩去附近的湄潭中央茶场桐子坡调查茶苗枯萎问题。去实地田间调查时，见不少长到三四尺高的茶苗成片枯萎，有的已死亡，而附近地区茶苗有绿色健康的。我就和他俩一起就地挖土坑采土，用土壤反应粉剂速测，发现死苗区上层土壤pH酸性，下层土壤近中性，而健康茶苗区土壤自上而下均为酸性，于是彭老师要我扩大调查范围，以揭示其根本原因。在他俩的指导下，我做了整个桐子坡深层土壤剖面pH调查，发现茶树喜酸性忌钙质，而桐子坡丘陵处于石灰岩和花岗岩接触带，凡栽培在母岩为石灰岩的黑色石灰土上茶苗，开始几年生长良好，当根系下伸至深层，遇中性、富钙土层时即枯萎，凡栽培在母质为花岗岩黄壤性土壤的，土壤自上而下均属酸性或强酸性，茶苗均生长良好。在此基础上，我进一步对附近一座酸性砂页岩母质的大山"打鼓坡"进行土壤调查，发现该山土壤腐殖质含量较高,整层土壤酸性,宜于植茶。此研究不仅为湄潭中央茶场搞清了茶苗枯死的原因,开拓了茶园,并且还为在湄潭进一步扩展宜茶土壤指明了方向,茶场对彭谦老师深表感谢。

湄潭农民缺粪肥,影响农田产量,我在彭谦和祖祥的指导下做了玉米田利用蚕豆、豌豆绿色体做绿肥与当地农民惯用的牛粪、猪粪做肥效比较试验,研究结果为:用蚕豆、豌豆绿色体做玉米田绿肥不仅可以收获当季的青蚕豆、青豌豆,其绿色体肥效还胜过牛粪、猪粪。此试验为当地农民开辟了一类新肥源。同时,两位老师还指导我进行了湄潭地区黄壤型土壤 pH 剖面与其相应交换性钙、有效磷等性质的相关性研究,论文发表于《土壤季刊》。在他俩的培养下,我加深了对土壤肥料科学的认识,培养了兴趣,并决定了今后的工作方向。回忆湄潭时期充实的学习生活,难忘老师们的培育之恩。

1950 年暑假,杭州郊区土壤野外实习

1942 年暑期毕业后,我到福建地质土壤调查所做土壤调查研究工作,与祖祥一直通信不断。抗日战争胜利后,我回江苏无锡故乡省亲,协助父亲在家乡办中学,祖祥赴美国深造,通信中断。1950 年暑期后我到复旦大学农学院农业化学系执教,他已由美国学成归来,在浙江大学任农业化学系主任,我们又恢复了通信。1951 年春我负责复旦大学农业化学二年级同学"土壤野外实习",因上海地区土壤类型单一,故寄信给祖祥征询他的意见。他见信后,热情建议我带复旦大学农业化学系同学来杭州实习,认为杭州郊区地形、母质、土壤类型多种多样,适合土壤野外实习。如果复旦大学的同学来杭州,他将利用浙江大学春假期有利条件,帮助解决实习期同学的交通、食、宿等问题。这信息,自然是复旦大学农业化学系的大好事,同学们听说到名胜地杭州,更是高兴。我和复旦大学教务处立刻回信请求支援。3 月 31 日午后我和复旦大学五十余名同学到达杭州,祖祥带领部分浙江大学农业化学系青年教师和高年级学生已在车站接我们,同学都借宿浙江大学学生宿舍,在学生食堂用餐。当晚祖祥帮我制定了实习计划,除土壤野外实习外,还结合清明时节,与浙江大学农业化学系师生一起到凤凰山祭扫于子三烈士墓,到拱宸桥过兴先学长领导的浙江省农业科学研究所参观实验室及农田试验区,还安排半天时间参观浙江大学农业化学系,晚上与农业化学系师生开联欢会等。从 4 月 1 日到 5 日,实习内容紧凑充实,从西湖湖泊,到平原、丘陵、山地、岩洞,在不同地貌、母质岩石和不同农业环境观察了土壤剖面,采取了土壤、母质和植物标本,野外实习收获丰硕。几天来两校同学间的友好交往,两校师生的热情叙谈,使复旦

大学农业化学系同学感到这次杭州实习，收获巨大，十分兴奋。对我来说，此次母校之行，与多年不见的许多老学长重叙，在工作和生活条件上得到了最大的帮助，节约了不少实习经费，内心感激不尽。许多参加此行的复旦大学同学如姚贤良、丁瑞兴、张万儒、吕殿寿等，他们以后都成了祖祥协作共事的土壤学界精兵，至今对此次杭州之行和祖祥关爱后学、热情待人的高尚风范，记忆犹深。

1952 年，全国高校院系大调整

1952 年，全国高校知识分子思想改造运动才结束，紧接着教育部宣布全国高校院系大调整。复旦大学农学院(除蚕学专业外)全迁东北沈阳成立沈阳农学院，从祖祥来信得知，著名中外的综合性浙江大学在院系调整中被肢解成许多独立的学院，不少著名学者被调走；在国内成立最早的浙江大学农业化学系被撤销，合并到南京农学院(即现在的南京农业大学)，而他和孙羲等一些老教师仍留在原校任教。他在信中说："综合性大学不同学科间可以起到相互交流、相互促进的作用，单科性学院的教学和科研质量将不可避免地受严重影响，实践将证明这次调整是一次严重错误。"

我的大孩子 1951 年暑期参加抗美援朝正在杭州拱宸桥军干校学习，1952 年暑期在我全家赴沈阳前，我又到杭州，一方面看望孩子，同时也是向祖祥、孙羲、兴先、禹谷等学长辞行。我们又一次议论了复旦大学和浙江大学在知识分子思想改造运动和高校院系调整中出现的问题，尤其痛心浙江大学和全国综合性大学所受的伤害，我们都认为有些属于政治运动的矫枉过正，有些是片面学习苏联办学模式造成的。

祖祥是一个十分执著的人，为国家教育科研事业，为培养好人才，他一直坚持着国家宜少办单科学院，增办综合性大学的信念。即使是在政治运动频繁的 20 世纪 50 至 70 年代，只要出席会议他都要表达自己的想法。"文革"运动后，特别是中共十一届三中全会后，中央拨乱反正，迎来了科教事业的春天，这时祖祥在科教系统、政协、人大的活动增多，更增加了向上级组织和交往人士公开发表这种理念的机会。我在多次学术会议和浙江大学校友会会议中，看到他和会议同仁共议我国高校教学体制需要改革的意见，而且都达成了共识。

1998 年 9 月，经中央批准，由原浙江大学分出的单科性学院在杭州实行强强联合，重新组合，建成综合性的新浙江大学。这是国内第一批体制改革成立的综合性大学。之后还有第二批、第三批重新组合的综合性大学，祖祥长久以来为之奋斗的信念，终于成功实现了。得到庆祝母校改制庆典通知后，我们在沈阳农业大学工作的十余位老校友曾专电祝贺，可惜祖祥 1996 年在绍兴考察期间不幸早逝，未能亲临此盛事，愿他英灵有知，欣慰安息吧！

1963 年，土壤学教材编写会议

1958 年是全国“大跃进”，大搞浮夸风，各地粮棉田接连放“高产卫星”之年。那年暑期在哈尔滨召开全国土壤学会代表大会，北京有一些土壤学者以中国历史悠久、农民土壤耕作经验丰富为由，突然刮起一股强劲的学术新思潮。他们认为“自然土壤”与“农业土壤”是内部矛盾不同的两个独立自然体，并提出了“农业土壤特殊论”，同时批判欧美和苏联以“自然土壤学”为基础的认土、用土、改土理论，主张通过总结各地老农对农业土壤的经验，创建《中国农业土壤学》。发言内容激烈，北京个别单位的党委领导也紧接着发言支持。经历了 1957 年“反右”运动之后，又在全国轰轰烈烈，农业生产“大跃进”期间，参加大会的代表多数只是静静地听着，学术讨论呈冷静的趋势，最后学会通过决议，建议农业部领导立刻组织调查队在全国开展耕地土壤普查，总结各地农民认土、用土、改土经验，制定农业土壤分类，创建一个新的分支学科——《中国农业土壤学》。

我和朱祖祥、孙羲、俞震豫都参加了这次大会，与很多年长学会成员一样，我们在会下议论时都不同意这种草率的、很不认真的学术观点；同时由于非专业的党政人士公开支持这一学术思潮，不禁使我们想起过去在苏联月党政力量提倡一个学派、打击一个学派的不正常做法。所以，我们都估计，中国土壤科学走进了一个前景不明的关键时期。

在以后，全国农业院校土壤学教学内容都开展了大检查、大批制，批判重自然土壤、轻农业土壤，批判脱离中国农业生产实际，许多教师跟着响应“农业土壤特殊论”思潮。科学院系统也开展了类似的学术批判会，推广新观念，第一次全国耕地土壤普查资料也充分反映了这一新观点，其影响甚广。

在检查我的土壤学教学工作和编写的土壤学教材时，我承认有脱离中国农业生产实际、轻视中国农民经验的错误，但在讨论农业土壤形成过程实质的内容时我仍坚持“农业土壤”与“自然土壤”内部矛盾相同，外部形成因素不同，是同一个自然体的观点，当时也曾遭到部分青年教师的质疑。1960 年农业部委托沈阳农学院办全国新建农业院校土壤学师资讲习班，由我主讲，我继续坚持这一学术观点，为加强学术交流，在学习班结束前，我要求学校邀请北京农业大学的李连捷、南京农学院的黄瑞采、华中农学院的陈华癸、浙江农学院的俞震豫、中国科学院林业土壤所的宋达泉等教授来沈阳农学院，与全体学习班学员和沈阳农学院土壤学教师共同讨论这些重要学术问题。讨论会开展顺利，他们发表了与我相同的见解，加强了学校教育领导和学习班全体学员的信心。

直到 1961 年，中央总结了前几年“大跃进”、浮夸冒进带来的全国大饥荒的惨痛教训，在学术上又提倡“百家争鸣”的方针，各地土壤学者又开始争鸣。在第一次耕地土壤普查资料进入汇总过程时，许多实地调查同志从总结各地农业生产经验，以及土壤科学实践中也逐步体会到“农业土壤特殊论”认识的错误。

教育部领导了解这些情况后，于 1963 年发出通知，决定委托几个重点农业院校编写一本较高质量的土壤学教材，并指定浙江农学院朱祖祥教授为召集人。会议于 1963 年 12 月召开，到会的有北京农业大学的李连捷，南京农学院的黄瑞采，沈阳农学院的陈恩凤、林振骥、唐耀先，华中农学院的庄正德，华南农学院的陆发熹，西北农学院的吴守仁，浙江农学院的朱祖祥、俞震豫、袁可能等。湖南农学院徐文征，正在浙江农学院办事，亦一同参加讨论。在朱祖祥的主持下，大家敞开思想回顾了我国 20 世纪 30 年代以来，现代土壤科学开始起步，新中国成立后学习苏联土壤学，“大跃进”后，土壤科学界出现了跃进性新思潮的发展过程，其中有前进，也有干扰，而且其消极影响是不可低估的，大家认为，以后只有理论联系实际地进行深入的研究，才是发展我国土壤科学的出路。大家讨论得兴奋而有信心，认为形势已转变，以后还会更好。会议推选黄瑞采为土壤学新教材主编，俞震豫、唐耀先为副主编。

1964 年起，在黄瑞采教授的主持下，土壤学教材的编写进行得很顺利。由于个别地区的文稿，未能按时交齐，而 1966 年 6 月全国“文化大革命”运动却开始了，因此导致新教材不幸夭折。

祖祥热爱科学，早先专攻土壤化学，颇多创新，1980 年因而当选为中国科学院生物学部委员。随后除土壤学教学、科研工作外，他逐渐把更多精力用在关心国家教育科研工作、土壤学会工作、自然资源开发和环境保护等国家大事上。在谈心时，他曾对我说了心里话：一个人的时间、精力是有限的，由于时代的特点，时代的需要，他只能联系实际，尽力而为了。正如他所言，他一直是在用他的一生践行他自己的“尽力而为”。

我所认识的陈立先生

缪进鸿*

我所知道的陈立先生的教育思想片断

1."高教更重要!"

20世纪80年代初期,有一次陈立先生和我讨论有关浙江的教育究竟应该怎样抓才好。这次谈话,事隔二十多年,其他的话我已忘得干干净净,唯独有一句话我记得很清楚。他对我说:"我看,高教更重要!"先生讲这句话的时候,语气充满了自信。"高教更重要"这句话虽然只有五个字,但内涵却很丰富。从推翻满清王朝,创建中华民国开始,在这个问题上就一直有争论。蔡元培先生自己撰写的《我在教育界的经验》一文就可以证明这一点。1912年元旦,中华民国诞生,蔡元培先生出任南京临时政府教育总长。当时,百废待兴,新中国的教育究竟应该从何处抓起呢?对此,蔡元培先生在这篇文章中作了一段有趣的回忆:

我与次长范静生君常持相对的循环论。范君说:

* 缪进鸿,1951年在浙江大学机械工程系毕业后留校,历任浙江省教委副主任,浙江省人大科技委员会副主任。原文载《陈立先生纪念文集》,浙江大学出版社2006年版。选用时编者作了删改。

“小学没有办好，怎么能有好中学？中学没有办好，怎么能有好大学？所以我们第一步，当先把小学整顿。”我说：“没有好大学，中学师资哪里来？没有好中学，小学师资哪里来？所以我们第一步，当先把大学整顿。”把两人的意见合起来，就是自小学以至大学，没有一方面不要整顿。不过他的兴趣偏于普通教育，就在普通教育上多参加一点意见；我的兴趣偏于高等教育，就在高等教育上多参加一点意见罢了。

“你们看，当时的蔡元培和范源廉之争是不是有点像‘鸡生蛋还是蛋生鸡’之争？相比之下，应该说，蔡元培先生站得比范源廉先生更高一些，看得更远一些。”陈立先生和我讨论这个问题的时候，浙江的高教，历经解放以来全国院系调整、历次政治运动和“文化大革命”的“洗礼”，已遭到严重的削弱和破坏，如不大力整顿、扶植和建设，后果不堪设想。这个时候，先生提出“高教更重要”，要求下更大的工夫去整顿、扶植和建设高教是完全正确的，这也是符合当时中央和浙江省委的精神的。只有高教抓好了，普教才可能得到较快的恢复、发展和提高。这个道理是显而易见的。

2.“要大刀阔斧去重点培养”人才

大约是在1986年底或1987年初，我抛砖引玉，寄了一份关于浙江高教发展规划设想的研究报告(这份报告是几个单位集体撰写的，获得了中国高教学会的奖)给陈立先生，请他指正。这块“砖”一抛，果然把先生的“玉”引出来了。先生于1987年2月5日写了一封长信复我，谈了他对浙江高教的一些看法，其中一条就是“要大刀阔斧去培养”人才。先生在这封信中指出：

杭大的处境很困难，主要还是人才。“山不在高，有仙则灵；水不在深，有龙则灵。”这里也有一个绝对平均主义的错误。领导图省事，不能大刀阔斧去重点培养(人才)。孟尝君对冯煖的故事，值得反思。我党素来主张没有重点便没有政策。要有眼力，要舍得下本钱，要重点扶植。我过去是考取湖北公费留学的。就我们这所中学(博文中学，现名武昌十五中)前后三年考取的几个人，一个是陈友松，现在北京师大(双目失明，仍担任一些重要任务)；一是涂长望，和我同届，解放后是中央气象局局长；最后一个是张国藩，天津大学校长和天津市副市长。博文考生全部就是我们这四个人，除我以外，都对国家文教科技作出了重大贡献。为什么我们今天就不能从浙江需要出发，重点选拔一些人到条件好的地方去进修呢？(现在由各校选派，有很大

> 的局限性，不能遂我所要)一年五名、十名都可以。这样的工作，不能推诿为经济限制，真乃“是不为也，非不能也”的惰性！

上述先生对重点选拔、培养人才(首先着眼于大学师资人才)的批评是中肯的，事隔十八年，仍不失其意义。现在迫切需要吸取我国以往的和西方近代的有益经验，建立一种能真正体现“公正、民主、平等、择优”原则的严密甄别人才的现代化制度来遴选各类人才，尽可能避免或减少人才遴选上的随意性和失误；更重要的是要通过这种有效的人才选择的途径，把中华民族的优良品性逐步重新整顿起来，把不好的品性逐步加以改造、淘汰。

3. 改革现行的高教管理体制，提高效率和效益

陈立先生在这封信中还提出：

> 我仍怀着一个不切实际的设想，省教委底下可设一高教局或类似的机构，以统一至少是杭州高校的教学和科研。伦敦大学只是一个这样的机构，下面三四十所学院(College)都是独立的，但在伦敦大学注册以后就可以到各个学院随便去听课，虽然每人必属某个学院管理。伦敦大学事实上只有一个注册处(Registry)和一个图书馆。学位证书都由伦敦大学颁发，注明是哪个学院哪个系(Faculty)的学生。现在不能恢复原浙大的规模，是否可以在行政上统一领导，以加强各校的合作？例如，我认为每个系有资料室就可以了，但杭州要有一个规模齐全的大图书馆。Thomas Carlyle 曾说：“A university is a collection of books。”这自然是陈腐之言。但以现在的财力，如果要各校都建规模宏大的图书馆，事实上是做不到的。我认为图书馆和现代的数据库(至少要和有关的国际中心建立终端连接)是发展高教所必需的。我在联邦德国的曼海姆(Mannheim)看到的社会科学研究中心，至今仍印象深刻。主要是，它可以提供必要的研究工具(如计算机)和资料，还可以给予选题(以免重复)和方法上的指导。这正是我国现在所必需的机构。因此，要有魄力建立一些研究中心，包括拥有各种大型设备和实验中心。这样才能充分发挥通力合作的优势。各搞一套是不可能做出大事业来的，即使做出来也一定很不经济。

陈立先生在这里“一针见血”地指出了我国高教界和科技界的一种通病，也是一种顽疾：“各搞一套”，不善于“发挥通力合作的优势”，结果造成很大浪费。

1997年在中国心理学会终生成就奖颁奖会上

4. 关于系科设置和心理学科的重要性

陈立先生在这封长信中还提出：

我最不主张机构庞杂，多一事不如少一事。例如，设置文、理学院我就断然反对。现在正在提倡文理渗透，又要来个文理分家，何苦来哉？我认为基础学科就是要在学校的直接领导下去发挥它对各个专业(profession)的作用。有些专业可以成立院，如政法、经济和教育，体育也可以。但这些学院都要紧靠各自必需的基础学科。计算机科学也应列为基础学科，到2000年，不懂计算机将成为新时代的残疾人。

自然，对你没有把心理学列为基础学科，我认为是很不妥当的。"工农商学兵"都不可没有心理学的素养。有些人甚至认为，凡是人都得懂些心理学。许多国家都在高中设置心理学选修课(苏美都如此。解放后我国首先翻译的苏联心理学教科书就是Teplov的中学教科书)。谈家桢80年代来杭州讲演，即声称"21世纪为心理学的时代"。钱学森也作过同样的宣传(他将它译为思维科学)。心理学是为两个文明服务的，一方面一个文明人要有这方面的修养；另一方面没有工作不涉及人，也就没有不涉及心理学的。这点认识，我认为是应该强调一下的。不是卖瓜的说瓜甜，李德葆就向我提过，他在美国看到中学有心理学课，而且，所有学校都有聘请心理学家。

陈立先生终其一生，始终是一位不知疲倦的心理学的宣传者和教育家。我则是一个十足的"心理学盲"，却偏偏又在浙江省教委从事高教方面工作。先生不得不花时间开导我，跟我讲一点心理学的重要性。但我真正体会到心理学的重要性还是在从事中外杰出人物群体的研究之后。也只有到这个时候，先生对我的教诲才开始发挥作用。恐怕这也就是孔夫子所说的"不愤不启，不悱不发"的道理所在吧！

5. 关于高校招生办法的改革设想

2001年7月27日，《杭州日报》第3版刊登了一篇题为《由"南北榜"事件看高考分数线》的文章，谈到山东等省的大学招生录取分数线要比北京高出许多的不合理现象。陈立先生看了这篇文章以后，第二天凌晨即就此事写信给我(可见先生对此事很重视)，建议我看看这篇文章，并告诉我：早在40年代初的抗日战争时期，他在遵义老浙大，就通过研究，主张用序数(ordinal number)来代替基数(cardinal number)对高校招生办法进行改革。竺可桢校长当时曾主张采用他的建议来代替统考入学制。后来由先生指导一名毕业生，以这个题目做毕业论文，用先生的方法得出效度为0.8。当时我因事忙，竟没有遵照先生的嘱咐去读《杭州日报》的这篇文章，也没有去拜读先生过去的有关研究文章。七个多月以后，即2002年3月9日，先生又写信给我说："山东大学录取的分数要比北京高过一个多层次，我也说不出明显的道理来。就像北京这样的大城市也赶不上山东等地的乡村，我自己也觉得理亏，不论从天赋和环境都说不出道理来。最近因人力资源问题(重要)，对人才问题加强了研究。我建议你现在有机会可以从这方面下手。如何?"我没有时间去查阅先生的大作《细说从明朝初年科举中的"南北榜"到今天高考在教育中的地位问题》一文，但最近拜读了他的文集续编中的《大学入学考试废止后的招生办法》一文。我对先生的改革方案缺乏研究，实在没有什么发言权，但对先生年届百岁，尚如此关心人才、关心莘莘学子的前途、追求社会公平、勇于改革，内心十分敬佩。我希望教育部的有关领导能在百忙中研究一下先生的方案，相信这至少对他们开阔思路有一定的帮助。

6. 关于老浙大四校联合

在我的印象当中，陈立先生和朱祖祥先生一样，都怀着一颗赤子之心，向往竺可桢时期的老浙大，积极主张四校联合。朱祖祥先生不幸去世对先生是一个很大的打击,因为在"四校联合"等问题上他失去了一位可以商量的志同道合的"知己"。陈立先生找我商量过可供推荐的"四校联合"的校长人选。我向他推荐了美籍华裔理论物理学家、教育家吴家玮(杭州人,曾先后担任过美国旧金山大学和香港科技大学校长。他可能是美国最早的一位华裔大学校长)。先生和我都认为,百年树人,校长最好是一位理科出身的、能看得远一些、实用主义和急功近利思想少一些的教育家。当然,像蔡元培先生那样文科出身的通才教育家也很好。但办浙大毕竟要比办旧金山大学或香港科技大学难得多,何况吴家玮先生对"党委领导下的校长负责制"这样一种独特的体制也未见得能适应。所以我的推荐也不过是纸上谈兵,说说而已。记得当时先生对这一推荐是欣赏的。

一开始,陈立先生对四校终于实现了联合而感到欣慰。他把 1947 年竺校长从美国买回来送给他的两本心理学专著(扉页上有竺校长送给先生的题词和签名)找出来,执意要送到玉泉校区作为庆祝四校联合的珍贵纪念。陈师母对此有点犹豫。我劝先生不要送,因为最后可能会把这两本书丢失,还是放在心理系的陈列柜里公开展览,永作纪念,更有价值。后来听说,这两本书送到心理系之后,一时竟找不到了,先生知道以后很生气,经过一番追索,最后才算找到,这两本书兜了一个圈子,又重新物归原主。这也算是一个小小的插曲吧!

"四校联合"本来是件好事,但它选择的时机却不是很好。80 年代初期,刘丹同志、四校的一些老教授(包括陈立先生在内)和我,也曾策划过四校联合。这件事虽因遭浙大少数人的反对而失败,但我个人却从不后悔。其实,20 世纪 80 年代初期是四校联合的最佳时机,这是因为:(1)当时正值中共十一届三中全会和全国科学工作会议结束后不久,经过"十年浩劫",人心无不积极思上,都想争取把失去的时间夺回来;(2)当时四校的规模都比较小;(3)当时社会和学校的风气都比较好;(4)当时一些老教授和老干部还健在,这是最最宝贵的,因为人才是关键,人才难得啊!当时唯一不足的是国家的财力还不足,但总比浙大在遵义时期的情况好得多。后来迟迟到 1997 年才搞"四校联合"。这时四个兄弟的羽毛都已丰满,不但羽毛已经丰满,而且各校的机构都已相当臃肿,正像一户大户人家,兄弟分家已久,各自已建了不小的家业,人口众多,难以再合。而且,一些老教授和老干部也都已凋零,社会和学校风气则大不如前。这些因素叠加起来,使"四校联合"的难度大大增加。

先生去世以后,先生的家人从他的笔记本里找到一张纸片,上面写了他对"四校联合"的一些期望,从中可以看到他的一些忧虑所在:

(1)翁文灏当行政院长。我在《科学与社会》一文中就批评过他，科学家当上了官，就变成了政客，我希望浙大不要成为衙门。

(2)在工作改革中，不要在冥想中出主意。所以我主张联合前不要大动，仍以院系为主，照常工作下去。但在过渡中一定要设法多开些会，调动大家积极性。在学术活动中，一定要强调民主，在党的十五届五中全会精神指导下，广开言路，集思广益。蔡元培和竺可桢的历史时代过去了，但民主作风仍然值得强调。

(3)要创造条件，培养人才，改革开放。知识经济的核心问题：千里马常有，而伯乐不常有，贵在知人善用。不仅善用，更要尽力培养。要派人到先进的研究与开发的硅谷去，不是博士，而是特别顶用的人，看空补缺，务求实效，解决问题。

后来，种种事态的发展证明，先生当时提出的上述忠告是十分中肯的，是很有先见之明的。可惜我们却做得很不够。

陈立先生和朱祖祥先生，还有刘丹同志，他们为浙大振兴、中国高等教育事业振兴、中华民族的伟大复兴而努力奋斗的精神是永远值得我们学习和尊敬的！

陈立先生给研究生上课

陈立先生鼓励、帮助我做科研

1. 以教书育人为乐的教育家

我一生读过六所小学、七所中学、四所大学。我在这十几所学校求学，先后接触过的老师不下数十人。“人无常师”，走上工作岗位以后，我先后接触过的，曾在一时一事（以至多事）上教导过我的其他老师（其中不少也是同事）恐怕也有数十人。在所有这些曾给予我教诲和帮助的老师当中，陈立先生无疑是给我教诲和关心帮助最多、延续时间也最长的一位老师。这一事实连我自己也感到意外，但经最近一再认真回忆和归纳，它却是实实在在的事实。

1981 年秋，我被调到浙江省高教局（一年以后与省教育厅合并，稍后又改称省教委）工作。陈立先生在这以前约两年已出任杭州大学校长。由于工作上的关系，我们很快就相识了，并不时有所接触，这时他已年过八十。陈立先生早在 1935 年就进入了高教界，先后在清华和浙大任教；解放初又担任过浙师院和浙江省教育厅的领导工作，毕生从事教育，是一位有事业心、有真才实学和实际经验的老教育家。我虽在浙大任教了三十年（其中“十年动乱”时期也谈不上教什么书），但毕竟是工科出身，对教育知之不多。但是在平时与陈立先生接触的过程中，他的言行无不给我以影响。年过“花甲”，退居“二线”以后，从 1989 年起，我开始从事比较人才学研究，并从中外杰出人物群体的比较研究着手。比较人才学是一门新的学科分支，它既涉及历史科学（首先是科技史和文化史）和教育学，也涉及心理学和社会学。这些学科，对我来说，都比较陌生。研究中碰到问题就不时去请教先生（我也不时请教其他老师，如陈省身、谭其骧、何炳棣、王承绪、陈学恂、徐规、陈桥驿、游修龄等老师，也请教一些与我年龄相近的，如姚德昌、邵靖宇、于宗先、干丹岩、仓修良、黄时鉴等老师，也包括过去的老同学），有时是登门拜访请教，有时是电话请教，更多的是不断寄自己写的材料给他看，希望得到他的指点。先生看我还勤奋肯学，并非“朽木不可雕也”，就不时给予指点，月积年累，也就受益匪浅。当然，除此之外，我们之间也还有一些工作上的讨论和交流。一位九十多岁的老人，要为一位“古稀”上下的“年轻老人”解惑，既是一件很有意思的事，也是一件颇不容易的事。先生曾经跟我讲过一句话：“我生平也做过一些后悔的事，但对教书育人我从不后悔。”这句话讲得好。我想，这也是他年过九十以至一百，依然坚持每周为他的研究生上课的原因所在，也是他乐意个别指导我、热情帮助我的原因所在。先生以教书育人为乐，这就是其中的奥秘。

2. 临别赠言——最后一次重要的教导

我和陈立先生最后一次会面的时间是在他逝世前三个月，即 2003 年 12 月 29 日下午，在浙江医院他住的病房里。这时，他因股骨不慎折裂，已坐上轮椅，人也明显比过去消瘦了。这天下午陈立先生和师母、他们的大女儿亦平和我、我的老伴相聚，谈得非常愉快。就在这天下午，先生对我作了最后一次教导，也是最重要的一次教导。

先生首先郑重地向我指出，在我现在所研究的这个领域里，“迄今还没有一门学科能起主导作用”。

我立即意识到这句话的重要性和分量。我理解到，他的这句话并不是随便讲讲的，而是出于他的深思熟虑。我就问他：“您的意思是不是说，这项研究还值得做？”

先生点点头，明确回答我说：“是的。”

接着先生又说：“你有毅力。我这个人最大的缺点是没有毅力。”他讲这话时，微微摇摇头，脸上流露出一种遗憾和懊悔的样子。这显然是对我的一种莫大的勉励。同时，也显示了先生勇于自我反省的精神。而这种勇于自我反省的精神本身，对我们莘莘学子来说，却具有更加重要的教育意义和启示作用。

接着他又问我：“你这门学科取个什么英文名字呢？”

他问这个问题的时候声音微弱，我听不清楚。后来我听懂了。于是我告诉他：1992 年我请当时的杭大外语系老教授鲍屡平先生给它取了一个英文名字，叫 comparative talentology，后来又拜托浙医大张贻瑾教授去请教她的老师、北大的李赋宁先生，得到了他的首肯。

先生听了很高兴。他说：“我想取的也是这个名字。”

先生取的名字竟和鲍屡平先生取的不谋而合，真让我高兴。先生为我的事考虑得这么细致周到，更使我十分感动。

谈到这里，先生忽然又问了一个使我感到十分意外的问题。他问我：“为什么‘唯楚有材，唯晋用之’呢？”

我被这个问题问得有点“丈二和尚摸不到头脑”。在亦平的帮助下我总算弄懂了这个问题。先生是湖南平江人，早年在武汉博文中学读过书，后来又考取湖北省公费出国留学。他当然属于当时的楚国地区人。因此，他对“楚材晋用”这个问题比我们非楚国地区人有更深一些的认识和体会。对他提的这个问题我当时回答不出。说来也很可笑，搞了十多年比较人才学研究，对“楚材晋用”这个成语我竟连听都没有听说过。

先生见我回答不出，就告诉我：这可能是因为当时晋国的商贾力量比较强大,社会经济繁荣,国家富强,所以能吸引楚国人才,能用楚国人才(大意)。先生这一临别赠言道破了美国为什么能广用世界各国优秀人才的一个重要原因(但显然不是唯一的原因)。从先生提这个问题启发我,可见先生为了帮助我用心良苦。

与先生谈话后不久,我从成语大辞典里查到"楚材晋用"这一古老成语的出处。受先生启发,在他逝世后半年,我撰写了"从'楚材晋用'说到'全世界优秀人才为美国所用'"、"为什么世界各国优秀人才能为美国所用?"和"为什么美国能后来居上,成为一个超级科技大国?"三篇论文,并以预印本形式寄给许多海内外学者专家,受到普遍的重视和好评。先生启发指点之功不可没也。

这最后一次与先生谈话的时间并不长。与先生一起不过谈了四个问题,每个问题都谈得很简短,但可以看得出,每个问题都有很强的针对性,而且,相互之间都有内在联系。在漫长的102岁生涯的最后时刻,他还在病中为我的研究考虑问题,真诚帮助我继续前进。这是一般人所做不到的,让我觉得弥足珍贵。

3. 解惑的良师

大家都知道韩愈的名言:"师者,所以传道授业解惑也。"我想,在通常情况下,"解惑"可能比"传道授业"更难一些,因为"传道授业"主动权在老师这一边,"解惑"主动权在学生这一边。学生将自己在学习中碰到的疑难问题提出来请教老师;老师要接受学生提出来的各种疑难问题,妥善加以回答,以解其惑。这时,老师显然处于被动地位。我在研究过程中经常碰到各种各样的问题,就不时去请教有关老师,包括请教陈立先生。像我这样的学生(出身工科,年过"花甲"始攻文科,基础较差),老师是不大容易对付的。但先生却表现出一位长者所特有的负责精神和耐心,尽可能给予解答。请允许我举例来加以说明:

(1)1989—1990年,我通过统计分析和比较研究发现太湖流域人才之盛冠全国。但不久我就意识到,在一个"大一统"的国度里,拿一个地区的人才和另一个地区的人才作比较,比来比去,虽也有一定的意义和价值,但其意义和价值不大;于是就想跨出去,试拿太湖流域的人才去和西方世界人才出得最多的地区之一——苏格兰的人才作一比较。这一步跨出去很难。我登门去拜访著名的比较教育学家王承绪老师,请教他可不可以这样做,他毫不犹豫地否定了我的想法。他说:比较一定要"like to like",太湖流域和苏格兰的条件不一样,是不能比的。我又写信请教美国文理科学院院士、中国台湾中央研究院院士何炳棣先生。他回信也说,这两个地区不可以比,因为"近千年太湖区与苏邦文化传统及条件有根本差异，有如柑橘、香蕉之难对比。且太湖流域太狭，浙东、江右亦不在内，面积单一，取材标准似不无商榷余地”（1995 年 12 月 23 日）。对王承绪、何炳棣两位老师，我当然很尊敬，现在依然很尊敬。但这是一个纯学术性问题，应该各抒己见，通过讨论求得解决。我就写信给何先生说：如果我们在宇宙的某一颗星球上发现有“外星人”，尽管这颗星球和我们所处的地球的环境有很大差别，我们是无论如何一定要拿地球上的人和这颗星球上的“外星人”加以比较的。问题不在于能不能比，而在于怎样去比。这以后，不到一年，我先后在上海、北京、宁波等地发表了《十八世纪以来中国太湖流域与苏格兰的人才的比较研究》一文的全文和摘要。但我对上述两位老先生的意见一直感到纳闷。我反问自己：他们两位都是很有学问、很有声望的学者，为什么他们不赞成作这样的比较研究呢？又过了三年，我就这个问题请教陈立先生。不料先生却很明确地告诉我：这两者“可以比较”。他说，事物都可以相互比较，颜色分红、橙、黄、绿、青、蓝、紫，也是通过比较才得出的。他又说：他们两位之所以不同意，恐怕是出于误解。随后，他又于 1999 年 9 月 2 日写信再次就这一问题回答我：“几天前你向我电话中谈的（注：其实是当面谈的）问题，恐怕是对‘问题’的字义（比较）有不同的解释，不然，我看不出争论的由来。”经先生这么一解答，在我心中悬了几年的一块石头总算落了地。先生在这封信中又告诉我他所推崇的一位叫卡尔·波普尔（Sir Karl Popper，1902—1994）的英国科学哲学家的一段话：“我先是在动物和儿童身上，后来又在成人身上观察到一种对规律性的强烈要求，这种需求促使他们去寻找规律。”先生接着又引用了美国洛杉矶加州大学一位叫冈布里奇（Gombrich）的院士对波普尔这句话的评论：“这的确是很重要的一点，我是从他那儿学到这一点的。”先生然后对我说：“你看，这是不是很有意思的！”我心里明白，这是先生再一次为我鼓劲！

（2）我在研究中发现，数学家（当然都是世界一流的能名留青史的数学家）患神经系统疾病和精神病的相当多。后来我又进一步发现，杰出的文学家、政治家以至思想家和哲学家等群体患神经系统疾病和精神病的比数学家群体还要多。我就再一次请教先生，问其中的原因。先生 1999 年 6 月 26 日写信回答我的提问。他建议我看一下他在 1943 年发表的《大学与大学生》一文，其中引用了英国心理学家 J. 沃德（Ward）的分析。先生认为，精神病中有一种“精神分裂症”是最常见的一种精神病，它的起因就由于“不全”（笔者注：即有意的专一，使某些方面的能力特别发达，同时就不能不牺牲其他方面，结果便酿成一种不平衡。从心理卫生言，这样的不平衡发展，往往引发神经系统疾病）。先生的这一指点当然对我今后对杰出人物群体的疾病磨难研究大有帮助。

(3)我在研究过程中又发现,有些杰出人物群体,如思想家与哲学家、数学家群体在处理两性问题上与文学家、表演艺术家等群体有相当大的差别。例如,前两者抱独身的比例相当高;不抱独身的一般也只结婚一次,结婚两到三次的往往是因为丧偶后又续娶。但文学家对婚姻、和异性同居比较随便,有的还非常滥,雨果和莫泊桑便是两个突出的例子。我就先打电话请教先生,问这是不是因为两者在性心理或其他什么方面有差异。然后再登门请教。登门坐下以后,先生告诉我,他接到我的电话,想了一下。他告诉我:两者是一样的。只因为后者在社会上的名气大一些,影响大一些,与异性接触的机会多一些,受到异性的崇拜和追求也多一些,才造成两者之间这种较大的差异;其实,在性心理、性生理等方面都是一样的(大意)。不言而喻,先生的这一指点,对我来讲,也是很宝贵的。如果通过其他途径去了解,未必能很快得到如此简单明确的答案。

4. 思路清晰,要求严格,"童心"未泯

我原先听说先生要求严格,有些兄弟学校的心理学教师的晋升职称的论文送到先生那里,有时就通不过。不过我当时并不了解他究竟是怎样严格要求的。我做"中外杰出人物的比较研究",对取样要求尚称严格,一般要在大英百科全书或中国大百科全书上列有人物条目的才能入选。有一次我恭恭敬敬地填了一份法国实验心理学家、智力测验创始人 A. 比奈(Binet)的信息卡(约有《新民晚报》4 个版面那么大)作为样本,送给先生过目,希望先生能对信息卡的设计提提意见。不料先生立即提出,S. 弗洛伊德(Freud)还够取样条件,因为他毕竟有些创造性的东西,但比奈是不够条件的(大意)。这使我有点吃惊。2001 年 8 月中旬,我将一份列有 100 名生命科学家群体的样本一览表寄给几位从事生命科学的学者专家征求意见,也寄了一份给陈立先生和师母。说实话,当时我只希望师母(马逢顺医师)能提些意见,因为她是医科出身;对陈立先生却不存奢望,因为他毕竟不是生命科学家,而且他年已百岁,也不好过于惊动他。不料 8 月 21 日先生收到该样本一览表后立即审阅,8 月 22 日就打电话给我,明确提出应该增加英国剑桥的 E.D. 艾德里安(Adrian)和荷兰的 H. 德佛里斯(de Vries),并且很具体地阐述了他的理由,理由很有说服力。当天晚上我在日记中写道:"陈立先生看了生命科学家群体取样名单,建议增加英国的艾德里安和荷兰的德佛里斯。百岁老人能头脑如此清楚,实在是难能可贵。他把为什么选这两个人的理由讲得很仔细、很清楚。"我查阅了这两位科学家的有关材料,当即接受了先生的建议(后来我查到,他在同年 8 月 3 日的一封信中告诉过我:他 1933 年曾去剑桥短期师从过艾德里安)。当时,先

生在电话里还提出，青霉素的发现者 A. 弗莱明(Fleming)不应该列入取样名单，因为他的理论基础不够。他为此还提高了嗓门，在电话里和马医师争起来，非常认真(这是因为，当初倒是马医师建议将弗莱明列入取样名单的，我也完全同意)。在对待 A. 比奈和 A. 弗莱明的问题上，人们可能会认为先生过于苛求。但我认为，对杰出人物的评价，仁者见仁，智者见智，各有各的评价标准，先生的评价自有他的道理。弗莱明是 1928 年发现青霉素的；他证明它不干扰白细胞的功能，对实验动物无毒，为一种很有效的杀菌剂。“但他始终未能提供可以临床应用的粗制品。他将点青霉菌菌种一代代地培养，直到 1939 年为 H. W. 弗洛里(Florey)和 E. B. 钱恩(Chain)等人再度研究青霉素提供了菌种。”弗莱明 1943 年始当选为英国皇家学会会员，这已是他发现青霉素之后十五年的事了。这也许说明，正如先生所指出的，他在基础理论方面的确存在一些缺陷。

先生对中国学术界的评价也很严格。他曾于同年 8 月 3 日写信给我，简要介绍了他对中国心理学界一些学者的评价(一共提及九位，有的只是一提而过)，要求就很严格，但还是采取一分为二的实事求是态度。例如，对郭任远的评价就是这样：在指出他的品行有缺陷的同时也充分肯定了他的成就。其实人无完人，这是无可奈何的事，是可以理解的。但很多媒体没有“一分为二”地对名人进行评论，确实给我们的研究带来一定的困难和影响。

先生对杰出人物的严格要求可能有“求全责备”之不足，但这也反映了一种淳朴的科学精神，有点像涉世不久、天真无邪的孩子对世界和现实的要求一样，容不得有一点毛病。我不知道应该怎样来描述这种性格特征，姑且称之为“童心未泯”。我感到，至少中国的学术界目前很需要提倡这种坚持高标准、严要求的实事求是精神。

最后，我想引用陈立先生二十年前(1987 年 2 月 5 日)送给我的一副蒲松龄的对联的下联，作为全文的结束语。先生当时以这副下联来勉励我。请允许我在这里，谨以先生的名义再将它转送给所有为中国的高等教育事业的振兴、为中华民族的伟大的历史性复兴而全心全意、努力奋斗的仁人志士们吧。这副下联是：

苦心人，天必佑，卧薪尝胆，八千越军尽吞吴！

半个世纪的浙大心路

张浚生*

我人生道路上的每一步都与浙江大学深深地联系在一起。五十多年前，和那个时代的每个青年人一样，我满怀理想和抱负走进求是园，到浙江大学来求学。这一呆就是二十多年，在这里学习、工作，一直到四十六岁的时候，才离开了浙大。那段不在学校的日子里，只要有机会，我就会回到校园里走一走，看一看。1998年，因组织安排，已经六十二岁的我再次回到浙大，回到熟悉的求是园，主持四校合并的工作，担任浙大党委书记。2004年，我不再担任浙大的党委书记。

五十多年，半个世纪，我在浙大留下了自己深深的脚印。

* 张浚生（1954级浙江大学光仪系），1998年至2004年任浙江大学党委书记。现任浙江大学发展委员会主席。

第二志愿进了浙大

我是福建长汀人，那是个革命老区。高中毕业选大学时，我的第一志愿不是浙江大学，报的是哈尔滨工业大学。因为解放初全国工科最好的两所大学是清华大学和哈尔滨工业大学。哈尔滨工业大学有个很大的特点是当时的苏联专家特别多，加上我的前两届同学考取哈工大的比较多，他们经常向我介绍哈工大的情况，所以我第一志愿报的是哈工大，第二志愿才是浙大。后来快要正式考试之前来了一个通知，说哈工大当年不在福建省招生，那我的第一志愿就等于作废了，这样我的第二志愿就变成第一志愿了。

我读的是浙江大学机械系的光学机械仪器专业。1954 年浙大只有机械系、电机系、土木系、化工系四个系，当时浙大的光学机械仪器专业是全国唯一的一个专业，也是浙大唯一的一个保密专业。我报的时候并不知道有光学机械仪器专业，只填系的志愿，不看专业，进来的时候就被分配到这个专业。

当时浙江大学的主校区是在大学路，玉泉校区是个新校区。当时我们一年级的同学一进来就全部被拉到玉泉校区。玉泉校区是 1952 年定下来开始建的。但是那时候的建设速度没有我们后来建紫金港校区那么快，尽管 1952 年开始定下来建，1954 年到我进去的时候玉泉校区还只有五座宿舍，一、三、四舍是男生宿舍，五舍、六舍是女生宿舍。第一教学楼刚刚打好地基，还在挖土。现在的玉泉校区这个门，当时门口有很大的一块牌子，上面写着“杭州市第二公墓”。路也没有一条像样的路。上课在哪上呢？有些比较大的课比如化学课，就在草棚里上，课桌椅摆在那边，地板都没平过，地上草都还有。吃饭的食堂也是这样的。上小课就在第一宿舍的地方，把宿舍的墙打掉，两三个宿舍连起来就做小教室了。当时力学实验室等都在第一宿舍。

我记得当时学校的会还在大学路开。有一次开会我没有赶上车，结果是一路从玉泉跑到大学路去的。

虽然当时校园环境这么差，但浙大的校风、学风很好。我们念书的时候还没有特别感觉到浙江大学的校风、学风好，但是到了工作以后，就逐渐地体会到浙江大学的校风一直是非常好的。学生在这里很淳朴，而且很用功。当时我们进到大学以后有个认识，进了大学就要认认真真学习，不太会想到社会上去干点什么花里花哨的东西。那也可能跟我们当时的玉泉校区基本是个农村有关系，旁边都是稻田，现在玉泉校区门口的大学路那个地方那时还是个小山坡。那时候没有浙大路，好几年都是走边门那条路。

当学生干部找到人生的另一半

刚到浙大时,我不愿意当学生干部,因为在中学的四年半(我是高中提前半年毕业的)一直当学生干部感到很累很累。所以到浙大的时候我就想,千万别再当学生干部,反正别人也不知道我当过学生干部,所以每次开会都不发言,免得被人发现自己还有点工作能力。但是来校半个月之后,团委有位老师把我找去。他说:"我们新同学进来了要建立一个团支部,现在刚刚进来大家也不能进行选举,你去当团支部书记吧。"我说:"不行,不行。"他说:"为什么不行,你在中学不就是学生干部么?"我说,中学是中学,大学是大学,而且我是山区学校出来的,班里那么多同学,北京来的上海来的,都是大城市里来的,我哪里管得了他们?他说反正我们已经在档案里面挑中了你,管得了管不了都是你的问题了。我想想这个老师倒是干脆得很,所以这个学生干部就这样又开始干起来了。

当了两年的团支部书记,二年级我就入了党,学生干部也就一直当下去。三年级开始,我们整个系八个班成立一个团总支,我当了团总支书记。大学四年我一直担任学生干部;担任学生干部对自己的学习是会有点影响的,因为占用了很多时间,当然也锻炼了自己。其一,锻炼了自己的组织能力和思考问题的能力;其二担任学生干部会更严格地要求自己。所以这对我毕业以来的工作还是很有帮助的。

我当团支部书记的时候还有一个"收获",就是找到了我人生的另一半。我太太跟我是同一个系的,但不是同一个专业,她当时读的是机械系的金属切削机床与刀具专业。当年读书时每个专业之间有一些来往,但是不多,因为主要是上大课,那么多同学谁认识谁啊。三年级成立团总支,我被选为团总支书记,她是团总支宣传委员,这样接触就比较多了。她跟我不太一样,她的功课比我好,她是浙江大学1956年的第一届优等生,就像现在的竺可桢奖学金一样,体育等等也比我好。

不过我们那时候谈恋爱也就是出去到外面坐一坐,白堤啊什么的。我看现在同学在校园里面手拉手的都很多。1992年我陪一个香港的代表团回来,那天住在香格里拉饭店,下午的活动结束了,晚上的活动还没开始,我和我太太就在香格里拉对面的西湖旁边坐,我写下一首诗:"晓雾迷蒙去,暮色入秋凉。相对静无语,遐思忆昔年。"这首诗就是回忆了我们当年坐在西湖边的情景。

毕业留校当了车间主任,与刘少奇合影

1958年大学毕业后,作为我们专业当时仅有的三名留校的学生之一,我留在了浙江大学工作。1958年开始大跃进了,但当时我没有去大炼钢铁,没有到外面工厂去劳动。因为当时学校也办了工厂,就是把我们原来机械系的试验工厂办成了机械工厂,我们原来光学仪器专业的光学玻璃工艺学的实验室就改造成浙大机械厂的生产车间了,劳动就是在那个地方,磨镜片、望远镜镜片、显微镜镜片等。

因为当时教研室决定要我接替缪家昇老师开设光学玻璃工艺学这门课,因此在车间里我成了车间主任,同时还担任教研室秘书。在我毕业三个月的时候,当时的国家主席刘少奇同志到浙大来参观,到了我们光学车间,还和我们一起拍了照片。刘少奇同志一百周年纪念的时候,《浙江日报》登了一组照片,我发现其中一张照片有我,就专门去向报社要了一张来留作纪念。

刘少奇同志到我们学校来参观,是因为浙江大学搞科研历史上就有好传统的。刘少奇同志参观的几个地方,都是浙大当时科研搞得最好的地方。像到我们光仪系来,我们这个系这个专业一直在搞科研。包括到了"两弹一星"的时候,能拍到原子弹爆炸瞬间的250万分之一秒的高速摄影机,就是浙大光仪系研制的。刘少奇同志看了我们这里,还到电机系看了双水内冷的实验室等。新中国成立以后,中国第一个发明奖就是颁给浙江大学的双水内冷电机。他还参观了另一个实验室就是现在机械能源学院的旋风炉。

当时我们学校很注重工科学生的实践活动,所以我们做毕业设计的时候都要到工厂里去拿实际的题目来做的。我做的题目是在南京的测绘仪器厂,做一个农村用的水准仪。我设计完了画好图纸以后,还要送到车间去生产。我跟到车间去看他们怎么生产,回校的时候它已经做出来了。以后每一届的学生都是这么做的。1965年,我跟另外两位老师带了二十五个同学到南京大学,替他们天文系设计太阳望远镜。那个时候我还不到三十岁,我们几个老师带了二十五个学生,把一个大型的太阳塔的机械设计全部做下来了。这个设计1965年做完,1966年就"文化大革命"了,所以就没有生产。到了70年代比较稳定的时候才开始生产,生产以后到1982年正式鉴定。这个项目先是拿到了江苏省的科技成果二等奖,然后又申报了国家科技成果二等奖。所以说,浙江大学科学研究的传统应该是从历史上一直延续下来的。

“文革”期间参与筹建激光专业

“文革”的时候，我在系里兼任专业党支部书记，不算是当权派，按道理应该斗不到我头上。但是当时有个很糟糕的情况是我一直接受不了“文化大革命”，那个时候没像现在懂得那么多，只是总感到与毛主席一贯的教导不一样。所以人家去造反我就不去参加，不仅不去参加还保护这些学校的领导，所以就变成“保守派”、“保皇派”了。因为这个缘故我老要挨斗，再加上当时也有对林彪不满的思想，讲了一些话，老是被人家审查。“炮打林副主席”是“反革命”啊，所以我“五七干校”也去过，诸暨的农村劳动也去过，到浙江光学仪器厂劳动也去过。1966 年到 1973 年之间，日子一直都不太好过。

我去“五七干校”的时候，我太太也是老师，就同我一道去了。那时我们已经有两个孩子了，一个女孩一个男孩，都在念小学。所以我一想，就说，全家都去吧。去了以后我女儿睡在我太太的宿舍里，儿子睡在我的宿舍里。当时确实比较迷茫，那时写了一首诗：“奉命干校去，挈妇又将雏。昼见蛇蝎舞，夜闻鹰隼哭。闲觅青山路，累抱黄酒壶。螺蛳当佳肴，一醉万事无。”这首诗写完后一直没敢拿出来，到前几年才拿出来。

我这人天生乐天派，不到万不得已的时候，该做什么事该说什么话我还是会继续做我的事说我的话。在“文革”期间搞工科的人没有实验室，没有设计项目给你，你就很难做。当时我就利用这个机会看了不少文学的书，陆游、辛弃疾的诗词等等，因为我中学有点基础。

大概 1973 年左右，我就恢复工作了，恢复工作以后党籍也恢复了。1973 年毛主席发出号召：大学还是要办的。我们光仪系第一届工农兵学生就是 1973 年进来的。

恢复办学后不仅是原来的专业恢复了，还办了新的专业，我当时就组织筹建了激光专业。1958 年我毕业的时候，激光这门技术还没出现。激光最早出现是 1960 年，但是到了六七十年代，激光发展非常快，所以在“文革”期间尽管我没有太多机会看书，但还是看了有关红外技术和激光技术的一些书，知道跟上新兴学科的发展。

实际上我在毕业以后的第二个学期就开始给学生上课了，按现在的情况是无论如何不可以的。当时是因为教师太少，我毕业的时候原来上光学玻璃工艺学这门课的老师到苏联去留学了。这门课没人上了，我又在光学车间，所以让我第二个学期就上光学玻璃工艺学这门课。除这门课以外，我还开过物理光学仪器、光谱仪器学的课，后来还开了激光技术与仪器的课，一直教到1982年。1983年我离开学校。

暂别浙大，难舍求是情

1976年“文化大革命”结束后，1978年学校要我担任光仪系的总支书记，另外也是当时浙江大学的党委常委。1980年学校开党代会，我担任了浙江大学的党委副书记。1981年中央要选拔一批干部，当时叫做第三梯队，按照小平同志“年轻化、专业化、革命化、技术化”的要求，学校就把我送到中央党校去学习。

当时要我到杭州市委去的时候，党校回来不久组织找我谈了三次，其实我都没有最后答应，是硬调出去的。作为一名共产党员要服从组织分配，愿意不愿意都是要去的。

离开浙大后，只要有空我还经常回浙大来看一看，每次回来，我都要特别看一看玉泉门口那棵雪松。说起来，那棵雪松可以算作是我保护下来的。

玉泉校区的门口原来是一大排树，中间没有门，门在两边，一进一出。后来因为有同志反对这样做，就要把这一大排树移了，在中间做了个校门。学校准备把一排的雪松都移开。杭州有个规定，移树一定要保活，但是有一棵树特别大，很难移。当时机械系有一个同志说给他三百块钱，他去铺上路轨就可以把它移活。学校也同意了，那时候我还在学校里当党委副书记，就每天跑到门口去看，发现那棵树留在那里好像也没什么大影响，它离开校门有一段距离，而且比较中间，也不是很偏。我想，万一移死了怎么办？再说，我认为一个校门，从中国人的建筑美学的观点看，有个屏风比较好，这棵树可以看作是屏风。所以看了一礼拜以后，我就向当时的党委书记刘丹同志提出，那棵树是不是可以不移。他是非常爱护树木的，我说万一移死了也不好，现在这里留一棵树还是挺不错的。后来我每天陪他下班，下班就陪他去看，看了一个礼拜，就定下了不移，所以就保护下来了。对那棵树我怀有非常深厚的感情，离开浙大以后我每一次回到学校里，都要去那棵树旁边看看。

张浚生和邵逸夫先生合影

1983年我到杭州市委工作，实际上工作了一年多一点，到1984年的10月份，中央组织部来通知要调我到香港去工作。当时《中英联合声明》已经草签了，香港要进入过渡期，因此那时候要增派一批干部到那里去。我去的时候已经到了1985年的7月，因为中间办手续等。那时浙江省委也不同意我调，说是借调给他们，借两年，这样才去的。谁知道一借就去了十三年。

重回求是园，主持四校合并

在见证了香港回归这一庄严的历史时刻后，1998年4月，我回到了暂别十五年的浙江大学，担任新浙江大学合并领导小组副组长，筹建小组长，负责主持四校合并工作。

浙江大学的合并有历史原因。解放前的浙江大学本来就是个文、理、工、农、医、法、师范齐全的综合性大学。1952年全国高校院系调整，把浙江大学的一部分教师调到了中国科学院以及其他一些著名大学去了。留在这边的一分为四，成为四个学校。工科的主要保存下来，师范学院和文理学院的一部分成立了浙江师范学院，就在现在我们之江校区那个地方，后来1958年改成杭州大学。农学院当时成立了浙江农学院，就在现在的华家池校区，后来成为浙江农业大学。医学院那时叫浙江医学院，后来成为浙江医科大学。

原来这么好的一所大学分开了，而且很多著名教授都被分到其他学校去了，老师们更是感觉到原来那么好的一所综合性大学分开很可惜，作为学生我们当然受教师影响很厉害。特别是留了工科没有理科，理工是很难分的，所以到1957年浙江大学在所有的工科学校中率先恢复了理科。后来路甬祥当校长的时候提出以理工为主、理工结合，人文经管、综合发展的办学思想。

浙大一直有要求恢复综合性大学的想法。1979年我们老校长刘丹同志带了七个教授到美国去访问，他考察了美国的大学以后回来结合中国当时的情况，提出了浙大要恢复为真正意义上的综合性大学。我当时已经是党委常委，第二年就是党委副书记，我一直非常支持这项工作。由于当时的条件不成熟，没搞成。到了90年代，母校有了这个机会，我是赞成的。

当时也是路甬祥同志最早来找我谈的，我说这是好事，但是我也知道真的做起来很困难。要不要接下这个任务？我当时反复考虑了四个多月。身为浙大人，我深知这项任务的意义，也了解这项工作的困难和艰巨，尽管四校同根同源，但因为历史原因，毕竟分开已有四十五年之久，四校合并千头万绪，足以让你寝食难安。自己能不能挑起浙大的千斤重担，实在心中没数。

最终我还是答应下来了，所以答应，原因三条：一是当时恰逢中央实施科教兴国战略，我曾经有多年教育和科技工作的经验，对此重大意义体会深刻；二是合并可促使浙大加快学科交叉和融合，帮助浙大再上一个台阶，实现多门类、多学科综合性发展；三是合并是老校长刘丹同志和许多浙大师生多年的愿望。

1998年4月，我结束了在香港的工作，回到杭州，和潘云鹤同志及其他十一位原四校老领导一起开始筹建四校合并。当时我们面临的是一个十分严峻的局面：校区分散，建制不同，队伍庞大，设置重复，原先四所学校、六所附属医院教职员工共一万五千人，管理困难，有人用个形象的比喻是"处级干部一礼堂，科级干部一操场"。当时有人担心合并容易融合难，真正融合，也许要一代人的时间。我说，不可能也不需要这么长的时间。我们要用一流的办学目标来统一思想，凝聚人心。筹建过程中，我逐一拜访了原四校的老领导和各界知名人士，听取意见，吸纳好的建议。在院系组建过程中全校先后召开了八十多次座谈会，收集各种方案和建议两百多条，反复研究和论证。

1998年9月15日上午9点，对浙江大学来说是个历史性的时刻。当时的中央政治局常委、国务院副总理李岚清宣告四校合并后的新浙江大学正式成立。他对新浙大的寄语是："这不但是浙江大学历史上的一个新的里程碑，而且也是中国高等教育历史上重要的一页，影响深远。"

浙大给我最深的影响是它的"求是"校风，那种朴实、勤奋的精神。这种精神如果落实在我们一生的工作当中，做任何事都会实实在在，不求虚名，一定不会弄虚作假。所以我回到学校的这几年，每个学期每个学年提出的工作计划，或是哪一项工作目标，都会提出要坚持踏实的作风。"求是"精神的内涵是很多的，比如说"求是"就是要"求真、求善、求美"，求是精神就是革命精神、科学精神、奋斗精神、牺牲精神和开拓精神。追求真理，敢于创新、勇于创新，这些当然是很重要的，我们的校歌里也提到过。所谓求是，讲的是作风和精神。从我个人来说，我觉得最重要的是这种精神。做什么事都认认真真去做，搞科学研究一定要把最终结果探索出来，做一件事一定要使它有效果。这是我在浙大几十年最深的感受。

张浚生与浙江大学外国语学院院长施泰恩米勒合影

在四校合并之后，我们提出了一个非常宏大的目标，就是在建校一百二十周年的时候跻身世界一流大学的行列，向综合型、研究型、创新型大学发展，五年打基础，十年见成效。为了实现这个目标，这几年，我们花了大力气，不仅聘请了著名学者出任新组建的二十个学院的院长，还请来一批批重量级的海内外名人执教。我还利用我在香港的人脉，请来金庸出任人文学院院长，并说服一批香港的实业家为浙大的科研、教学、人才培养慷慨解囊。

2004年7月，由于年龄原因，我从浙大党委书记一职上卸任，但我的心还是留在浙大，留在求是园。这几年，作为浙江大学发展委员会主席，我还是利用各种机会为浙大做事情，希望母校能发展得越来越好，能早日进入世界一流大学的行列。

浙大的事

ZHEDADESHI

（三）

浙大的理学院生物系和农学院在1940年夏季迁至湄潭县，数学、物理、化学三个系在1941年才从遵义迁来。总部设在文庙里，大部分教室和化学系实验室设在万寿宫，数学系、物理系在湄江之滨，尤其是后者的实验室，大部分的房屋是新建的，江畔建有亭榭，修竹茂林，曲径通幽，水声潺潺，颇为优美。生物系实验室设在农场附近旧祠堂里，略经修葺，还设置了供植物生理实验用的暗室，又用木材搭起了一丈来高的所谓自来水塔，一只特制的大木桶可盛十多担从湄江挑来的水，以竹管通入实验室，算成自来水了。实验农场在西门外，农艺系、园艺系、病虫害系、蚕桑系都设在农场里，农化土壤系设在农场附近，农经系因为图书馆设在文庙，便于读书起见也设在城里。学生宿舍新建在东门外沿着城墙下面的湄江畔。而举行盛大运动会的体育场也建在学生宿舍附近。

湄潭的风景秀丽，永兴场在湄潭县城东边，离湄潭县城当有半天的步行路程，浙大一年级就设在那边。我在1941年毕业以后，曾留在生物系当了三年助教。从四年级学生时代开始，四年来每年总得去永兴两次，第一次是迎接新同学入学；第二次与一年级同学联谊谈心。助教、讲师与学生们打成一片，生活在一起，说的都是知心话。记得永兴场附近的森林特别多，有一次我们与同学们准备了长长的火把，绕过了几次森林，步行了半天才到达一座很大很长的溶洞。进去之后点起火把，潜行很久。比之桂林的七星岩、芦笛岩，南宁的伊岑岩，浙江桐庐的瑶琳洞，江苏宜兴的善卷洞等并不逊色。我们在艰辛的年月里，对长期抗战仍怀着胜利的信心，因此苦中作乐，有点其乐无穷之感。

（四）

往事至今仍历历在目。浙大在竺可桢领导下继承浙江学派的优良传统和求是精神，并发扬光大不是偶然的。浙江本来就是文风极盛，尤其是南宋定都杭州以后，浙江成为文人荟萃之邦，学风灿烂一时，一直绵延到辛亥革命以后，人才辈出，不断地产生许多有卓越贡献的学者。文化的发达与否，关系到整个民族的安危与存亡。

沙村一年

过兴先*

1937年冬天至1938年夏，浙大在西迁途中暂居江西省泰和县八个月，从筹备到开课，由于战事，学校还需再迁移，所以任务十分繁重且急迫。然而竺校长竟慨然允诺协助地方兴办三项公益大事：修建赣江大堤、筹建沙村垦殖场和创建澄江学校，这从一个侧面显示了竺校长忧国爱民之心。

当年，日本侵略军向苏、浙、皖疯狂入侵，大批难民流亡到江西，生活陷入困难，江西省政府与母校商量共同办个垦殖场，经费由江西省负担，场主任由江西省派，其他由母校负责。

1938年6月14日，竺校长召集了第一次沙村垦殖场委员会，会上推举农学院院长卢守耕为主席，泰和县政府辛科长为秘书。实际上在此之前，筹建工作早已开始，选定了沙村场址的范围，初步制成了垦殖场的范围和地图，并且已安置了几十名难民。

我在6月26日参加了竺校长主持的毕业典礼后，留校任助教兼垦殖场指导员，其实就是去场里工作，同去的有同班同学解翼生。此外，母校早派了蔡正先前去参加筹备，任会计兼事务。7月初赤日炎炎的一天，我离开了上田村母校驻地，雇一名村民挑着我的全部行装，奔赴沙村。村民熟悉路，我跟着走，他步履

---

* 过兴先(1934级浙江大学农学系)，著名农学家，曾任浙大教授，后调任中国科学院。历任中国科学院自然资源综合考察委员会研究员、生物学部副主任等职。

快速，走了十多里地，我再也跟不上他了，汗流浃背。恰巧一个山冈上有棵大树，坐下休息。凉风习习，蝉鸣阵阵，环顾四周景物，倦意尽消。休息一会后，继续赶路。一路上村落稀少，偶遇行人，大约走了十八多里，看见路东有一新建茅屋，那是垦殖场的一个工作点，总算完成了一天的行程，到达目的地。

农场有五百余亩田地，都已抛荒多年，有的可能已荒芜了十多年。水田多，旱地少，一条狭小的公路贯通南北，将农场分为东、西两区。公路南通赣南的钨矿区，仅有的汽车就是运矿石的卡车，连自行车也罕见。农场北边有一清清的小溪流，两岸林木掩映，极幽静。多半旱田在南边，低丘陵，层层梯田修筑整齐，田埂基本未破损。农场附近有三户农家，都赤贫如洗。我到农场时已有百多名垦民，其中农民居多，还有小商人、工人、小学教员和一名水手。垦民中没有老人，男多女少，儿童五六个。农场办公和几十名垦民的住宿都在一幢颇为高大的破旧家祠里，大部分垦民和我们几个工作人员住在人去屋空的居民房舍内，它们都是砖墙瓦顶。从家祠和民房的建筑质量推想，过去这里相当兴旺。偌大家祠的内外墙上，留有醒目的赭红的约一米见方的大字标语，说明红军曾在这里住过一段时间。场主任周承澍曾在淮北垦区参与领导工作多年，经验丰富，善于组织管理。

垦民们彼此是难友，现在生活、劳动在一起，都能和睦相处，相互帮助，从未发生过大的争吵。我分工管生产技术，到场时农具已基本备齐，十多头瘦小的耕牛也已买到，因此我们首要的任务就是准备秋耕秋种。按当地习惯，经过场里讨论并和几位垦民商量，为了保证明年粮油自给，又根据田地的肥力，决定六成田地种小麦，其他四成种油茶和蚕豆。我缺乏生产经验，对蚕豆、油茶的播种量心中无数，幸可向垦民请教。来自松江、宜兴和海门的垦民中，有种田能手，他们都能帮助我解决一些疑难问题。其实，这段时间我仅是个实习员。购买种子，要到离场四五里的沙村，我和几十名垦民第一次去那里。沙村有十来家店铺，每逢农历的三、六、九日有集市，逢集人们摩肩接踵，相当热闹。我们走了好几处店铺和摊贩，买齐了所需种子。在集市上可以看到形形色色的人情风俗，还可以和老表们（当地居民俗称）闲聊一番，之后我有空就喜欢去逛逛。

秋耕秋种忙过后，我常和垦民聊天。有一位姓沈的来自松江县（现属上海市）的农民，夫妻俩，带了个十岁左右的儿子。他们都穿着自纺自织、自己缝制的粗布衣，白底蓝条，干净合身。男的年近五十，是一位种田能手，水、旱作物种植都行；女的当炊事员，勤快能干。还有一位海门的农民，四十多岁，种旱作物特有经验，技艺好，垦地时使用一把大锄头，一锄一窟窿，谁都比不上他。有些不会种田的农民，因才分工。有一姓承的宜兴青年，高度近视，行动也迟钝，他是晓庄师范毕业生，当过小学教员，到这里也有用武之地，教五六个儿童。他勤奋朴实，一心扑在孩子身上，祠堂里常回荡着读书声和歌声，孩子们都喜欢他。从他身上，使我对陶行知的人民教育思想有了感性认识。我曾读过陶行知的文章和诗歌，有仰慕之心，因此我对承老师更为喜爱、称羡。还有一位年岁近百的垦民，在外国远洋货轮上干了几十年活，瘦弱苍老，就要他当采购和打杂。大家知道他出过洋，到过许多国家，常向他问长问短，他也津津乐道畅谈往事。这位老水手漂泊远洋，劳苦一生，毫无积蓄，光棍一个，却看不出他有什么忧伤之情，大概是他相信宿命吧！时到九月，地里的苗刚刚长出来，杂草也同时滋生起来。新垦农田最难办的就是对付杂草，既要勤除草，又须除得净。于是只要天晴，天天除草。所有土地第一遍除好，最早除草的田又要除第二遍草，整个秋季农事没完没了，才使庄稼茁壮成长。

秋末，竺校长要我和解翼生利用冬闲，去吉安专区十一个县的农村调查，着重调查农村破产和人口锐减两个问题。要在三个月时间里调查十一个县，两人只有分头进行。我们背负行囊，步行在狭小的泥巴公路或乡间小道上。有些在崇山峻岭的乡村，一般不去调查。由于语言和农民文化水平的限制，调查对象一般是保长、甲长，有时还常常双方听不懂。一路的食宿很困难，不仅是饭菜低劣或不卫生，而且常找不到食宿的地方。有一次，将临傍晚，看到路旁一宿店，有两张小床铺，并且挂有灰暗的麻织蚊帐，我躺下就入睡了。后来，恍惚中有一个人在我身旁紧紧挤着，我因极疲倦，任他同睡，清早醒来，发现那人已起床离店。这可说是一奇遇。我所到五个县的农村，情况基本相同，其实调查一个县就足够了。只见村村萧条，户户贫困，真是十室九空，鸡犬不相闻。在五个县的调查中，我没有见到一个老翁，老妇也不多，少数四十岁上下的男子都是病残者，二十岁上下的男子根本没有。田里的重劳动都由妇女干，有些年仅十二三岁的女孩就做着耕田的重活。童养媳普遍，婴儿死亡率极高，好多在出生后六七天就死亡，当地百姓称为"七日疯"（实际上是破伤风）。原来是产妇分娩剪脐的剪刀未经消毒，婴儿感染破伤风细菌而死。有一次，我看到一个两岁样子的小孩孤零零地匍匐在晒场上，蓬头垢面，十多只苍蝇围着他飞旋。当我蹲下身看时，他呆呆地看着我，全无表情。我一阵心酸，热泪盈眶，他活得下去吗？有的乡村有小学校，简陋不堪，常见以砖代凳，以墙为黑板，儿童们也多面黄肌瘦，没有女学生。由于地多人少，所以不少农田没有种庄稼。小麦和油茶生长都不旺盛，施肥很少。据老百姓说，粮食也可自给有余，有的农家养一二头猪，少数还送集市上去卖。家家养几只鸡，喂食的不多。上述所见所闻，触目惊心，我苦闷，我思索。原来我学农有着振兴农村的抱负，那种悲惨的现实使我如梦方醒，领悟到要振兴农村，非从政治、经济、教育同时着手不可。解放以后，我了解到我们所调查的县，特别是永新、遂川和宁冈，环抱井冈山，都曾被残酷“围剿”。红军在1934年冬开始二万五千里长征，离我们调查的时间不过四年，难怪这些地方还是满目疮痍。这就是竺校长关注这两个问题的基本原因。

调查回场，休息多天才消除疲劳，继续投身于农场工作。看着田里的小麦和油菜欣欣向荣，很欣慰。春初，农田普遍中耕除草一次，清明节前，麦田都施肥。就这样，三熟庄稼都获得了好收成，粮油自给有余，垦民们开始不需要江西省政府救济了。夏季庄稼种水稻、玉米、大豆和甘薯，夏收夏种，大家紧张了一个多月，才稍稍松口气。接着就忙小麦脱粒等农活。好在工作已有秩序，有些农活垦民主动去干，或提出好主意，我的工作反而感到较前轻松。各种庄稼经过及时的田间管理，生长良好，附近农民都啧啧称道。农场也有些副业，养猪养鸡，以改善伙食，增添积肥；还准备织布和制粉丝，利用富余的劳动力，增加农场的收入。

在沙村，我想不到认识了两位垦殖同行。离沙村十多里的冠朝，江西省早办了一垦场，主任杨锡类到我们农场参观，就此认识。他五十多岁，江苏省武进县人，也算同乡。他豪爽、健谈，我们可说一见如故，此后就多次来往。他社会经验丰富，知识面广，彼此交谈很投机。后来，不知何故，听说他被捕入狱，失去联系。新中国成立后一个偶然的机遇，知道他在南京某垦殖场工作，又得以通信。1980年左右，他到北京出差时来我家重叙，才知他早在20世纪20年代末就在无锡干地下工作，于是我回想起他在沙村的有些谈话，是用心良苦的。1938年秋我在《大公报》曾发表“沙村示范垦殖场巡礼”一文，引起当时农学界前辈、农林部农垦处处长唐启宇的兴趣。他写给我一封鼓励的信，从此彼此通过几次信，可惜未识一面。他的助手姓名叫施珍，也是他的学生。施珍因公到冠朝垦殖场，顺道来到沙村，还转告了唐老师的慰勉之情。这一次相识结缘，居然促使十三年后在杭州成为同事，在浙江共同做了三年棉花试验，并成为好朋友。

1938年7月初，由于战事发展，母校在泰和县已无法继续上课，需再次迁校，母校通知我8月回校。那时大豆和早玉米即将收割，水稻长势良好，亦丰收在望。8月初，我不声张地离别沙村，依恋难舍，部分垦民热情送行。8月中旬回到广西宜山县，几天后，我向竺校长作了汇报，在他8月14日的日记中有所记录。

这一年余，我生活艰苦，工作辛劳，见闻多，感受切，真是：沙村干一年，胜读十年书。

怀念浙大史地系

——十二年生活、学习与工作的回忆

陈述彭*

引　言

1937 至 1949 年，由学生、助教到讲师，“我的前半生”主要部分是生活在浙江大学。这包括中国人民浴血抗战的八年，也是伟大教育家竺可桢先生任校长的十二年，也是我“豆蔻年华”、学习成长的时期。我们追随这所“流亡”大学，辗转搬迁祖国西南山区近三千公里。在《竺可桢日记》里，对迁移过程有着非常详尽的记述。在浙江大学和史地系培养的成千名学生中，我是幸存者之一。在拙作《地学的探索》六卷文集的序言中，我曾经概括记述史地系对我教养的恩情。

1937 年我以同等学力考进浙江大学。竺可桢先生任校长，地学方面的教授阵营盛极一时。教授们系统地讲授地学基础知识，严格地给予野外基本功训练，把我们一大批同学引进了地球科学的殿堂。当时，我们就像闯进了广西、贵州的那些喀斯特洞穴，感到光怪陆离，目不暇接。同学们毕业之后，各有建树；我则被留在学校，当了八年助教，在老师们的指引和督促下，蹒跚学步，从此开始了探索地学的生涯。

---

* 陈述彭(1937 级浙江大学史地系)，中国科学院院士。中国遥感应用、地图学与地理信息系统领域的学术泰斗和奠基人。

20世纪三四十年代，是我接受地学启蒙教育的时期。在抗日战争的烽火岁月里，过着流亡大学的艰苦生活。但是，学术空气却是那么浓郁！教授们执著地讲授他们的经典的地学知识，学生则如饥似渴地接受观察自然的基本功的训练。涂长望教授的大气物理、气象观测和天气预报；叶良辅教授的历史地质和岩石矿物分析；任美锷教授的地形发育旋回和经济地理区位理论；谭其骧教授的沿革地理；张其昀教授的地缘政治……这一切五彩缤纷，绚丽夺目，从天上到地下，从自然到人文，古往今来，南北东西，向我们展示出地球科学的大千世界，诱导我们专心致志地去钻研，忘我地去探索。“天高任鸟飞，海阔凭鱼跃”，从而使我们树立起地球科学大有可为的信念。

当我回忆起一些切身的经历和体验，联想起那些难以忘怀的生活、学习和工作中的琐事，像是醒来的梦境。那与今天全面建设小康阶段的社会生活相比，的确是反差强烈，似乎是令人难以置信的传奇故事。然而，那却是中国近代的确曾经发生过的发人深省的真实的历史。

顽强的幸存者

1937年，我在湖南省长沙高级中学上二年级。由于武汉沦陷，长沙告急，学校搬迁到宁乡花明楼。暑假，我路过长沙去上学的途中，在岳麓山以同等学力报考浙江大学。当时浙江大学已由杭州内迁到泰和，距离井冈山不远。我想，要是能够就近在家门口上大学读书，既省钱，又安全。而且报考师范学院，既“司饭”，又发制服，免交学杂费。在兵荒马乱的年代，这真是双重保险的上策，何乐而不为呢？以同等学力报考，门槛更高，必须进入全国统考中前20%的名次，自知把握不大，报考不过是为明年探路而已。回到学校再读完三年级，毕业联考获第一名。再经过长沙时，长沙已经一片瓦砾灰烬。张贴在教育厅墙上的大学招生榜也早被日晒雨淋，模糊不清。有同学看到过我的名字，但也搞不清该上哪所大学。我自己也没有挂在心上，回老家白竺山村里去教小学。忽然接到江西省教育厅通知，浙大师范学院史地系录取了我，家乡父老为我这个破天荒的大学生送行。我扛上一口柳条箱上了火车，千里迢迢，一直追到广西宜山报到。孑然一身，开始在血与火的战争岁月里，闯荡于黔桂“瘴山恶水”之间，去经受生存能力的考验。

在广西宜山，师范学生住在文庙的大殿里。教室在远离城区的东郊，搭起整齐的茅草竹棚，在三个木桩上钉上一块木板，就是课桌。著名的大教授穿着一件白大褂上课，带着我们朗诵着雪莱的十四行爱情诗，洋洋自得，出口成章。每天几乎都有日本飞机来空袭，一看到山上挂起空袭警报的红灯笼，我就躺在水渠边或岩洞里去看红楼梦。老师甚至带我们到小泷江去练习游泳，或者去远郊野外实习，优哉游哉！有一天，日本飞机果然在东郊教室投下了一百二十多枚炸弹，男生宿舍起火，衣被都被烧光了。女同学把五颜六色的衣服都捐赠给男同学御寒，男扮女装，教室里煞是好看！即使是生活在死亡的边缘，依然充满着浪漫情趣和乐观精神。

随着学校内迁的，还有一大帮浙江同来的难民群。他们为老师和学生包伙食，为学校搬运图书、仪器，他们介绍学生当"黄鱼"，由宜山搭便车去贵阳、遵义和湄潭。彼此如鱼得水，相依为命。老板高兴的时候，还给我们加菜，吃当地的"豆花饭"，偶尔吃点蛇肉和狗肉，名曰"龙虎斗"。房东和师母们经常端上香喷喷的"粉蒸肉"或北方馒头，为无家可归的学生解馋。这所流亡大学就这样在整个社会的支持和簇拥下，在崇山峻岭间爬行到娄山关下的遵义古城。

仅有的一次，师范学院的学生每人发放了二十七尺蓝色双面卡"救济布"。矮个子同学就自己设计一种最省布的上装和两条裤子，前后可以交替着穿，减少膝盖被磨损。男同学自力更生，自制木屐、修补套鞋，互助理发；女同学针织毛衣，缝补修改衣服。这类的"蓝领"服务工作，真是司空见惯，不胜枚举的。到校外去当家教、做广告，去中学兼课，提供"白领"服务，更是不可多得的美差。甚至个别助教、讲师也一起参加。我在遵义就干过为酱油厂做广告的工作，每星期日工作一天，工资五元，足够支付我和同学晚上的茶馆费和夜宵钱了。

何家巷是一座进深三栋的破院落，也是浙江大学最大的男生宿舍。各院、各系混杂居住在一起，其嘈杂喧闹就可想而知了。中午时分，拉胡琴，唱京剧，似乎"商女不知亡国恨"，而学会、学社非常活跃，墙报、画刊五彩缤纷，救国救亡的文艺宣传，纷纷登场。晚上，在黯淡的桐油灯下，何家巷却是鸦雀无声，大家伏在桌子上静静地做功课。费巩教授捐出他的全部工资，为桐油灯加上了玻璃罩，灯光明亮多了，鼻孔不再被熏黑了。但是大宿舍里的自习桌总是不够的，同学们就只好去蹲茶馆，泡上一壶浓茶，占着一角方桌，就着茶馆明亮的煤气灯读书，比宿舍里的桐油灯更亮堂。好在茶馆里贴上了"莫谈国事"的禁令，干预也就不多，茶馆老板对不谈国事、埋头读书的学生，似乎分外关照和欢迎。竺可桢校长能够在阴云密布、山雨欲来的形势下，在遵义山城、在何家巷宿舍，给学生营造了一个短暂的局部的自由氛围和宽松环境，是多么难能可贵，对我们学生来说，更是多么幸运呵！

后来我当上了助教，在遵义古城西南角的山坡上，租赁了一间民房，每天到山下的食堂去吃仓饭和打开水，过着箪食壶饮的隐士生活。没有吃饱，星期天自己开小灶，有一次却不慎把桐油当菜油，落得个上吐下泻好几天！病了，也没有医疗保健。1947 年夏天，我由于劳累过度，忽然尿血，不得不去医院切除右肾。向亲友们借贷了八两黄金，直到 1954 年才还清。养病的奶粉之类的营养品全是同学们送来的。史地系老师们非常照顾，让我躺在床上汇编《遵义新志》，不用上班。竺校长还亲自来助教宿舍看望，手里捧着一本名人传记，鼓励我说：德国有位大科学家也切除了肾脏，活到了七十多岁，鼓励我要坚强地活下去。我就是在竺可桢校长的教诲和指导下，从二十九岁至今，又快乐地工作了五十年。

竺可桢校长在浙大期间，多次用孟子的箴言教导我们："天将降大任于斯人也，必先苦其心志，劳其筋骨，饿其体肤，空乏其身，行拂乱其所为。"回顾血与火的岁月，正是在共产党的领导下八年抗战锻造了中华民族的复兴；流亡的浙江大学，也是在全社会的支援下，经历了苦难的岁月，弦歌不辍，为祖国培育了大批的精英。

全面的素质教育

流亡时期的浙江大学，李约瑟赞誉它是"东方的剑桥"。新中国成立之后，竺可桢校长和王淦昌、贝时璋、蔡邦华教授等师生五十余人，奉调参加中国科学院的筹建工作。不完全统计，他们先后为中科院筹建三十多个研究所，开拓了许多学科的新领域；先后当选为中科院与中国工程院院士的原浙大师生共七十余位，其中史地系教授有谭其骧、任美锷、黄秉维三位，学生有叶笃正、施雅风、陈吉余等共七人。路甬祥校长也在竺可桢之后，又继任科学院第四任院长。浙江大学人才辈出，为新中国培育和储备了大批优秀人才。以院士为例，在旧中国的科研机构中，浙大仅次于原地质调查所。毫无疑问，这是与两个单位当时所受的政治干扰相对较少，学术气氛比较浓厚，环境比较宽松有一定关系。我从一个普通本科学生的感受，深深地庆幸自己能够得到比较全面的素质教育，能够得到塑造自我的千载难逢的机遇。

作为师范学院的本科生，当时选课有很大的自由度。我除了修习陈逵教授的"英诗选读"这样的古典英语课程之外，还选修了丰子恺先生的"艺术欣赏"，初步了解一些构图、造型、色彩的基本法则，以及选修了陈立教授的"试验心理学"，了解色盲、视觉测距、催眠的原理和热感与痛觉的误区。当时完全没有预料到，这些知识，后来在我研究地图学、航空视察、遥感图像处理、人机相互作用、地学多维图解、地图信息图谱等等问题中，能够发挥作用。

在地理学的专业课程中，我更加兴趣泛滥。我选修了涂长望教授的大气物理和天气预报，他教我们识别云的类型、熟悉气象电报，填绘天气预报图。

任美锷教授讲授经济地理，让我和杨利普去野外实习填绘土地利用图。黄秉维教授讲授自然地理课程，更像是流水作业线：他亲自写讲义，由孙盘寿、张汉松两位同学刻印蜡纸，由我协助编绘插图和教学挂图。我们算是勤工俭学，忙不过来的时候，同学们都来帮忙。张其昀、涂长望、顾谷宜几位教授的讲义，大都采取类似的形式。我们觉得这些讲义能反映老师最新的见解，又有学生的直接参与，倍感亲切。叶良辅教授病重，我刚作为助教，代他上普通地质学课程。比我低一班的女同学担心我怯场，声明不抬头看着我，但我能泰然自若地讲下去，主要是由于直接参与过讲义的编写整理工作，心中有底。作为助教之一，我分管地图库和绘图室。我对三万多幅旧地形图大都作了"读图"卡片，记述每幅图上构造、地貌、景观的特点，从而掌握了大量典型的案例。不仅后来我在接替"中国自然地理"和"地图学"课程的时候，比较得心应手，而且编绘"中国地形鸟瞰图集"、研究中国地图概括的区域指标的时候，分析判读航空、卫星相片的时候，我都有"似曾相识"的感觉。

我也尽可能多选修一些历史学的课程。张荫麟教授的中国通史、陈乐素教授的宋史、顾谷宜教授的世界通史、王庸教授的地理学史、张其昀教授的中国历史上伟大的教育家，都使我们大开眼界，诱发了我对科学史研究的浓厚兴趣。在王庸教授的指导下，帮他编写《中国地图学史》，狗尾续貂，负责鸦片战争以后的近代史的两章。后来自己扩展到对世界地图史的研究，参与中国古地图集、国家历史地图集的编纂以及测绘科学技术史的研究、地图学十二年规划的制订，都有赖于当年极其微薄的历史知识和史学方法。最近又想努力推动遥感考古和我国"数字城市"的本土化的研究，更感到历史知识和史学方法的功底太差。当时身在史地系，而历史学得太少，真是非常遗憾。

史地学系的优势，是对时间和空间的统一和同步与对人文和自然关系的协调发展的综合研究。从现代的观念来看，史地兼修，是有助于系统分析、动态分析与可持续发展的研究的，也是地球系统科学所必需的综合观点和系统方法。博古通今，有助于把万年为尺度的地质演化的历史和几千年、几百年和几十年的史前文化和近、现代环境变迁、全球变化衔接起来，古为今用，对未来作出预测和预报。这有利于提高科学预测和决策的可信度。史地系的课程，不仅给予我知识，更重要的是为我建立起时空尺度和概念打下了初步的基础，使我至今在研究卫星遥感对地观测、应用全球定位系统数据、建立地理信息系统网络等高新技术手段时，能够在脑子里比较准确地把握时空尺度和建立时空模型。

学海无涯，科学知识是永无止境的，掌握科学方法和科学精神是至关重要的。史地系的课程比较多，知识面比较宽，职业性的适应能力是很广的。就我在师范学院史地系的同班十位同学来说，蔡钟瑞后来成为工程地质专家，宋铭奎成为水利总工程师，孙盘寿、杨利普在科学院从事地理科学研究工作，刘宗弼在社会科学院从事历史地图工作。钱炜、詹溶庆坚持教育工作，成为模范教师，他们就业之后，触类旁通，举一反三，把本科时期的知识，融入到他们的事业或学术中去，都聚焦形成了自己闪光的亮点。我临近毕业的时候，由于选课很乱，系主任煞费苦心地一门又一门彼此替代，教务处高抬贵手，才算勉强通过。回想起来，我似乎是在按照自己的意愿锻造自己。我选修了许多工具课程，如数理统计方法之类，减少了一些知识性课程，如世界地理等，使我在后来的工作中受用不尽，但并没有影响我从事地球信息科学和数字地球战略方面的探索研究工作。

实践出真知

史地系很重视学生野外考察和社会实践的锻炼，师生们代代相传成为传统。

学校刚由宜山迁到遵义，喘息未定，史地系就举办徐霞客逝世三百周年纪念活动。竺可桢校长亲自主持学术报告会，教授们纷纷发表演讲，弘扬热爱祖国河山、热爱自然、身体力行的探险家精神，并宣传浙大也要沿着徐霞客当年的足迹前进，使我们学生坚定攻读史地系的信心。后来，我在岩溶研究、航空遥感实验和西部开发等科研任务中，都没有忘记精读《徐霞客游记》，并联系实际，写下自己的学习心得。徐霞客的光辉形象，几十年来成为我这个"二等残废"抱着病躯、走南闯北、坚持野外考察工作的驱动力。因为20世纪50年代对峰林、洞岩地貌的分类和制图的工作，我和任美锷教授一道，荣获国际岩溶学会首届贡献奖。

浙大史地系一贯重视地图学的知识和技能训练。当年专门敦请沙学浚、李海晨两位曾在德国攻读过地图科学的教授来校任客座教授。在谭其骧、任美锷教授的指导下，由王心安、吴贤祚两位工程师负责绘图室，培养一批又一批青年教师接班开设地图学课程。无论是学地理或学历史的师生，都被鼓励参与地图的实际编制工作，并已蔚然成风。在抗战烽火的岁月里，用白规笔和石版印刷发行套色教学挂图。回到杭州之后，宋晞和我编绘了图文并茂的"西湖图景"。杭州解放后，陈吉余、阚家参加编制杭州城市大挂图，还绘制了分散在杭州城内外的浙大校舍鸟瞰图，雕刻铜版印刷；还精心雕塑出全中国和杭州、南京和台湾等几组地理景观教学模型，向全国发行。浙大史地系通过不断实践，掌握了地图生产的工艺技术，培养了大批对地图感兴趣的专家，可谓人才辈出，硕果累累。例如在1954—1957年间，台湾中国文化大学，在原史地系主任张其昀先生的主持下，由贺忠儒等协助，编制出版了《中国大地图集》五卷；1980—1985年间，谢觉民教授主编的 *Atlas of China* 在美国问世；1958年，竺可桢先生亲自主持国家大地图集编纂委员会，历时十年，先后编制出版了自然、普通、经济、人口和农业五卷大型地图集，谭其骧先生主持的《杨守敬历史地图集》（八卷）。黄永砥在华东师大，开设地图学课程，先后编制出版了《中国教育地图集》和《中国老年地图集》，都是由当年浙大史地系的师生主持完成的。浙大史地系对于中国地图科学发展的历史影响，是不言而喻的。

《中国地形鸟瞰图集》的彩绘手稿，也是我在浙大史地系工作时期完成的。它的地球三维立体显示的设计，也是从制作全国立体模型得到的启发。1998年，美国地理学会颁发了奥·米纳地图学金奖，Robinson与我并列。就是由于我们各自代表东西半球，先于Apollo遥感图像而鸟瞰地球这一比较新颖的构思。

地图编制是一项跨学科的系统工程，需要许多学科的支持和合作。在史地系的学习和工作环境中，使我深刻认识到个人知识和能力的局限性，必须学会尊重知识，尊重人才，尊重不同学科的专家，学习他们的长处，发挥他们才能，才有可能充分发挥自己的优势。也许这就是团队精神的思想基础，这也是我在浙大史地系学习和工作中体会最深刻的一点。记得有一次系里派我代表叶良辅系主任去出席理学院分配经费的会议，苏步青、王淦昌等老教授在座。贝时璋院长首先声明：地理系是新系，来的又是助教，预算也比较少，大家照顾一下，优先通过，然后其他各系再商量如何分配。老前辈对新学科的宽容和扶持，给我留下了非常深刻的印象。"团结协作，才能事业有成。"

助教的工作是最基层的、最实在的。我在史地系毕业后留校的八年中，不仅仅是学到了许多知识、技能和方法，更重要的是学会了做人，学会了尊重知识、尊重人才。活到老，学到老。我在六十岁以前主要是搞地图，六十岁以后修补了两门新课程，一门是遥感应用，为地图生产开拓新的数据信息资源；另一门是地理信息系统，让地图进入空间时代和信息社会，以适应全社会数字化的潮流和电脑技术日新月异的进步。

科学事业的梯队像一支永远前进的雁阵。或许是出于信念和本能，或许是一种职业习惯或默契。前辈师友曾经带领我们学会飞翔，呕尽他们的心血，分享他们的余荫，自己也就感受到了历史的使命，勇敢地去探索，最大限度地减少对年轻一代的压力和阻力，直到自己精疲力竭，再退到阵列的后面，尾随着大伙儿继续前进。"春蚕到死丝方尽，蜡炬成灰泪始干。"光明和希望寄托于青年和未来。浙大史地系十二年的生活、学习和工作，使我终生难忘，终生受用不尽。

芳野与浙大龙泉分校

毛昭晰*

一、芳野的自然环境

芳野在龙泉县城东南约十华里，原名坊下。抗日战争时期浙江大学在浙东设立分校，选址于此，始有芳野之名。

“芳野”为何人命名，已难查考。有人以为是学生中的“骚人墨客”，也有人以为是郑晓沧先生。郑先生是海宁人，海宁语音中“坊下”和“芳野”同音，而郑先生又颇具雅兴，所以此说比较可信。后来不知什么人又给芳野取了一个英文名字“Fine Yard”，这个名字不但谐音而且谐意，当时在浙大同学中也很流行。

当年的芳野（坊下）是一个只有几十户人家的小村，但在浙大龙泉分校师生的心目中，芳野的范围并不局限于坊下这个小村，它包括坊下和石垅坑（笔者注：石坑垅，龙泉志书称为“插坑垅”，但当年浙大师生都称之为石坑垅，而不知有插坑垅。现在出版的《浙江大学校史稿》及《浙江农业大学史》中均称之为“石坑垅”），两个村庄和两者之间的田野和山坡。从地理概念来说，恐怕当年的浙大师生谁也说不清芳野的确切界限究竟在何处。

* 毛昭晰（1945级浙江大学史地系），历任浙江大学（杭州大学）历史学及人类学教授、浙江省文化厅副厅长、浙江省文物局局长、浙江博物馆馆长、浙江省人大副主任等职，曾任全国人大常委会委员。

芳野在群山环抱之中，最高的山是南面的佛山，其次是西北面的棋盘山，还有许多不知名的小山。群山之间是大片平坦的梯田，从西向下延伸到东面的村庄大沙。梯田中间有一条溪涧经大沙流入瓯江。芳野西南有万松岭，深幽的松荫绵延数里，直达岭端的周际村。

从县城到芳野的道路主要有两条：一条经济川桥过水南，然后沿棋盘山脚经张山头到芳野；另一条从城东麻寮附近的沙滩过渡到大沙，然后沿佛山脚到芳野。如果到石坑垅，也可经大沙，也可经水南，但半路上都要拐弯走过一段小路。我到树范中学上学最喜欢走的路，是从石垅坑翻山到渡口，这条路不但距离近而且十分幽静，一路上几乎不见人迹，只有山花野草与我做伴。有时微风拂面，细雨沾襟，独自一人爬上山巅，遥望远处苍茫的群山，真有“前不见古人，后不见来者”之感。

芳野气候温暖，植物繁茂，葱绿的树木随处可见。最多的是松树，其次是橡树、杉树、石楠、山合欢、三角枫、柏树。在庆恩寺前女生宿舍的山脚下，还有一棵相思树，每到秋天，树上的豆荚就长出逗人喜爱的红豆。

有人说芳野并不芬芳，可是在我的眼里，芳野真是芳草遍野，到处都是鲜花。春天有红色的杜鹃、淡紫色的马银花、黄色的羊踯躅，白色的金樱子、粉红的野蔷薇、紫红色的紫云英。田塍上、小路边还有无数蓝色的小花，犹如繁星点点，散落在绿色的草丛间。夏天，田野里开遍了淡青色的马兰花、一年蓬，粉红的半边莲和蓝色的鸭跖草。秋天，漫山遍野都是金黄的野菊花，它们在秋阳的照耀下，和红色的乌桕树相互争艳。芳野美丽的景色，无数的鲜花，在我心里永远留下美好的回忆。

二、浙大龙泉分校的创办和变迁

浙大龙泉分校创办于 1939 年。当时全国沿海各大学多已西迁，浙大也已迁到广西宜山。竺可桢校长考虑到东南各省青年学生因战乱所造成的困难而不能升学的很多，于 1939 年 1 月提出在浙东设立分校，并于 2 月中旬派教务长郑晓沧教授及文学院史地系陈训慈教授到浙江筹设分校。郑、陈两位教授于 3 月初到浙江进行分校的筹建工作。5 月，浙大正式成立了“浙东分校设计委员会”，决定校名为“浙东分校”。6 月，竺校长又派史地系李絜非先生及总务处陆子桐先生到龙泉。经过反复的考察研究，最后确定分校校址设在龙泉坊下。

这一年 7 月 27 日至 29 日，浙江大学浙东分校在永康麻车头杭州树范中学举行新生入学考试，总共录取新生 150 名，其中正取生 120 名，备取生 30 名，后来实到学生为 141 名。

龙泉分校旧址

到8月中旬,分校筹备工作宣告结束,同时工作人员也开始到坊下办公。教师一部分由总校调聘,如陈训慈、林天兰、朱叔麟、毛路真、李絜非、赵仲敏、金维坚、斯何晚诸先生,也有一些另行聘请的,如徐声越、胡伦清、郭贻诚、董聿茂、孙玄衔、胡步青等先生,后来又陆续聘请了夏承焘、任铭善、张慕骞等许多先生。分校成立后一个学期,就改名为"国立浙江大学龙泉分校"。

当时有文、理、工、农四个学院。包括中国文学、外国语文、史地、数学、物理、化学、生物、电机、化工、机械、土木、农艺、农化、园艺、蚕桑、病虫害、农经等十七个系的学生。那时大学一年级学生学的是基础课程,而分校开办时学生入学后只在分校学习一年,第二年就转到总校继续学习,所以学生虽然分属十七个系,但实际上并未设系,学生基本上以学院为单位选课和听课。1941年增设了二年级,接着又增设师范学院,这时才有系的设置。到1944年,分校的五个学院所设置的系,计有文学院:中文系、外文系;理学院:数理系;工学院:机电系、化工系、土木系;农学院:农艺系、农经系;师范学院:国文系(五年制)、外语系(五年制)、国文专修科(三年制)、数学专修科(三年制)。除师范学院外,其他各系学生读完两年后仍转入总校学习。

分校第一批新生是在1939年10月1日至6日报到注册的。10月7日选课。10月8日举行开学典礼,参加典礼的除本校师生员工之外,还有永康、丽水、龙泉各机关的代表和校友。这次开学盛典,由陈训慈先生主持,许多代表讲了话,最精彩的发言是英文教授林天兰的答辞。他的发言大意是:浙大浙东分校的建立，从表面看是为了解决东南各省优秀青年的升学问题，但是其最大的意义则在于显示我们中国具有最伟大的力量。七七事变以来，据美国某通讯社记者报道，敌国日本没有增设一所新学校，而在被侵略之我国反而增设大学，这在东南各省人士来说，尤其足以自豪。在浙东分校创办前一年，印度举行基督教代表大会，有一位中国某大学的代表受到美国总统的约见，当美国总统听说中国许多大学向内地迁徙并继续开学时，感到非常惊奇和钦佩，并且详细询问了迁校的办法。现在我们浙大不但迁校，而且在靠近敌占区的地方增设了分校，如此伟大的事业，就是在世界教育史上也是罕见的。林先生表示分校的全体同仁一定要夔勉以赴，并且希望同学们倍自惕厉，完成祖国赋予我们的使命。这真是一篇激动人心的讲演。

分校创办之初，租用芳野曾家大院作为校舍，第二年在离芳野一里多路的石坑垅建造了一些新校舍，包括教室、学生宿舍及单身教职员宿舍（即风雨龙吟楼），总共大约有七八幢。这些房子都是木屋，屋顶是用杉树皮盖的。除这些房子之外，在庆恩寺左侧还建造了一个简陋的大厅，既是礼堂，也是饭厅。

石坑垅新校舍落成后，坊下就称为一部，是理、工、农三院及学校行政机构的所在地；文、师两院则在石坑垅，称为二部。

龙泉分校还在坊下曾氏宗祠办了一所芳野小学，规模虽小，但解决了浙大教职工子弟和当地村民孩子的入学问题。我的弟弟毛昭晖和我的妹妹毛雪绵都曾在这所学校读过书。当时在小学教过书的，我记得有袁可能教授、周瑞芬以及我的堂兄毛安康。

龙泉分校从 1939 年开办到 1946 年初全部复员回杭，中间曾有一次搬迁。那是在 1942 年初夏，浙东战局吃紧，金华、缙云、丽水等地相继失陷，云和、龙泉危在旦夕。为了不让堂堂高等学府沦入敌手，分校决定暂时迁往福建松溪的大埔。当时校方的打算是，先在大埔逗留一段时间，如果形势继续恶化，则将学校迁到连城，如果局势好转，就再返回芳野。从龙泉到大埔约有二百华里，为迁徙的方便，学校在查田、小梅、竹口、新窑等地设立了办事处。图书仪器用手拉车和竹筏运输，师生员工多徒步行走，有的人也乘一段竹筏，途中艰辛，可想而知。

大埔是闽北的小镇，镇旁有一个罗汉寺，规模宏大，据说原有几百僧众，后来因为发生鼠疫，变成了无人居住的空寺。分校的师生员工及家属就在这个地方栖身。当时松溪是鼠疫发病区，大埔镇上每天都要死人，傍晚到溪边散步，总可以见到焚烧死者衣物的灰堆。

在那缺医少药的年代，当地群众往往靠求神拜佛来祈求一家的安宁，所以罗汉寺内虽然没有僧人，香火却仍不断，特别是最后一进佛殿，常常有许多老婆婆烧香念经。夜里还有妇女到罗汉寺后面的松林里叫魂，声音凄厉可怕，令人毛骨悚然。分校的总务人员为了预防鼠疫，每天到寺庙的各处洒药消毒，其中最积极的是庶务员江忠靖先生。

有一天，一位名叫傅斌炎的学生到溪边洗衣服，不小心滑入水中，等人们发现时，已停止了呼吸。几位同学把他放在凉亭的地上进行人工呼吸，后来又牵来一条水牛，将他抬到牛背上想把他腹内的水挤出来，前后约抢救了两个钟头，却没能把他救活。我目睹了抢救的全过程，对傅斌炎的死，感到十分悲痛，所以在这里也写上一笔。

这年九月，时局趋于缓和，听说我就读的树范中学将在龙泉开学，父亲就让我返回龙泉。我背了一个小包袱，走了两天，到了竹口，在竹口碰见农学院的女同学王璧，她也要回龙泉，我和这位大姐姐，还有两位工友结伴而行，又走了两天才到龙泉。我离开松溪不久，江忠靖先生和会计姚寿臣先生的大女儿突患鼠疫去世，于是在松溪的分校师生紧急行动，连夜撤出大埔，回到芳野。直到抗战胜利，龙泉分校才迁回杭州。

龙泉分校校舍——风雨龙吟楼

1987年我出差到龙泉，曾经重返芳野寻觅旧踪。当年的风雨龙吟楼、医务室、女生宿舍和石坑垅的教室、宿舍、小店，都已荡然无存，只留下一片野草杂树。原先的庆恩寺和大礼堂已经变成了番薯地。曾家大屋和曾氏宗祠还在，但也非复旧时景象。只有一部和二部之间那条小溪旁的一棵老柏树，仍像四十年前那样，在小路边弯着腰，伸出枝丫，摇曳着满树红叶，仿佛在欢迎我归来。

三、分校的教职员

分校的第一主任是陈训慈先生。陈先生字叔谅、浙江慈溪人。他是1938年到浙大任史学教授的。在此之前，他曾在中央大学史学系任教，并在浙江图书馆任馆长。在主持龙泉分校的工作时，他仍在浙江图书馆任馆长。抗战时期，文澜阁四库全书运往贵阳、重庆，胜利后又运回杭州，全赖陈先生躬自奔走，这是陈先生对祖国文化事业的一大贡献。

分校的筹建，也多亏了陈先生和郑晓沧先生，他们两位实在是分校的开山。陈先生在分校当了一年主任就辞职了，继任的是郑晓沧先生。

郑先生又名宗海，浙江海宁人，我记得他是美国哥伦比亚大学的硕士，是研究教育学的，曾经担任浙大教务长。龙泉分校筹建后，竺校长曾续聘他为教务长，后来又想请他担任分校主任，可是郑先生在这年夏天因患肺病而咯血，医生嘱他静养，于是竺校长请郑先生任分校的“特约教授”。1940年陈训慈先生辞职后，竺校长请他主持分校的工作。郑先生是十分著名的学者，可是待人谦和可亲，就是对我这样的晚辈也是一样。在芳野，每次在路上相遇，他总要停下脚步对我微笑致意，好像我这个小孩子是他的老朋友。

郑先生不但尊重人，而且十分重视学校的图书仪器。那时分校图书馆有一套《大英百科全书》，据说是“学者版”，郑先生视若瑰宝，每次逃警报总要请一位工友挑着这套书上山，警报解除后再挑回学校，这件事是我的老师兄王云海教授告诉我的。我和郑先生后来在杭州大学成了同事，并且始终保持着很好的关系。他是我最尊敬的师长之一。

第三位分校主任是路季讷先生，他是江苏宜兴人，英语讲得非常流利，他除了讲授自己的专业课程之外，还兼教英语，我进浙大读书的第一年，浙大总校尚未迁杭，他在杭州仍任分校主任。

除三位主任之外，我记得起来的分校教师有下面这些（括号内为所从事的专业）：

孟宪承（教育学），任分校教务长，兼教英语和教育学、经济学。院系调整后任华东师大校长。

寿棣绩（教育学）。

潘　渊（心理学），据说是英国皇家心理学会会员。

朱叔麟（数学），日本东京物理专校毕业，讲授微积分。

毛路真(数学),分校数理系主任,讲授微积分、微分方程、数论、复变数函数论等课程。院系调整后任浙大数学力学系主任。

孙增光(数学),讲授微积分、高等几何等课程。

周恒益(数学),曾任国立编译馆编译。解放后在杭州大学数学系教书。

楼仁泰(数学),院系调整后留浙大任教。

孙志绥(女)(数学),解放后在东北师大任教。

徐桂芳(数学),讲授微积分。

郭贻诚(物理),美国加利福尼亚大学博士。

周北屏(物理),美国麻省理工学院硕士。

许孝慰(女)(物理),解放后听说在中国科学院工作。

斯何晚(物理),院系调整后任杭大物理系主任。

孙玄衔(化学),美国康奈尔大学硕士。

黄乃明(化学)。

陈嗣虞(化学),院系调整后任杭大化学系主任。

吴浩青(化学),现为中国科学院院士。

曹元宇(化学)。

杨景桢(化学)。

陈仲和(土木),讲授材料力学,院系调整后留浙大。

张树森(土木),讲授测量学,院系调整后留浙大。

吴美淮(土木),讲授测量学,现仍在浙大。

朱昭锷(土木)。

赵仲敏(机械),现仍在浙大。

朱重光(水利),曾任教务长,德国留学生,讲授投影几何。

王祖蕴(女)(土木),朱重光先生夫人。

张功焕(电机)。

朱如龙(电机)。

黄焕焜(电机),讲授电工学。

董聿茂(生物),日本京都帝大毕业,无脊椎动物学专家,曾任西湖博物馆馆长,解放后在杭大生物系任教,并曾兼任杭州大学顾问。

王曰玮(生物),讲授植物学,院系调整后任杭州大学生物系主任。

金维坚(生物),继董聿茂先生为西湖博物馆馆长,解放后曾在山东大学任教。

胡步青(生物),研究蛇类,解放后在浙江医大任教,著有《浙江蛇类志》。

徐声越(中文),院系调整后到华东师大任教,主要研究《世说新语》。

夏承焘(中文),院系调整后在杭大任教,著有《唐宋词人年谱》等多种著作,学术界尊之为"一代词宗"。夏先生不但精于词学,对中国古典文学的其他方面也很有研究,我在浙大念书时曾选修过他的"乐府诗选"及"楚辞"。

任铭善(中文),文字学、语言学、训诂学专家,解放后曾任之江大学教务长,后在杭州大学任教。我曾选修过任先生的"文字学"。

王季思(中文),元曲专家,解放后在中山大学任教。有《王季思诗词录》等著作出版。

胡伦清(中文),有《乐府诗选》等著作出版,院系调整后在杭大任教。

孙养癯(中文),研究中国古代诗歌。

郭莽西(中文),研究新文学。

胡不归(中文),讲授历史,著有《胡适之传》。

戚叔含(英文),曾任暨南大学文学院院长,后到龙泉分校任外语系主任,研究莎士比亚的专家。

林天兰(英文),美国普林斯顿大学硕士。

陈楚淮(英文),解放后仍在浙大。

梁希彦(英文),现任洛阳解放军外语学院教授。

徐杏贞(英文),梁希彦先生的夫人。

张其春(英文),解放后有《简明英汉辞典》出版。

周有之(英文)。

范国昌(英文),加拿大人。

方本炉(英文)。

孙正容(历史),明史专家,教中国通史。后去暨南大学任教。

李絜非(历史),中国近代史专家。解放后在杭大历史系任教。

张慕骞(历史),曾长期在浙江图书馆工作,解放后在杭大历史系任教。

季平(历史),龙泉人,清华大学毕业,解放后在华东师大任教。

张其瑞(历史),我在浙大读一年级时选过他的中国通史课。他有点耳聋,讲课声音很响,但很生动。特别是在讲北京猿人的发掘时,条分缕析,引人入胜。我原是中文系的学生,二年级转到史地系学历史,毕业后又考入浙大人类学研究所当研究生,都是受了他的影响。听说他后来在台湾大学任教,以后又到香港大学任教。

包伯度(农学),担任土壤肥料学、酿造学及分析化学等课程。

韩雁门(农学),教园艺果蔬。

程学达(农学),教土壤学。

郑生和(农学)。

夏永生(农学)。

王勤堉(地理),著名地理学家。

安明波(经济),莫斯科中山大学毕业。他的夫人姓曾,曾在树范中学教过地理。

陆永福(伦理学)。

沈金相(?)。

王育三(?)。

陈劲仲(体育),湖南人,中大体育系毕业,来龙泉分校前,曾在武汉大学任体育部主任。

屠镇川(体育),院系调整后在杭大体育系任教。

杨山农(体育),院系调整后在浙江农业大学任教。

吴大浪(音乐)。

这个名单是不完整的,有些老师的名字我已想不起来。名单中所列教师,在分校工作的时间都不算短,但也有一些变动。如郑晓沧、朱叔麟、李絜非等先生后来先后调到总校。竺校长也曾想把我父亲毛路真调回总校,当时郑晓沧先生给竺校长回电说:"路真难行",语含双关,一时在浙大总校和分校教师中传为佳话。

从这不很完整的名单可以看出龙泉分校的师资力量是多么雄厚。在抗战后期东南各省的大学中,大约没有一所可与龙泉分校相匹敌的。所以龙泉分校是那时东南各省青年学生最向往的大学。

在回忆龙泉分校时,我总忘不了分校的许多职员。他们在平凡的岗位上勤勤恳恳、默默无闻地为全校师生服务,对分校的建设作出了卓有成效的贡献。在这些先生中最重要的有两位,一位是章定安先生,一位是陆子桐先生,都是绍兴人。章定安先生任文书(大约相当现在的秘书),他协助分校主任处理日常事务,分校的许多文件都是他起草的。陆子桐先生任总务主任,石坑垅的学生宿舍、教室、大饭厅以及风雨龙吟楼的建造都是他主持的。在陆子桐先生之前,总务主任是赵季俞先生,但他只干了半年,1940 年四月不知为什么遭到一些学生的反对,旋即辞职了。

其他一些职员有主任会计丁祖炎,会计楼可成、姚寿臣、出纳张慧年,文书助理胡其华,教务员钱兰峰、毛安康、吴月峰、贺宜、陈国源,图书管理员金天游、汪闻兴、许振东,庶务杨其咏、江忠靖、赵鸣皋、王子青,女生指导姚含英,校医周用康、王相总、颜扬。

另外还有几位先生如王敬五、孙祖康、顾剑谊、俞抒溶、余泽生、郁嗣兴,所任职务不详。

分校的工友，我能记得起来的有二部管学生宿舍的赵春江、在庆恩寺烧饭的洪小青、二部传达室的留景林、医务室的田景绍，还有一部的章鹤鸣。他们工作都很勤奋。

龙泉分校的教职员工，现在大多已经谢世，1964年张慕骞先生去世时，夏承焘先生曾写过一副挽联。上联是："风雨龙吟楼，旧梦如画，同语者几人。"下联是："明季南北略，绝学未竟，是后学之责。"张先生研究《明季南略》和《明季北略》，书稿未成，遽归道山，故夏先生有"未竟"之语。如今夏先生也已作古，芳野旧梦，可同语者更是寥寥无几了。

四、分校的学生

浙大有优良的学风，抗战时期，师生生活十分艰苦，但求是学风不因条件之差而受影响。龙泉分校的学生，生活简朴，学习勤奋，无论是听课还是自修，都极其认真。晚上看书，每人一盏桐油灯、灯盏内放一两根灯芯草。灯光如豆，经常得用一根小棒把灯芯草往上挑，这种"挑灯夜读"的滋味，现在的大学生是体会不到的了。

学生的课余活动丰富多彩，最活跃的首推芳野剧艺社，在偏僻的小山村，演戏自然是最吸引人的，当时黄铁夫、杜梦鱼、王德华、田志伟等都是很受欢迎的演员。除演戏之外，还有许多活动。其中之一是打球，龙泉分校的学生球队在龙泉是赫赫有名的，而且可以"出征"的球队不止一个。有一批宁波籍的同学组织了一个篮球队，叫做"阿拉队"，因为宁波人说起话来总是"阿拉、阿拉"的。"阿拉"者，"我们"也。阿拉队和人家比球，每进一球，裁判就叫"阿拉两分"，似乎裁判也是阿拉队的人。所以裁判每叫一次"阿拉两分"，总要引起观众的一阵笑声。阿拉队的主将是屠益箴，从《参考消息》报上看到他后来当上了中国台湾的"外交官"。其他队员我都记不得了。

1945年春天，第二次世界大战接近尾声，一些关心时局的学生组织了一个"国立浙江大学龙泉分校时事研究会"。住在我家隔壁的屠镇川先生的儿子屠家骥参加了这个研究会，当时他是农学院一年级的学生，和我很谈得来，他拉我去参加了几次讨论，讨论的题目基本上是国际形势，大家发言十分热烈，我总是默默地听着，对大学生的口才十分佩服。那年端阳节，研究会的同学一起去石坑垅教室旁的山上合影留念，屠家骥把我也拉去了。参加时事研究会的学生我记得有张传宗(他是发言最积极的一个)、曹余章、宋炎、冯昭玙、徐学恩、倪宝元、黄有种、安一德、王荣初等三四十个人。

分校的学生还办壁报，诗文都誊写在稿纸上，每期报头都画得很美，不知出于何人之手。我曾看到过一份油印的文学刊物,刊名可能是《剑声》。作者多是中文系的学生,我记得有施亚西、张德舆的作品。张德舆有一首诗,写自己做菜的狼狈相,其中有“羡彼巧妇手,愧我昂藏汉”之句,至今印象很深。郑晓沧先生也在这个油印刊物上发表过文章。

分校没有歌咏队或合唱团,学生中有几个歌手,唱得最好的是师范学院国文系女生李宝辉,他父亲是福建某地教堂的牧师,所以她受过很好的声乐训练。还有几个男同学在文艺晚会上唱过《热血滔滔》、《黄河颂》、《我摘下一片秋叶》等歌曲。当时龙泉分校学生最喜欢唱的一首歌是:《昨夜我梦江南》。我不知道这首歌的歌名,也不知作曲者是谁,因为每天听他们唱这首歌,所以至今还能把它背出来。

龙泉分校的学生对教师很尊敬,教师对学生也很爱护,师生之间关系十分融洽。那时常常有一些学生来我家,其中赵璇宝和施亚西与我家关系最为亲密,她们对待我和我的弟妹就如自己的弟妹一样。那真诚的情谊,真是令人难忘。

当年在芳野求学的学生,后来有许多成为相当有成就的专家和学者。我所知道的,数学方面有谷超豪(曾任中国科技大学校长、教授),叶彦谦(南京大学教授),张鸣镛(厦门大学教授),郭本铁(浙江大学教授),王云海(杭州大学教授),金福临(复旦大学教授),郑德昌(杭州大学教授),孙贤铭(杭州大学教授),杨忠道(美国宾夕法尼亚大学教授、中国台湾中央研究院院士)。他们几位,都是我父亲很喜欢的学生。

物理学方面有:余寿绵(山东大学教授)、王锦光(杭州大学教授)、田志伟(杭州大学教授)、陈昌生(浙江大学教授)、龙槐生(浙江大学教授)。

化学方面有:商燮尔(防化研究院副院长)、谢传堡(本溪钢铁研究所高工)、沈葭轩(衢化总工程师)、池志强(中国科学院上海分院副院长)、吕荣山(杭州大学教授)、朱秀昌(中国科学院大连物化研究所研究员)、丁儆(北京工业大学校长、教授)。

土木工程有:朱兆祥(宁波大学校长、教授),夏志斌(浙江大学教授),楼宗汉(浙江大学材料系教授),蒋祖荫(浙江大学教授),陈葆真(杭州建筑公司总工程师)。

机械工程有:余承业(南京航空学院院长)。

电机工程有:何志钧(浙大计算机系教授)、杨王滤(中国民航总局计划司副司长)。

化学工程有:潘祖仁(浙大教授),陈道运(加拿大农业部土壤研究所研究员、国际热分析协会理事),谭大年(美国马里兰大学柏油研究所研究员、英国剑桥国际传记中心将其编入1983年版国际名人录及1982年有成就名人录)。

历史学有:徐规(杭州大学教授、宋史研究室主任、古籍研究所副所长),倪士毅(杭州大学教授),管佩韦(杭州大学副教授),宋晞(台湾中国文化大学文学院院长兼史学研究所所长),王省吾(澳大利亚国立图书馆东方部主任),蒋以明(美国布朗大学图书馆东方部主任)。

中国语言文学有:徐朔方(杭州大学教授,原为外语系毕业生),倪宝元(杭州大学教授,原为史地系毕业生),唐扬和(即唐湜,著名诗人),曹余章(《上下五千年》的作者),施亚西(华东师大教授),夏钦瀚(浙江文艺出版社总编)。

外语有:冯昭玙(杭州大学教授)、应幼梅(中国驻英大使馆文化参赞)。

农学有:袁嗣良(美国佛罗里达大学教授)、孙筱祥(北京农业大学教授)、管致和(北京农业大学教授)。

还有许多学生毕业后在中等学校辛勤耕耘,成为很出色的教师,我所知的有徐学恩、叶开元、王德华、陈兰言、赵璇宝、杜梦鱼等。

当然,我不知道的人肯定比上面所列的要多得多。从1939至1945年,龙泉分校先后招过七届学生,在芳野读过书的有六届。我是1945年参加入学考试的,是龙泉分校招收的第七届(也是最后一届)学生。记得当时试场设在庆恩寺旁的大礼堂,礼堂内摆满了长长的课桌,每桌坐三个考生,我的右面是陈肯,左面是蔡为武。我们三人后来都被录取了,陈肯取在物理系,蔡为武取在电机系,我们是在入学之后才知道彼此的姓名的。现在陈肯在浙江大学物理系;蔡为武在吉林省一个研究所。我们这一届学生被录取时正好碰上抗战胜利。龙泉分校决定新生于10月到杭州报到,老生则在1946年初迁杭。所以我们这一届虽然是龙泉分校招收的学生,却没有在芳野读过书。只有我和别的同学不一样,因为我在芳野生活了三年。我熟悉芳野,喜欢芳野。我生活在浙大龙泉分校的师生员工中间,我曾受到许多学者直接或间接的教育,并且受到浙大"求是"学风的熏陶。在芳野度过的岁月,实在是我一生中最值得怀念的。

写到这里,我想起胡伦清先生为浙大龙泉分校撰写的一副对联,这副对联当年贴在曾家大屋正厅前的柱子上:

以弦以歌,往哲遗规追鹿洞;学书学剑,几生清福到龙泉。

我不但到过龙泉,而且在龙泉居住多年。追忆芳野旧事,尽管生活艰苦,书剑都未学成,但是能够和浙大龙泉分校的师生共享弦歌之乐,我觉得我也是一个幸福的人。

抗战时期的浙大学生

阚家蓂*

抗战期间，我在国立浙江大学念书。提起了浙大，似乎总会使人联想起美丽的西子湖，那山明水秀、锦绣天堂的鱼米之乡。然而，浙大却是在艰苦抗战之中，几经播迁，而至成熟，她不仅是全国几所有名的学府之一，而且她声誉传颂遐迩，至今人们一提到她的名字，都还在低迴怀念。

衣食住行一无是处

说到抗战期中浙大学生的衣食住行，那真是笑话。时至今日，我常常想，当年我们没有饿死，没有冻死，没有病死，真是奇迹。

衣着方面，谈不上时髦和质料，只要能有件蔽体之物，那就是万幸了。男同学平时多穿衬衣单裤，冬天有件老棉袍在身，已可令人刮目。女同学以蓝布旗袍最为风行，长长的，宽宽的，像水桶一样的罩住三围。

吃的方面，女同学也较便宜，遵义是女生自行开伙，湄潭、永兴两地男女同学同伙。饭，好像是够吃的，只是菜，少得可怜，永远不够分配，食量大点的同学，到最后只有吃白饭。女同学吃东西比较斯文，大家客客气气，都心照不宣，实行“蜻蜓点水”和

---

* 阚家蓂（1940级浙江大学史地系），旅美学者，精于诗词格律，存有多部著作。

"逢六进一"制，菜勉强可以应付。所谓"蜻蜓点水"就是夹菜时，不能大块大块夹，要像蜻蜓点水那样点到即是，譬如吃豆腐乳，只能用筷头沾一点点即可。所谓"逢六进一"，就是吃六口饭才进一口菜，如此，有时还可以留下点残汤剩水，等这桌女同学走后，往往会被男同学抢光的。至于男同学们一桌八人，如何能分配那盘小菜，情况真不可想象。话说一次一位男同学，实在熬不住，早餐吃油炸黄豆时，竟然胆敢"逢一进一"起来，结果惹得同桌某君大怒，索性将一碟黄豆往他面前一放，两人为此大闹一架，几乎动武。

浙大在黔北三地，除湄潭盖了一些新宿舍外，遵义永兴校址大都借住文庙、祠堂和破落世家的房子，情况甚为可笑。就像教室、实验室等，有些教室内有两根柱子，宛如室内排球场。宿舍也很好玩，为了节省空间，都是上下铺，木板床，木板桌子，勉强可以应付。只是当时最讨厌的事，就是晚上有"飞机"、"大炮"、"坦克"来打扰。"飞机"即蚊子，"大炮"就是跳蚤，"坦克"是臭虫。有一年费巩先生接掌训导长，他有三大德政，其中之一就是烧开水烫臭虫，可见臭虫虽小为害很大，已经震撼学校当局。跳蚤也很讨厌，此君身手敏捷，不像臭虫傻瓜，很难捉到，当你睡到半夜感觉腿痒时，连忙坐起，已经什么都不见了。我有一个朋友，是捉蚤高手。她可以左手拿油灯，右手打跳蚤，她一巴掌打到床上，手掌向后一拖，拿起来之后，拇指与中指之间，准有一个跳蚤。她一夜可捉十几个，也常常替我们捉，后来我们都叫她蚤大娘，她气得从此洗手不干了。

说到行的方面，女同学最遭殃。遵义有新老城之分，女生宿舍在老城，教室和图书馆在新城，实验室又有部分在城外，一天来回奔波，非有百米竞赛的本事是不能胜任的。最尴尬的是何家巷教室没有女厕所，寒冬腊月，早上三碗稀饭下肚之后，在那儿连上三堂课的人莫不狼狈不堪。

湄潭更有行路难之感。饭厅设在男生宿舍旁边，由女生宿舍走去吃饭时，需翻个小山坡，走过羊肠小径，穿过男生宿舍，才到饭厅。这一带都是田野泥巴路，遇到阴雨连绵之际，路滑难行，一个不小心就会跌个两脚朝天或双手支地，衣服弄得又湿又泥，只得再回宿舍来。有些缺德鬼的男同学，每到这种天气，就倚窗而立，凭栏远眺。偶尔有个女同学来个精彩表演，跌倒在泥浆里时，他们就鼓掌欢呼，在房里起哄大叫，以资"报复"。这时真令你哭笑不得，恨不得进去骂他们一顿。

总之，抗战时期浙大学生的衣食住行，真是极其艰苦，但大家都撑过去了，精神战胜物质，这大约就是成功的原因吧！

有一次我去朋友家参加宴会，座中一位教会学校出身的朋友说："你们浙大学生呀，都是些土包子嘛！"我当时大笑起来，我说："一点也不错，你知道我曾是土包子队队长吗?"

说起浙大学生,真可以说得是"土气"之精英,大家都以此为荣。一个所谓洋腔洋调的学生,在那种环境之下,是难以立足的。记得有位同学名叫约翰某,是上海来的,我有两个同学就是见不得他,专门拿他开玩笑,一见到他便说:"哎,约翰某,怎么你头发是黑的?""喂,约翰某,这里有瓶蓝墨水,拿去将眼睛染一下好不好?"这约翰某,受尽欺侮! 其实某学长我很熟悉,他为人忠厚,为学笃实,只可惜取错了洋名,受尽别人讥讽。

也许是当时风气使然,尤其我们一代的人,生于忧患,长于抗战,满脑子的国家主义、民族思想,在浙大形成了一种风气。譬如有人偶尔来了洋腔一下,说声"Good Morning!"马上那人会遭受白眼。"唉! 吃中国饭,何必放洋屁?"就这样,凡是"洋气"的人,受尽打击。

但浙大不是义和团。浙大学生所不屑的是无端的"崇洋"、"媚外"。相反的,浙大所吸收的新知识不亚于任何学校,我们很多教科书都用原文,我所读的课程当中有两样习题同试题全是英语。生物系有两位印度学生,不识中文,有时同学同他讲英语,他听不懂,于是又一个人来说,这时,谁敢骂他们在放洋屁?

浙大有一位教德文的犹太籍女教师,当她拉着小狗在河边散步时,从来无人过问她的黄头发和蓝眼睛,都对她笑脸相迎。

说"土",那恐怕只是相对的。抗战时期的国立学校,恐怕大都如此。不过浙大,自有她的一套。说浙大不注重英语倒不见得,但对土生土长的中文的确是特别重视。史地系有一届干事,出通知时专用四六骈文,颇受大家欣赏。有位女同学同时收到两封邀宴的帖子:一封是钢笔写的,说明日期地点;另一封是端正的毛笔字,最后写着"恭候香车"。这位女同学把前者谢却了,理由是"那么歪歪倒倒的字,想必人也是那样,谁愿意同他们一起玩?"这固然是成见,但也"土"得可爱。

女同学们的"土"在浙大已相沿成习。不管她是谁家的千金小姐,不管她爸爸是什么要人,一入浙大之门,蓝布旗袍一穿,就彻头彻尾地换了一个人。有几位女同学箱子里都有漂亮衣服和高跟鞋,但她们平时绝对不穿,等到晚间无事时,有人提议:"我们来打扮一下吧!"于是几个好朋友,嘻嘻哈哈地擦口红穿新衣,在房间里大过其瘾。

有一次,我们好些女同学在房里乱聊,讨论人生大事,其中一个问题是:"你喜欢跟那一种人结婚?"在所有的同学当中,没有一个人说:"我要跟有钱或有地位的人结婚。"或是:"我要跟洋人结婚。"后来轮到我,我说:"我要跟一个像古代勇士那样会骑马射箭的人结婚。"把她们逗得狂笑不已,都说:"快去找个游牧民族吧！"（天知道，我现在的丈夫连弓都不会拉，看到蛇就要跑。）

再说男同学，也都"土"得可爱。不说别的，问问他们当中当时有几人会跳舞？有几人会打领带？有几人肯歪头吹口哨？有几人能低头用刀叉？但他们都不在乎，反说这些都是小事。这批人，说是"土包子"，谁说不是？

那欢乐的一年

如果有人问我，在我一生中最愉快的是哪个时期，我将毫不犹豫地回答："大学四年。"而这四年中，尤其是一年级是最欢乐的一年。

我是 1940 年进浙大的，一年级在贵州湄潭的永兴场，学校刚迁去，那真是一段令人留恋的日子。初入大学，怀着兴奋而好奇的心情，我脑子里充满了五彩缤纷的梦。每天，我朝迎旭日，暮踏余晖，手捧着书本和笔记，往来于江馆和楚馆之间，获得了前所未闻的新知，使我在人生领域中迈入一个新的阶段。

我读的是文学院史地系。刚入学时，有经验的老同学就告诉我，一年级最好少读几个学分，分数拿高一点最要紧。但到注册时，我觉得课程并不太难，我还是选满了二十一个学分。

功课给我并无多大压力，只有一科害我不浅。不知是谁订的大学课程标准，规定大一文学院的学生要在物理、化学、数学三科之中任选一样。我对这三样课都视为畏途，听说数学较容易，就选了微积分。但不幸这门课却苦煞了我，在以后十几年的岁月中，我经常做噩梦，梦到未交数学习题，考试不及格，急得满身大汗惊醒。

教文学院微积分的是位年轻老师，他满口浙江音，讲起课来聪明快捷，一口气就在黑板上写满了方程式，但他忘了，他教的这批学生未长多少数学细胞。他写了半天，下面却呆痴痴地毫无反应。

"懂吧！"他潇洒地将粉笔一甩。

"不懂。"我们齐声相应。

"怎不懂呢？"他笑笑，双手一摊："格还弗容易，一目了然。"

此语一出，我们哄堂大笑起来，原来有位女同学的绰号叫"一目了然"。自此之后，每当他讲出这"四字经"时，大家便狂笑一番，弄得他连连摇头苦笑，认为我们这批笨学生已无可救药。

第一学期微积分让我蒙混过去，第二学期我读得了无生趣，习题也不想做，月考勉强及格，大考来临时，我可慌了。后半本微积分对我有如天书，看不懂，化不开，幸亏我有位学农的好友数学不错，大考前两周，她替我恶补。她摘要地一道一道公式讲解给我听，奈何我资质愚钝，讲了一周，我还是糊糊涂涂地食而不化。她光火了，对我吼道：

“我不管了，你不懂就硬记住好了，考试时可以用上的。”

硬记？！硬是要得，这点本领我还有。于是我就像小时背四书那样，囫囵吞枣把整个算题都背下来，一共背了十几道。果然不错，大考时给我戳中了几道，这门课让我顺利过关，得意至极。

除数学外，别的功课都难不倒我，所以我的空闲时间相当多，无事时就打排球、散步、郊游、缝衣服、参加各种活动，使我欢欣鼓舞地过了一年。

永兴场没有什么时候课外活动，打排球就成了一种风气。晚饭前后，经常有三五个同学借个排球去拍，大家围成圈子，当中站个主帅，把球的顺序一一拍过去。开始时往往只有几个人，后来插队的人越来越多，圈子越围越大，球也越打越起劲，这是男女同学在一起活动的大好机会。大家都使出浑身的劲，你捶来，我拍去，连声叫好，打得如醉如痴，好不开怀。我们安徽人常在一起打球，人称“淮军”，湖南人在一起时称“湘军”。“淮军”同“湘军”大战过两次，胜负难分。后来大家想想，曾国藩同李鸿章当年都是好朋友，因此也就各自收兵算了。

湄潭分部的女子排球队

散步，也是必修课之一，而且风雨无阻。永兴四郊空旷，岗峦起伏。晚饭后，我们荡过大街，沿着公路前行，看烟凝暮霭，数高树归鸦，有时直到月华升起，才踏着疏影，唱着抗战歌曲归来，真是豪气千丈。我们多骄傲，我们是浙大学生啊！

距永兴场不远处，有个地方叫三叉河，那儿清流潺潺，绿树葱茏，旁边有片广大的场地，芳草芊芊，绿野迤逦，这儿也是我们经常游憩之所。我们刚入学时，校方要再举行一次甄别考试，我们则认为我们都是联考录取进来的，怎么又要考试呢？而且谣传如果考不好就不能入学，或转到先修班去。一下子人心惶惶，几经商量的结果，大家决议罢考。考试那一天，早餐后，一个个都分别溜到三叉河去了。这事立即惊动竺校长，他急忙赶来"御驾亲征"，结果我们还是要再考一次，但那只是中文、英文的分班考试而已。此后，大家叫这次事件为"三叉河事件"。而三叉河在我们心目中，也就"永垂不朽"了。

永兴场是个小小的集市，每隔几天就有一次赶场。这时商旅群集，四面八方的人都赶来做买卖，短短的一条大街，摆满了摊贩，我们有时也跻身其中看热闹，或买点东西吃。那卖狗皮膏药的，打着贵州土音叫买着："咳！我这膏药跟别个不同，是科学发明，大学制造的。"那卖地瓜的见我们杀价太凶，也嘟囔着："莫讲价罗！大学堂里的学生还讲这个。"

他们对大学生印象很深，他们以为我们很有钱。天知道，我们腰中所缠的哪有他们的多。

说到钱，大家都没有钱，只有极少数家在后方的人是例外，但也并不宽裕。我很幸运，有个好朋友，她每次买东西吃总要分一半给我。我跟她同房两年，未流一滴馋涎，后来三、四年级时我到遵义，她留湄潭，这以后我才过着那清苦的日子。

别误会我们只是玩，不读书。浙大功课一向很紧，不读书是不可能的。每天除上课外，大部分时间都在寝室自修。有些人喜欢到茶馆去读书，在那儿泡碟茶，买两盏瓜子，可以一坐半天。起初我们不大愿去，后来觉得蛮有情趣，也常去坐坐。奇怪的是，在这样的闹市里，居然也可专心读书。晚间，每人油灯一盏，氤氲的油烟里，灯影幢幢，隐约可见到一排莘莘学子坐在那里埋头苦读。

春去夏来，天气渐暖，学校规定体育课每人要去游泳二十次才可及格。游泳，这玩意儿对我们很新鲜，但当时我们连游泳衣都没有，谈什么游泳。男生简单，着"上空装"就可下水，女生怎能。所幸抗战时我们女同学都有缝纫的本领，把箱子里的旧衣或布拿出来做就行了。我将一条旧卫生裤拼改成一件游泳衣，大家引为笑谈，但我有啥办法，我手边无衣无料，只有出此下策。

游泳地点是一条河，距永兴场有一段路，需穿过竹林，越过山坡，走过小径，才到达一条河边。女生游泳在河那一边，男生在河这一边。我们对游泳兴趣极浓，白天在房间里读书时，往往将双手一前一后地划两下，学自由式；晚间睡在床上，肚子垫个枕头，爬在上面伸缩双腿练习蛙式。所以一个暑假之后，就连最胆小的同学也会浮在水面来两下狗爬式了，这真是浙大体育的德政。

正好这时天旱，永兴场居民谣言纷起，他们说这是因为浙大女生下河洗澡，震动龙王，所以才不降甘霖。晚间我们外出时常遇到一队很小的孩子，每人手持一根点燃的香，前面有个大人领队，一路走，一路喊。最初我们吓了一跳，以为向我们游行示威，后来经一位有语言天才的男同学打听出来，才知道他们是在求雨。他们叫的是："苍天苍天，百姓可怜，快落大雨，好种秧田。小小娃儿哭哀哀，保佑苍天落雨来，大雨落在秧田里，小小娃儿吃白米。"

经他这一发现，我们兴趣也来了。晚间散步时，我们也来求雨，举着手乱叫乱唱："苍天苍天，学生可怜，快落下雨，好吃汤圆。"

我们满怀高兴地胡闹一阵，笑得前仰后合，似乎这世界只是属于我们这些人的。

一转眼，暑期已尽，各学院二年级的学生都要搬到湄潭或遵义去。这一年来欢欣鼓舞的大一生活，至此告一结束。

光阴荏苒，离开永兴已数十年，我也风霜两鬓，儿女成长了。那段越过高山峡谷向前奔放的人生旅途，现已蜿蜒伸向平川，到达另一个境界。回首源头，只见云山萦绕，尘雾漫漫，一切都杳无踪迹。那永兴场马路中的嘹亮歌声、教室里的欢然狂笑，就连梦里也难以追寻了。

在浙大学习的日子(1941—1945)

熊光迪*

1941年我在四川南溪李庄宜宾中学高中毕业。回到家中才知道父亲完成测量(叙昆铁路)任务后乘船回家途中淹死在横江(金沙江的一条支流)中。母亲因怕妨碍我毕业考试,没有将这个不幸消息告诉我。回到横江,我大哭了一场。我父亲的上司劝我好好复习功课,考进大学。大学统一招生,我报考浙大化工系,在悲痛中复习功课,结果考入浙大先修班。浙大因有些学院招生不足,又招了一次生。我报考了化学系,结果被录取了。父亲的上司答应支持我,叫我的姐姐当了一名工人,我便进了浙大化学系。母亲嘱咐我不要为家庭的生活而伤脑筋,一切由她筹划,要我好好完成学业。

进了浙大,有贷金,吃饭不要钱,每个月还发给植物油照明。当然生活很艰苦,营养也很差。有一段时间钱没有了,就得过着半饥饿的生活。好在不久,学校弄了一些土地,自己种菜,才没有发生吃不饱的状况。

在永兴学习

浙大一年级设在贵州湄潭永兴场,距湄潭县城十公里。学生宿舍和教室等设在两个会馆中:江馆和楚馆。我因入校较晚,

---

* 熊光迪(1941级浙江大学化学系),1948年投奔冀东解放区,1981年在西安交大离休。

住在楚馆的戏台中。除了双层床和自修用的、木板钉成的简陋桌子(靠着窗子)外,留了一条很狭窄的走路通道。入学后,我们又经过了一次考试。我的外语成绩不错,被分在第一班,老师是一位女老师,姓邵。上课老师讲课和提问都是用英语,同学也是用英语回答。我英语理解能力很差,表达也不行。班上有的同学却对答如流,如谢学锦(后成为院士),支德瑜(后改名为支贞,考取庚款留学英国)。我非常害怕,怕不及格。第二学期被降到第二班,老师讲课是用中文,我便大大松了一口气。

入学不久,我们便知道选课要选上18—20学分。每门课都有一定的学分,与每周上课的时数有关,例如数学每天上一个小时,5个学分。理学院各系包括在一个班里(包括数学系和物理系)。一个学期为微积分,一个学期为微分方程。如所选的课程,有一半学分的课程不及格就要开除。一个学期下来开除了不少人,住在我上铺的一个同学就是这样被开除了。入学后使我很不适应的是课本都是英文写的,特别是化学生字很多。我们学的普通化学课本是Daming写的。一个小时连查字典,我只能读七八行。一个小时的讲课内容七八页甚至上十页。考试只能靠听讲和记的笔记,阅读参考书是来不及的。为此我在记化学英文生字上花了不少时间。这为我以后的学习,打下较好的基础。一年级我没有选物理,就是怕考试不及格。但是只要有可能,每堂朱福炘老师的普通物理课我都去听,做笔记。听朱老师课的人很多,他是一位认真教学的老师,十分讲究教学方法,口辞很慢,基本讲英语,重要的内容就写在黑板上,有时还有演示试验。令我印象很深的是slip platform(滑动平台),是演示rotational inertia(转动惯性)的试验。一个同学坐在一个凳子上,这是一个能滑动旋转的凳子。我们转动同学,同学坐在凳子上不停地自动转动。坐在凳子上的同学伸开手臂,他就转动得慢;收回臂抱胸,就转动得快。这说明动量守恒(conservation of momentum)。伸开手臂,rotational inertia变大,角速度就要变小。相反,角速度就会变大。冰上花样芭蕾滑冰和芭蕾舞的自转也有这个现象。

我们化学系与化工系普通化学是年级主任储润科老师教的。他是法国留学生,教学是认真的,效果也是好的。

我还选了国语和中国通史,这些课都是必修课。中国通史是谭其骧老师教的。与我过去学历史完全不同,讲到我国古代北方有象、有竹子,他列举古书中是如何说的,例如他说“竹书记年”是如何说的。我没有去看这些古书,但我却学习到做学问不是从一本书中抄下来就行了,而是要认真核实。后来谭老师成为国内有名的历史地理学家,是这一门学科的奠基人之一。

入学不久要进行体格检查,体育老师要我们脱光衣服,看我们的脊椎骨是否不正、脚板是不是平脚等，还要求我们练习游泳。游泳场设在三叉河，要游上五十米才能算体育及格。

工学院的数学是钱宝琮老师教的，那时他已经是国内知名的教授。听说上课很生动，每周要测验，学生很紧张。平日成绩不及格，期终要及格就更不容易了。

教我们数学的是冯谦老师。我们期终考考完了，都要去冯老师处看成绩。我的成绩不错，也去看成绩，被冯老师狠狠批评了一顿。他说："别人看成绩是怕不及格，要补考，要准备。你成绩考得不错，还来看成绩，不要为分数学习。"当时使我很难堪，但事后想想深受教育。

西南茶馆很多。在永兴时，同学很多到茶馆里休息和自习。我也偶尔在茶馆里泡上一杯茶，吃一些松子，消磨一些时间。后来到湄潭也是如此。那时的学生消遣就是打桥牌。因为一年级功课紧，我是在湄潭才学会打桥牌的，也只有在假期里打打桥牌。在大学一年级时，我与同班同学史宗法和张志炳都住在戏台上，但交往不多，可能功课太紧的缘故。社团只有基督教团的活动，好像是歌咏组织，是一些湖南同学，他们是长沙雅礼中学（教会学校）毕业的，如仲赣飞（外号叫大 mass）。

记得在永兴时，从中文系来了一位老师，听说是系主任，对我们讲解校歌，虽然跟着大家我可以唱出校歌，但内容是深奥的古文，歌词大多忘记了。而最前面四句我是至今记得，"大不自多，海纳江河，惟学无际，际于天地"。这几句话至今提醒我不要自满，要不断学习。

永兴街上的市面，平日很冷清，能买到的东西不多。几天有一个"赶场"，赶场的日子，街上挤满了人群，各种生活用品都可买到。

我们在永兴过了一个春节，虽然我们没有大吃大喝，但在元宵节期间，却非常热闹。农民组织起好几条龙灯，舞龙灯的人们，赤着上身，不停地跳动；迎接舞龙灯的人，烧化一勺子铁水，倒出铁水，用铁棒将铁水打向天空，铁水落下燃烧成朵朵火花，迎接舞龙灯的人们。这些火花落在舞龙灯的人身上，因不停跳动，火花不致停留在皮肤上，烧伤人。大概也给了舞龙灯的人以热量，使上身没有穿衣服的人不致太冷。这真是奇观！

在湄潭学习

一年过去了，我升入化学系二年级。我搬到湄潭县城上学，那是一个有十字形街道的城市。每条街通向城门，向南通过湄江桥，印象中没有城门。那是浙大理学院、农学院、教育学院所在地。那时理学院院长是胡刚复，农学院院长是蔡邦华，师范学院院长是郑晓沧(后来来湄潭的)，都是国内知名的学者。理学院分数学系，主任是苏步青，知名的教授还有陈建功；物理系，主任是何增禄，知名的教授有王淦昌、束星北；化学系，主任是王季梁(琎)，知名的教授有王葆仁(后为化学系主任)、刘云浦、张其楷；生物系，主任贝时璋，知名的教授有罗宗洛、谈家桢(后来来到湄潭)。农学院分农艺系，园艺系，后者的主任是吴耕民，农化系主任是罗登义，病虫害系，蚕桑系，除了有一些系主任名字不知道或者忘记了之外，其中大多是有名的学者。

湄潭浙大学校学习气氛很浓，同学实践环节很多。化学除普通化学实验(两个学期)在永兴大一完成以外，我在湄潭完成的实验有：物理实验，植物实验，分析化学实验(一个学期定性，一个学期定量)，有机化学实验(两个学期)，有机分析实验(一个学期)，有机合成(一个学期)，物理化学(十几个实验)，毕业论文(一个学期)。化学文献查找，化学文献报告(两个学期，每个同学要报告一次)。

教师讲授的课程有：物理，植物(崔征，选修)，无机化学(王承基，必修)，分析化学(定性，张启元；定量，王季梁)，有机化学(王葆仁)，德文(德梦铁)，物理化学(刘云浦)，有机化学分析(于同隐)，有机化学选读(王葆仁，选修)，有机天然产物(王葆仁，两学期选修)，药物化学(张其楷，选修)，化学史(必修，王季梁)，工业化学(王季梁，必修)等。我还选修了社会学、王淦昌老师的热学和朱福昕老师的电磁学。但我学得很不好，电磁学差到要补考，但这些课都给了我良好的教育。王淦昌老师说他很后悔在德国留学时，全部时间花在做论文上，没有多听一些课，接触一些新的学问。我们除了上课以外，大部分时间都是在化学实验室中度过。化学系的学生实验室和老师的研究室放在湄潭的文庙(湄潭浙大分校本部)隔壁的财神庙中。化学文献阅览室放在财神庙的戏台上。我们的有机化学课和文献报告就在那里进行，四周摆满了书，中间放了四张大桌子。

张启远老师带我们的分析化学实验，一个单元结束时，总是要我们进行未知物分析，即定性分析是分析试管内含有什么无机元素，定量分析是分析某元素含量是多少，错了要重做。有一次，我分析溶液中含钙多少，用重量法，我分析了两次都错了。这样一些训练使我毕生受益匪浅。1947 年我投考海关副化验员，几十名投考人员中，就我被录取。后来我在天津海关化验室工作，1947 年我靠分析查出四件谎报货物：漂白精(谎报漂白粉，含活性氯量大不相同)，镁锭(谎报铝锭，溶于氢氧化钠的性质和在空气中燃烧性质不同)，海昌蓝(谎报硫化蓝，耐漂白粉的性质不同)，混有淀粉的金鸡纳霜粉(报金鸡纳霜粉，可能商家受骗，查出其中含淀粉和溶于酸的成分是金鸡纳霜)。这都要归功于以前老师的严格要求。

先是沈仁权老师带我们的有机化学实验，后来是潘道凯老师。虽然当时没有电，没有自来水，我们还是做了不少有机化学实验。加热用木炭炉子，回流冷凝用两个瓦罐，装满水的瓦罐放在高位，靠虹吸流入冷凝器中，再流入低位的瓦罐中。高位的瓦罐中水没有了，将低位的装满水的瓦罐放到高位。在这种条件下我们还做了减压蒸馏的试验，几个同学轮流不断用手摇动真空泵。这样不仅完成了学业，而且培养了我们的艰苦奋斗的精神。解放若干年后，我的同班同学薛玉麟学长来西安。我们相见时，他谈到解放初期他在本溪化工研究所曾用硫酸坛放在钢的容器中做成耐酸的高压釜，完成了顺丁烯二酸酐加不挥发的酸催化水解制成了苹果酸。

物化试验是杨浩芳老师带的，他宣布，打破了 Beckmann 温度计要停止实验，这就意味着不能毕业。而这又是一个重要的试验，测分子量。使用时要轻轻敲动温度计来调整水银柱。它的精度可读出 0.001℃。杨浩芳老师后来得了肺结核病，濒于死亡，是在学校和同事帮助下治好的。

那时我们的检索用的化学文献，最详细的是 *Chemisches Zentralblatt*（德国的化学中心文摘），比美国的“化学文摘”详细。虽然现在化学文摘社收购了 *Chemisches Zentralblatt*，但当时它的功绩是不可低估的。还有一本有名的手册，*Beilsteins*：*Handbuch der organis Cher Chemie*（《贝尔斯登：有机化学手册》），这是两本我们要经常查阅的书。但它们都是德文的，好在内容文法简单，生字也有限。因此，那时化学系学生要选的第二外国语是德文，而且是必修。教我们德语是德梦铁老师，她是一位外籍女老师，后来与我们的王季梁老师结了婚，入了中国籍。她是一位可敬的老师，是我终身不敢忘的老师。她教书非常负责，效果也非常好，解放后曾是先进工作者。她非常注意我们的发音，因为德文是如何读的，就是如何拼写的。每次上课，总是带我们读课文，我们跟着朗读时，她在全教室走动，仔细听我们发音，发现有读音不准的同学，就叫他站起来单独读，同时纠正他的发音。她选的教材的内容很能引起我们学习的兴趣，有德国民谣、诗、爱情诗、文学小说，如 *Imensee*《茵梦湖》、*Die Leiden desiungen Werthers*《少年维特的烦恼》、*Roselein auf den Heiden*《荒原上的小玫瑰》。德文民谣和诗都是押韵的，很能吸引我们朗读。她不能讲中文，讲课用英文，等到我们德文有一定的水平，就用德文讲课，因为讲得慢，我们基本能听懂。这样一位老师，在“文化大革命”中被迫害致死，令我们万分痛心。我们的德文讲义是数学系丰宁馨学长刻的，刻得很好，她也是我们班上学德文学得很好的一个。

有机化学课是王葆仁老师上的。他讲得缓慢，板书很清晰。一般他上课是一次上两节课(中间有休息),两节课上下来不觉得累,而课后要整理的笔记却非常多。他在讲官能团的性质和活性时,能从电的相互作用和结构加以说明,虽这些解释我并不心服,但帮助我加深了对官能团的性质和活性的记忆。他还讲了化合物生色的理论,改变染料溶解性能、合成化合物的各种方法。他还留有作业,杨士林老师批改我们的作业。我回想学有机化学的过程中,除了老师讲课吸引我们之外,做作业也给我很大帮助。做作业对记忆和灵活运用所学的知识起了不可替代的作用。多做作业的同学比少做作业的同学内容记得更牢固和运用所学的知识更灵活。有机化学实验对学好有机化学更重要。有机天然产物是王葆仁老师讲授的。他讲了很多用化学反应决定化合物的结构的方法,开阔了我们的视野,使我们了解了植物界所含各种有机化合物。

药物化学是张其楷老师教的,主要是讲官能团结构与生理活性的关系。他是从德国留学回来的,解放后调到军事医学科学院工作,是有名的学者。

刘云浦老师讲物化讲得很快,一年下来几乎把一本物化(作者好像是Danial)讲完了。刘老师后来是北大化学系的老主任。

化学系的学生基础课是抓得很紧的,考试严格,不及格要补考,甚至要开除。选修课就不一样了,严格要求的王葆仁老师开的选修课,我印象中都没有考试。本来说要交一篇报告,到后来也没有执行,但同学听课和记笔记都是非常认真的。

我的毕业论文是选王葆仁老师指导,本来要做一个理论性的题目:苯环上其他官能团对苯环上溴原子的活性的影响。这要测定多个化合物的反应速度,而且还要合成。后来怕时间来不及,我改做一个新的化合物,Benzothiazole的氨基化合物。最初想得到游离的氨基化合物后来都失败了,因为做成它的游离的化合物很容易被氧化,后来就改做成它的盐酸盐。做成硝基化合物后在盐酸中用锡还原,然后通硫化氢除去锡,只要酸性不大,硫化氢除去锡是很彻底的,然后浓缩得到它的盐酸盐的针状结晶,测了熔点,就交了上去。因为条件不够,没有测定元素的百份含量。至今我也不知道我做出来的化合物是不是 Benzothiazol 的氨基化合物。虽然我试过燃烧性能,可以说是一个有机物。因为产物量少,没有做元素定性分析。

我在湄潭也旁听一些课,但没有选修,如罗登义老师的生物化学和营养化学。因此也认识一些农化系的同届同学,如雷通明学长、夏纪鼎学长。

在湄潭值得一提的是李约瑟来访。竺校长带他参观浙大,与浙大的教授座谈,最后他看到教授们没有中断研究,而且有一定的成果和水平,称赞我们学校是东方的剑桥。他还在饭厅里给我们学生作了一次报告,郑晓沧院长给我们作翻译。

湄潭校舍

湄潭的浙大学生宿舍有五幢两层的楼房，分别叫仁斋、义斋、礼斋、智斋、信斋。信斋是女生的宿舍，建在北门（城门）里，在文庙的北面附近。仁斋、义斋、礼斋、智斋，是男生的宿舍，建在城外湄江边，距饭厅、浴室和盥洗室较近。饭厅、浴室和盥洗室很靠近湄江。它的附近，湄江中有一个大水车，昼夜不停地将湄江水提上来，流进厨房和盥洗室中。湄江边还有一个体育场，我们跨过体育场就可跳进湄江中游泳。湄江水非常清澈，中间水深约一人高，是很好的游泳场。水车处修了一条拦水坝，将水拦住使它们流经水车，冲动水车转动。女生也在我们的饭厅就餐，每天吃饭时，她们从宿舍走出来经过一个城门（北门）从一个小山坡走下来就到了饭厅，并不远。我们班八个同学包括几个女同学凑成一桌，轮流准备加菜。一般是一些青菜加盐放在木炭炉上煮好，桌上的菜总是吃光。男女同学交往比较少，但也不回避。男同学之间关系比较融洽，化学系和理学院的男同学多住在智斋。我们同班的同学又多和我同宿舍，同过宿舍的有：史宗法、张志炳、叶润秋、陈星焯、范传炽。化学系前后班的同学有闵观铭、陈维新，外系有陈慕群（园艺系）、施教耐（生物系，后来成为院士）、王名才（气象）等。这些同学都和我在一个宿舍中同住过。在智斋的同学，化学系比我高两班的有叶尹中、朱秀昌、孙树门，高一班的有赵梦瑞、丁宏勋、袁启洋、冯慈珍，低一班的都住在我们隔壁的一间房子里，有戴立信等。数学系有播寰、曹锡华、吴楠选，物理系有谢学锦、汪容、许梅。汪容学长做毕业论文，有一部分是在我们实验室中做的，因为他是物理系，没有化学仪器，是我拿出我们的仪器给他做的。他的论文导师是王淦昌老师。好像是做检测放射性粒子的闪烁剂(scintilator)，具体在我们实验室做荧光剂，很容易就做成了。它是将染料 fluorescin(荧光黄)溶解在熔化的硼酸中，光照以后放在黑暗的地方就发荧光。汪容学长以后成核物理专家，多年以后我在科学通报中看到他发表的文章，好像发现了一种新的基本粒子。在一份内部文件中，看到要不要建造我国的粒子加速器的高级讨论会上(好像有李政道校友参加)，有他的发言。可惜现在得了老年性疾病。智斋还住有谢学锦学长，他在投考浙大时，住在贵阳二戈寨(纳西族人的村寨)，与我有一面之缘。最初是在物理系，后转入化学系。若干年后，他受到不公平的待遇，在陕西蓝田物理探矿研究所工作，胡荫华学长(在西安西北大学工作)知道这个消息，叫我通知他到西北大学找她。但他没有找我们。他平反后的一个中秋节，他来交大找我，并告诉我他的遭遇。我问他为什么不来找我们，他说怕牵连我们。我留他吃饭，他说来不及了，吃了一些月饼就回蓝田了。后来他成为物探所所长，物探所移廊房，他就到北京地质部工作。在受到不公平待遇时，他默默工作，在化学探矿方面做出了卓越的贡献，并成为国际有名的科学家和我国院士。他一家三代都是有名的科学家(父亲是院士；儿子在德国，是有名的科学家)。在一本《中篇小说选》中，登载了一篇报告文学“沉重的崇高”，详细叙述了谢学锦学长及他家庭的遭遇。作者是地质部的有名的专业作家。我看了这篇小说，不禁流下泪来。

还有一件事要提一下，就是校庆纪念(大约 1942 年)时开放实验室。我们参观了物理实验室，大饱眼福，看到了一些平日没有看到的东西。印象很深的是，讲解员指着示波器(oscillograph)告诉我们这是比较新的仪器，可以显示电波形状。哪里知道二十多年以后市场上会有电视机的出现，而且它已成为很多家庭使用的电器。

这些同学直接、间接都对我有影响。每天吃过晚饭后，是散步休息的时间，有时几个同学便散步进西门，到达十字路，向南走，过湄江饭店(单身的老师多住在这里，是一幢四层楼的建筑)和湄江桥，再经过新建的湄潭中学(初中)，就来到浙大农场。陈慕群学长便向我们介绍各种花卉，我顺便收集了一些种子。因此认识一些花卉的名称，如金盏花、三色堇、矢车菊、石竹。从三色堇谈到莎士比亚的仲夏夜之梦，如果世界上有这种花倒也不错。有时沿着到风水连堡(是湄潭的风景区，大片竹林)的路，顺湄江向上走去，当然半途就要折回，晚上还要复习功课。有时经过西门向西走，沿着马路散步，可以看到马路旁高耸的汽油桶焊成铁塔，那是浙大校友开的酒精厂精馏塔。沿这条马路走可以到达永兴。

我们宿舍里闵观铭学长是音乐爱好者，有时高歌一些世界名曲，我常深深被吸引。我们也学了一些好听的歌曲，其中有的是美国名歌五百首中的歌曲，有的是几句或一段，流行的抗日歌曲基本上都会唱。但唱得不多，印象中，除了中学学了一些外，似乎没有人专门教过我们。有一首歌我在宜宾中学，音乐老师教过我们唱，叫《金陵颂》，是一首好听的歌，后来发现原来是《延安颂》，歌词只是把延安改成金陵。内容有不少牛头对不上马嘴的。例如“啊！金陵，您这庄严雄伟的古城，到处传遍了抗日的歌声”，这是当时延安的写照，绝非是沦陷的南京的状态，当时我们这些中学生却未曾怀疑。

湄潭物理实验室

抗日战争爆发以后，我没有看过电影，在湄潭我也没有看过电影。但却看过我们同学演出的话剧和京剧，如《日出》和《天罗地网》。我们班的梁永妙学长和陈星焯学长都参加了演出，演得不错。剧团的团长后来是谢学锦，常演青衣的是生物系的助教周本湘。当时剧团还演出过《萧何月下追韩信》。我虽不懂京剧，但看到萧何围绕戏台跑，匆匆忙忙地追韩信，一面跑，一面唱，那种急迫的样子，感到萧何如此爱才，也非常感动。

在湄潭，美国学生救济委员会在靠近西门的一个民房里设立一个俱乐部，有 crown 棋和图书可出借。借 crown 棋的人颇多，它的玩法类似弹子（台球），但不是圆球形的弹子，而是像大象棋的大棋子，中间一个大圆孔，象征王冠。我们有时也借出来玩。这个俱乐部是美国学生救济中国学生勤工俭学的组织，戚文彬学长曾介绍我在那里工作，借此获得一些报酬。在此期间我生过一次大病，低烧吃不下饭，病久久不能痊愈，后来是校医院给我吃中药治好的。期间同学给了我极大的帮助。当时我们睡铺中臭虫很多，学校煮了几大锅开水，让同学们杀灭臭虫。如果同学中有传染病，后果真不堪设想。

在湄潭做有机合成实验时，我还发生过一次事故烧伤了右手。当时我用苯代替二硫化碳做溶剂（这是一个错误），进行 Friedel-Cravis 反应，结果反应太剧烈，苯从冷凝器口冲出，下面的木炭炉子点燃了苯，我赶快取出冷凝器和连接的圆底烧瓶，跑到大水桶边将燃烧着的双手和冷凝器和连接的圆底烧瓶埋入水中,冷凝器和圆底烧瓶,甚至瓶中的苯保全了,而右手却烧伤了。最初我还没有感觉,后来右手起了一个大水泡,差不多一个多月不能写字。还好没有耽误有机分析的考试,有机合成(实验课)也糊里糊涂给我及格了。

1944 年日本人打到独山,我的母亲、姐姐、妹妹和外甥女都在贵阳,一时音信隔断。学校里同学在议论打游击。我不知道我的出路何在。张志炳学长说,可以同他到重庆他家里去。风暴过去后,同学有的去当美军翻译,有的参加青年军。陈星焯学长就去当美军翻译,王香耕学长去参加青年军。后来有参加青年军的同学回到学校说,国民党在军队中思想统治很厉害,弄得不好不是进集中营,便是失踪。王香根学长离开学校后就没有消息,他的命运十分可虑。

后来我到贵阳把母亲等接到湄潭来居住。谭楚材学长介绍我担任湄潭中学初中数学教师,解决了我家的一些困难。1945 年我们大学毕业了。

六十年后说东归

——1946年浙大由贵州复员杭州纪事

幸必达*

话说当年，浙江大学在全民奋起、共赴国难的抗日战争中西迁办学。竺可桢校长为了让大学向乡村传播科学文化，同时让师生深入农村唤起民众抗日，决定浙大不内迁西南的名都大邑，而选择走山区小县的流亡之路。转徙三年(1937—1940)，经过浙江建德、江西泰和、广西宜山，最后定居遵义，在遵义、湄潭、永兴三地一住七年。竺校长肩挑战时大学教育与科研的双重任务，领导师生们在破庙茅屋中，布衣蔬食，弦歌不辍，以独特的办学精神和尖端的科技成果蜚声国际，被誉为“东方剑桥”，树立起一面战时流亡大学崭新的办学旗帜，浙江大学也从艰难中崛起。当年办学困苦，至今犹历历在目。

1945年，抗日战争胜利了。在全国人民的欢欣鼓舞声中，浙江大学也胜利复员。师生们怀着对遵义人民的无限感激与眷念之情，从1946年夏天开始，又经过了五个多月的艰难转徙，全校才东归杭州。这次复员人数众多，是一次庞大的转运工程。内迁云、贵、川三省的高校师生员工眷属数万，加上政府机关单位人员眷属不下数十万，海陆空运工具都十分缺少。竺校长带领执事人员四处奔波，北上重庆，南下贵阳，东去南京、上海、杭州，风雨兼程，为复员规划行程、工具、经费及重建校舍，向教育

* 幸必达(1943级浙江大学农经系)，曾任遵义地区浙大校友会会长，遵义财经学校副校长。

部要复员费、建校费，向交通部、公路局、两航飞机和民生轮船公司联系工具，真是艰苦备尝，席不暇暖。在万分困难中决定了分期分批复员的总方针。浙大遵义总部改为留守处，由王国松院长主持。1948 年 5 月正式启动复员工程，6 月 1 日以后函电公文均转杭州。

从 5 月 7 日第一批三辆汽车先行到 10 月 10 杭州庆祝胜利复员大会，历时一百五十余天，师生员工眷属三千余人和图书仪器数百箱安全回到西子湖畔。竺校长和执事人员可谓心力交瘁，实在令人感泣。

2007 年，距浙大复员东归已经整整六十年了，竺校长和很多老师、学生都已先后去世，在世的师生都已苍颜白发，年登耄耋。回首往事，喜悦中也饱含辛酸。今天，祖国强大了，经济腾飞，交通四通八达，比起当年东归条件真有天壤之别。浙江大学也已发展成为世界知名大学。抚今追昔，我们更加怀念为国操劳、为科学和教育鞠躬尽瘁的竺校长。这段艰辛的历史，我们很难忘记，也应该告诉我们的青年朋友们：请珍惜今天的幸福日子！

幸必达校友给浙大学生讲西迁历史

艰难的壮举

1946 年 2 月 9 日，浙大在湄潭召开第一次复员预备会，匡计复员人数为 3000 人左右，按当时物价预计复员费为 3.74 亿元法币（下同）。2 月 25 日，教育部在重庆召开的高校复员会议，决定复员次序为离重庆近的先走，远的后迁。当时交通情况，据《竺可桢日记》记载是：水运走长江，民生公司有轮船 96 条，但领港员只有 46 人，不能全用，每月可运 1.8 万至 2.4 万人；陆运走川、黔、湘方向去长沙，接铁路到武汉再转长江水运；公路有汽车 600 辆，每月能运 1.5 万人；空运有央航和中航两公司，有飞机 23 架，每月可运 4000 人，但规定每校每月只配给机票 3 张。无论水陆运输，都要自己联系车船。川江水运已拥挤不堪，便让重庆附近学校先走，浙大只能考虑陆运，即经贵阳去长沙、武汉再转水运了。4 月 26 日，浙大行政会决定，根据教育部发来的复员费 3.7 亿元，分配到人。其中：学生每人复员旅费 9.5 万，加 5、6、7 三个月的公费共发 12 万；研究生每人复员费 9.9 万，加三个月公费共发 12.9 万；教授每人 15 万、副教授 14 万、讲师 13 万、助教及职员各 12 万，家属妻子与丈夫同，子女及佣人各 10 万，佣人家属 5 万。学校决定 5 月 5 日在遵义举行当年的毕业典礼。领款的师生员工可以自找交通工具先走。

当时，学生代表向学校反映，每人 12 万元旅费不够用。学校限于经费无法增加，同意无家可归和无钱可借的师生暂留贵州，候至 9、10 月间与学校最后一批人员和物资同行，车船均可免费。因杭州校舍未修复，先走的人可以先回原籍家中。学校决定 11 月学生开学再到校复课。

决定公布后，能走的师生员工都各自找车出发，湄潭、永兴师生都逐渐集中到遵义找车。当时很少正规班车，很多人都找司机搭便车，当了"黄鱼"，真是归心似箭。先后走了两千多人后，剩下的都是无家在江浙的学生或家累很重的老师和职员，大家都决定随校最后迁走。

8 月中旬，学校联系了陆军交警二团，以一百辆军用十轮大卡车为浙大运送全部留黔人员和物资。学校紧急征募一百名学生担任无偿的押运人员，负责押运物资和照顾同行老师员工眷属。应征的人很踊跃，笔者当年是四年级学生，也是应征人员之一，亲历了这次东归旅程。

陆路行程

9 月 4 日上午，我们最后一批人员和物资准备出发。一百辆十轮大卡排列在子弹库校本部广场上，已经装车待发，蔚为壮观。押运同学先期已开过会，自动推举了一批负责人，商定了九条公约，要求大家遵守：1. 车队统一出发，保证一路同行，经贵阳直驶长沙，到长沙接待站交卸物资为止。2. 同行老师及员工子女眷属优先坐驾驶室，其余人员及物资统安在车厢。3. 乘车人员每人先交一万元作途中生活费用，沿途集体办伙食；负责办伙食的同学先采购一些大米、干菜、腊肉等装车备用;估计行程六天,早、中、晚都统一用餐。4. 每天到站后住宿都尽量借住学校、庙宇,以省宿费。5. 每天到站后由负责住宿的同学安排住处,负责伙食的同学(以女同学为主)上街买菜和下厨做饭,统一进餐。6. 晚上买蜡烛分发各处照明。7. 黎明即起,统一早餐后上路,中午在途中饭店就餐。8. 车抵长沙前结算伙食账,多退少补。9. 互助互让,同甘共苦,照顾好老师及老幼眷属,服从统一指挥,争取平安到达。大家一致同意。

经过组织的队伍,有条不紊地出发了。百辆大车浩浩荡荡离开遵义,我们含泪向夹道相送的遵义人民挥手告别。

第一天宿贵阳,我们借住豫章中学校舍,学校领导热情支持,借给我们几间大教室和厨房,做饭、住宿都很顺利。第二天早饭后上路,当晚宿黄平。第三天宿玉屏,已到贵州边界。第四天宿芷江。湖南道路平坦,又逢天气晴朗,"秋山红叶,老圃黄花",师生一路谈笑风生,驾驶员十分尽职,车辆没出过问题。第五天到黔阳,过沅江大桥时,浮桥过渡要排队,百辆车队过了不少时间才过完,晚上只能宿洞口。第六天中午就到了邵阳,这里距长沙已经不远,负责伙食的同学公布账目,颇有结余。大家同意在邵阳大饭店聚餐,一是庆祝陆路行军的首战告捷,二是借此向驾驶员们的辛勤表示感谢。我们抓紧赶制了一百幅简易的"锦旗"(实际上只是一百块白大绸),每面中央由胡哲敷教授书写"今之王良"四个隶书大字,四面有全体师生的签名,在餐会上隆重赠送给每一位驾驶员。大家高唱校歌,欢声雷动,餐后直驶长沙。

长沙接待站由舒鸿教授主持。车辆全部卸货,我们交清了物资并卸下各人行李。接待站为我们向救济总署(全称是联合国善后救济总署)领取了每人一张难民证,凭证可享受免费车船和食宿供应直到杭州。当天,我们就搭上火车直驶武汉,候船东下了。

水路行程

在武昌下车，难民站安排我们住进一座日寇占据过的大仓库。高大的木质楼房，已住进不少难民。睡的是地铺，一间几十人，没有电灯，照明用蜡烛。蚊子臭虫特多，晚上很难入睡。白天一日两餐，排队打饭，有酸菜和军用罐头牛肉佐餐，虽然不太可口，但大家都知足了。

住下来是为了候船。我们每天都去黄鹤楼下守候，但候了十来天，船还是杳无踪影。白天好过，夜晚难熬，我们尝到了“望穿秋水”的滋味。

汉口在武昌对面，只一江之隔，有小船摆渡。一次偶然的机会，我们去汉口观光。这里有十里洋场，商业繁华，沿江大道车水马龙，比武昌热闹多了。浏览中碰到早来汉口的同学，他们住在复员招待所。这里是接待政府复员人员的，已到秋天，政府复员的人已经不多，招待所基本空着。管理人员听说我们是浙大师生，欢迎我们免费入住，我们很快搬了过来。这里每间房里有六个床位，有凉席、棉毯和蚊帐，清洁整齐，电灯明亮，还有洗澡设备；晚上可在花园里乘凉听音乐，比起武昌当难民，真有天壤之别。我们是离苦海上天堂了。但这里不供应伙食，也无法自己开伙，只能上街买吃的。我们多数人带钱不多，最初还能上小店吃客饭，后来只能买烧饼、油条充饥了。有的每天还只敢吃一顿，只盼难民船早些到来。

大约十来天过了，难民站通知说船来了。是美军登陆艇“绥远”号，载重六千吨，只载复员上海的大学师生。上船后才知道有浙大(约三百余人)、东方语专(二百余人)、艺专(一百余人)，共计师生七百余人。一个大统舱，我们协商分配，男女老幼分成几大片铺好床位住下了。船上有淋浴室，有高压消毒饮水供应。每日两餐供应牛奶、面包和一小罐牛肉，都是军用剩余物资。大家都是劫后余生，又一次安下心来，真有无限感慨。船长是美国人，和大学师生友好相处。他们是根据租借法案来中国救济工作的。

当天起锚东下，晚上船靠九江。我们三校师生联合，在船上组织了一次联欢晚会。宽阔的甲板上灯火通明。各校节目有古琴、琵琶、南胡独奏、抗战歌曲大合唱、轮唱、女声独唱和舞蹈等，丰富多彩。师生和外籍船员同乐，岸上也有不少观众，直至午夜方罢。第二天船靠安徽芜湖，夜色中不少人下船观光，畅游夜市。第三天船到南京浦口，接待站有车来接，下船后再上火车，当天抵达杭州。这时已是9月下旬，最后一批人员和物资，历时二十余天，总算安抵杭州，回到母校怀抱了。

浙大西迁和复员，都是竺可桢校长亲自领导的。回忆当年的流亡岁月，我们更加怀念逝去的老校长，也怀念当年辛苦育人的老师们和风雨同舟、流离转徙的学长们。在举步艰难、山河破碎的年月，我们曾经不屈不挠、共渡难关，这是一种多么珍贵的回忆。八年抗战，六十年奋斗，祖国人民不畏艰难，重建家园，再造辉煌，幸福的日子来之不易啊！愿我辈在桑榆晚景中继续弘扬求是精神，祝愿母校和祖国更加繁荣昌盛，创造更加灿烂辉煌的明天。

浙大医学院旧事

王纯香　柯士钫　徐英含*

医学院第一届学生

浙江大学原有六个学院，即文、理、工、农、师范和法学院，从1946年起又增加了医学院。其他六个学院均为四年制，唯独医学院为七年制。新生入学后，都必须参加甄别考试，才能作为正式生入学，否则须先上先修班一年。考试时各学院学生混合编座，地点在健身房，考场规则极严。

第一学期注册时，在我们注册证上签名的为李宗恩教授，不久他被任命为协和医学院院长。所以实际上浙大医学院从创办到1952年院系调整，都是王季午教授担任院长。医学院医预科二年，医预科主任由著名遗传学家谈家桢教授兼任。医预科二年主要由文、理学院老师给我们开课。那时课程很多，有国语、英语、微积分、动物、植物、遗传学、比较解剖、普通化学、有机化学、分析化学、一年物理、二年物理，还有伦理学等。

* 王纯香，浙江大学医学院教授；柯士钫，浙江省医学科学院研究员；徐英含，浙江大学医学院教授。

听贝时璋教授的"比较解剖学"

给我们上课的都是著名教授。"比较解剖学"由贝时璋教授讲授，胡步青和周本湘两位老师带实验课。贝老师讲课深入浅出，边绘图边讲解，同学都很喜欢听他的课。当然也有个别老师讲课呆板，照本宣讲，这就不如自己看书了。那时，医学院的有些课程和农学院同学合班上课，遇到这样的老师上课，有些调皮的同学就偷偷溜走了。那时有的教室是日本式的木结构矮房子，窗子不高，很容易跨窗而出；不过医学院同学一般比较守规矩，总是挨到下课。

贝时璋教授给我们讲"比较解剖学"的情景至今记忆犹新。贝教授进教室时，两只西服口袋中装满彩色粉笔，不带讲稿，没有废话，一上讲台就开门见山，直入正题。他虽然没有带挂图，但是贝教授的黑板绘图真是一流的，给我们的印象是比现在的挂图、投影片还容易接受，容易理解。贝教授是边讲解边绘图，双手齐用，左右开弓，一只手画图，一只手写字。我们听讲必须聚精会神，但这也是一种绝好的艺术享受。

注册证

我们至今仍完好地收藏着老浙大学生注册证，上面有一张学生时的照片，考入浙大医学院后入学第一次注册是 1946 年，最后一次注册是 1951 年 2 月 14 日。注册证的用处可大呢，每学期开学报到注册要用，领公费要用，借书要用，领物要用，购棉布要用。就是现在还要用，因为我们是老浙大的学生，这是最好的历史见证。

会徽的"妙用"

在此期间，我们还修了一门人类学，由吴定良教授上课。人类学系学生不多，只有两三个人而已，所以吸收我们班同学为人类学会会员，每人发一枚会徽，上面是一个骷髅的图案。这枚会徽还起过有趣的作用。那时杭州每星期天上午，各大影院免费招待军警，我们这些"丘九"也有冒充"丘八"混入电影院看电影的。这枚徽章上的图案使守门人也弄不清我们是什么底细，倒也不敢挡驾。这也说明在解放前夕，杭州的秩序是相当混乱的。

公费生

解放前，大学里设有公费制度，名义是救济困难学生，实际上却是按学生成绩评定。成绩好的可拿到公费，分甲、乙、丙三等。公费无固定等级差别，随成绩的变化而升降。每学期结束，教务处公布学生总分及下学期公费情况。训导处老师很明确地公开说，搞张家境清贫证还不容易！我们学校不行那套，我们只凭成绩。这倒也是鼓励学生奋发向上的竞争机制之一。徐含英第一学期拿的是丙等公费，以后即上升。一直到新中国成立，公费才取消。

掘荒冢，拾骨骼，自制教具

在老浙大，普通基础课没有专用教室。我们听完一堂课，在下课后不到十分钟的时间必须赶到另外一个教室去上课，这时候，是要跑着去的。有时，还需赶乘校车去华家池上课。

两年预科过去，1948 年，我们念医学院三年级时，即开始医学基础课。有一门人体解剖学课，由王仲侨教授授课，姜同喻老师辅导。医学院创办伊始，教具不多，我们又是第一届学生，教具需白手起家，自己解决。王教授动员我们自己想办法，骨骼标本就靠我们自己去采集。

我们商量好，在一个星期天清晨，先到王纯香的哥哥(在杭女中教书)处借工具，由他陪同一起到昭庆寺松木场一带(那时此地十分荒凉，荒冢垒垒)，并远远守望。王纯香和柯士钫两人就寻找无墓碑的荒坟。第一座小坟掘出来，看到一双穿红鞋的小脚，我们赶快逃走；第二座坟掘得零散的儿童骨头；第三座才发现一具不完整的成人骨头。我们像觅宝般一一收集起来。王纯香的哥哥看到后，忍不住连连恶心。我们却洋洋得意，胜利返校，并到男同学处去消毒，最后把胜利果实带回寝室，早晚拿着骨骼对照书本学习。

是利杜体，还是脏小点？

我们的寄生虫课是龚建章教授上的，黄大威先生负责实验课，常常以标本抽考我们。有一次抽考一张血片标本，高倍显微镜视野的指针前一小颗东西，柯士钫答 LD body(利杜体)，而同学们都答 nothing。在教室外大家议论开了，都说是血片上的脏东西或残余的血小板，柯士钫听后慌了。后来胡承洲老师叫柯士钫看第二遍时，柯士钫没有把握地附和大家的意见。最后，这却明明是一颗散在的黑热病病原体——利杜体。

这次留给同学们很深的印象：看标本要仔细，认准的事物要坚持，而绝不能随大流。

有了一所附属医院

医学院办起来了，没有一所附属医院也不行。解放后王季午院长从联合国救济总署争取到许多物资，包括医疗仪器设备等；又由李天助、杨松森教授等（李天助教授是原医学院筹备组成员）在田家园找到几间民房，买了下来，经过装修，就办起了浙大医院。浙大医学院附属医院开张之初，邀请杭州各界人士参观，我们学生都穿白大衣，担任招待和讲解员。大家看到自己医院的设备是杭州第一流的，心里真高兴，站了一整天，一点也不觉累。

医学临床课开始了，上临床课阶段，我们住在大学路，上课在田家园浙大医院，一天要来回奔波几次。特别是每天早上八时前必须赶到田家园。庆春路是必经之路。那时庆春路上早晨有一个奇景，就是庆春门外农民来城里给每家居民倒马桶，然后肩挑满担粪便去庆春门外。他们人多，又多集中在同一时间，所以排着队，川流不息，我们正好与他们擦肩而过。

那时给我们授课的，有内科王季午、郁和非和楼福庆教授，外科刘震华教授，泌尿外科王历耕教授，物理诊断赵易老师，实验诊断张鸿典、李志彬老师，眼科姜辛曼教授，耳鼻喉科梁树今老师，妇产科燕淑昭老师等。另外还聘请上海著名教授张发初、张沅昌、夏镇夷等五六位教授给我们授课。公共卫生的李方邕教授给我们留下深刻印象。他除给我们上课外，还带我们去许多地方看公共卫生设施。有一次中午不能回校，他自己掏钱给我们每人买了一份干粮。

半个世纪的回忆

杨竞衡*

报考浙大的无悔选择

1948 年暑假，我在广州培正中学高中毕业了。当我面临人生的一个重大的选择——报考哪一所大学时，说也奇怪，在众多的大学当中，我却偏偏对浙大情有独钟。其实当时对浙大的了解也是很模糊的，只是觉得它学风朴实严谨，师资雄厚，历史悠久，又地处西子湖畔，环境优美，是学知识、做学问的好地方。虽然北京的清华、上海的交大知名度也很高，但总觉得那里学生运动闹得太凶，恐怕安不下心来去读书。就这样，我毅然决定报考浙大了。当年在广州考区没有浙大的考点，最近的考区在武昌。我是冒着高温，长途跋涉，借住在珞珈山上武汉大学的一位朋友家中，去参加浙大的招生考试的。由于对自己太自信了，我只报考了一所大学，没想到那年浙大发榜比别的大学都晚，在广州一些大学已陆续开学了之后还没有收到录取通知书。我真是有点着急了，怀疑起浙大的门槛是否太高了。幸好不几天，录取通知书来了，我成了武汉考区录取的仅有的两名电机系学生之一。在校四年，经历了解放前夕的反饥饿、反内战斗争，迎接杭州解

* 杨竞衡(1947 级浙江大学电机系)，全国人大常委会委员。此文为纪念浙大建校 100 周年而做，刊登于 1997 年 4 月的浙大校报。

放的护校活动，解放后的勤工俭学，毕业前的思想改造等一系列政治运动和刻苦的学习、实验、实习、考试等严格的专业知识训练，我对浙大的认识，终于由模糊而明朗、由概念化而理性化了。我深感浙大的求是校风，严谨踏实、奋发进取、开拓创新的精神，融洽的师生关系，以及在国民党统治下的民主斗争的核心骨干作用等，是浙大得以雄踞全国著名高等学府之林的精髓所在。我以自己能成为一名浙大学子而骄傲、而自豪，我庆幸自己半个世纪前做出了一个无悔的选择。

民主革命思潮的政治启蒙

浙大校园并没有我想像的那样宁静，更不是政治斗争的世外桃源。入学不久，揭露和抗议国民党当局杀害费巩教授的大字报就贴满了各个布告栏，学生会主席于子三同学的神秘失踪激起了“还我于子三”的愤怒的呐喊。全国范围的“反饥饿、反内战”的浪潮在浙大校园中同样汹涌澎湃。一个一向在国民党统治区生活的青年人，突然闯入这样一个敢对国民党当局进行针锋相对斗争的陌生环境，一开始是吃惊，接着是深入的思考，然后是恍然有所悟，最后是积极的参与。当我举着小旗，跟着领队者喊着“反饥饿、反内战”的口号，情绪激昂地进行在游行队伍中时，我觉得自己正经历着一场政治的洗礼，一下子成熟了许多。后来，记不起从哪位同学手里借到了一本《新民主主义论》，我偷偷地一口气把它读完。毛泽东的这部经典著作，使我能站在全局的、历史发展的高度来看待当前所发生的一系列局部的斗争，眼界豁然开朗。我这以后入团、入党，革命人生观的建立，都与浙大这个“民主的堡垒”对我的政治启蒙有关。

学得基础知识的终生受惠

当时的浙大，是集理、工、农、医、文等多学科的综合大学，教材比较注意宽范围的基础教育，而不过分强调专业分工。当时电机系只有三个专业：电力、电机制造、无线电。我是学电机制造的，但也学了工业电子学、有线通信等弱电方面的一些科目，这就为日后分配到具体工作岗位时加强适应能力提供了前提。果不然，我并没有分配到电机制造部门，而是在电气传动领域一干就是三十多年。在这个工业自动控制领域中，技术的发展是十分迅速的，先后经历了三绕组电机控制、电机放大机控制、磁放大器控制、汞弧整流器控制、电力半导体控制、全数字控制、计算机控制等许多代变迁，但运用大学里学到的专业基础知识，通过工作上的自学与实践，大体上总还能跟得上技术的发展步伐。

我在机械部天津电气传动设计研究所先后担任研究室主任、副所长、总工程师职务多年，也还算称职，获得过全国科学大会颁布发的“先进工作者”称号，这都与在浙大学习在时打下的坚实而又较宽泛的理论基础有关。我认为：大学时在不宜学得太专，因为走向社会时的工作环境是很难做到完全学用一致的，而且科学技术也是不断发展和更新的。作为工科学生，学好一组宽范围的专业基础课程，加上较好的数学底子和一门熟练的外语，并注意在工作中加强自学，不断自我“充电”，就可以适应具体工作岗位上千差万别、日新月异的工程技术性的要求，把工作做好。

在校四年所学的全部课程中，最令我难以忘怀的是王国松教授开设的交流电路课，他当时是工学院院长，虽然工作很忙，但仍坚持亲自授课。他的课是我们最喜欢的课程，也是我们学得最扎实但又是最不费劲的一门课程。这得归功于他的一套非常成功的教学方法，渊博的知识和深入浅出的表达技巧。他的每节课开始时，总是先把上一节课的内容简短地回顾一下，把同学们相应的记忆细胞拉到了前台，然后开始讲新课。他很少用讲稿，通过在黑板上即时的绘图及生动的原理剖析，把复杂的、比较抽象的交流电原理讲解得一清二楚。一节课结束之前，再为大家归纳几点要领。这样的授课，明白易懂，记得牢，前后节课连贯系统，概念强。一个学期下来，用不着太费劲复习就可以考出好成绩，而且能运用自如。浙大的师资力量是非常雄厚的，既有留洋归国的学者，也有土生土长的教授，各有自己一套教学的方法。他们对学生都要求比较严，但与同学相处很融洽。在这样的学风、校风的熏陶下，大多数的同学都能学到一套真本领，在不同的工作岗位上，发挥着骨干作用，因此很受用人单位的欢迎。

校园生活的锤炼与熏陶

我们整个四年的学校生活都是在大学路校址中度过的。除了几幢教学楼好一些以外，宿舍可都是很陈旧的了。我们住的西斋，是带走廊的一溜平房，一屋四张上下铺双人床住八个人。与走廊相邻的一面是木板墙，没有采暖设备。冬天室内温度在零下好几度，早上起床，半夜解手，都是一场“战斗”。学生一律在没有坐椅的大食堂排队打饭，菠菜豆腐是最常见的菜，只有一月两次的打牙祭才能吃上顿荤菜。当时正处在新旧中国历史性转折之交，广大人民都还处在战乱之中，能够让我们安下心来继续学习已是天大的幸运了，因此，绝大多数的同学都很知足，很少有叫苦的。

由于全国各地解放的有先有后，当时还有相当一部分同学的家乡尚未解放，经济来源都有困难，我也是其中之一。学校为了帮助这部分同学解决经济困难，在1949年的寒假组织我们进行生产自救，我也报名参加了。在钱塘江畔、六和塔下，冒着凛冽寒风，我们把大块的石头敲成小块，用手推车推过钱塘江大桥，堆在岸边指定的地方。一天劳动下来，回到借住的之江大学的学生宿舍中时，一个个都累得直不起腰来了。可是看到那刚从“地下”转到“地上”的带队的党支部书记，他那瘦弱的身躯，却也坚持着与大家一起干，我们也就都咬着牙，坚持干下来了。真没有想到，这样的锻炼，却为“文革”时期应付“下放”的艰苦劳动打下了一定的基础。

学校的物质生活虽然艰苦，但精神生活却是丰富多彩的。在共青团、学生会的组织下，为同学们创造了许多可以自由参加的文化娱乐活动，如钢琴班、美术字班、京胡演奏班、“乌鸦”合唱团、周末音乐唱片欣赏会、周末舞会以及各种球队的比赛等等。每天中午和晚饭后，校园中都要播放几十分钟的轻音乐，图书馆，阅报室备有大量的图书报刊，也是同学们经常聚集的地方。我最喜欢参加周末音乐唱片欣赏会，它每次都有音乐系的老师或同学作音乐作品的讲解，然后播放，使我这个学工程的人也增添了一点音乐细胞。我的交谊舞也是大学里学会的。

多学科性综合大学，还有一个多学科知识交流的优势。同学之间日常交往中很自然地会谈及各自学科中的一些问题，这种跨专业知识的交流，对扩展一个人的知识视野是大有好处的。我也曾偷偷地看过医学系的尸体解剖实验，看他们怎样开颅、怎样开刀；也曾经旁听过其他系的一些课程，来拓展自己的视野。到了三四年级，承蒙同学们的厚爱，我还当选为学生会的文娱部长，参与了全校文体活动的组织与筹划工作，使我的组织工作能力也得到了一定的锻炼。毕业后，做了多年技术工作之后，因工作需要，组织上要我弃科从政，当了中共天津市委的科技部长，负责领导一方面的科技工作，与自己的专业完全对不上口了。但在这些工作岗位的转换过程中，我还是能够跟得上新工作的需要，较快地进入角色，想来也多少得益于这段校园生活的熏陶。

艰苦的校园生活，锤炼了我们的意志；丰富多彩的校园生活，陶冶了我们的情操。我认为，一个完整的大学教育过程，除了课堂的学习、考试、实验室的实验、社会生产现场的实习、必要的体力劳动、毕业论文的独立撰写与答辩等以外，还应该包括参加大学校园的群体生活和参与一些可能的社团公益活动等。这样培养出来的大学生，才有可能在未来的工作岗位中发挥出出众的作用。

从踏进浙大校园那一天算起，至今已近半个世纪了，但是那段生活的经历却依然历历在目、记忆犹新。浙大师长们的教导、同学们的相互激励、校园生活的熏陶，影响着我的一生。

铺路石

钟肇恒*

1950年初，杭州解放不久，经济还处在萧条之中。各个学校都有不少学生因经济困难，面临辍学的危险。为此，学校发起开展工读活动，以工养读。学生会成立了工读委员会，发动各系寻找门路——有的到华家池搞农垦，有的磨豆腐出卖，有的组织写作、翻译投稿赚稿费……后来打听到钱塘江南岸修公路需要石料。开采石矿、打石子可以赚钱，这可是个好机会。于是，一个全校性的“碎石工程”计划就逐渐形成了。

那时，我是浙大外文系的学生、工读委员，参加了这项工程的筹备工作和实施的全过程。

春节刚过，我就和化工系王加微骑车到钱塘江边调查。将台山、宝山、白塔岭都可以开采石头，而白塔岭距离钱江大桥最近，运输方便，就选中了这个地方。正当我们要返回时，突然响起警报，不久就来了国民党的飞机。那时刚解放，时有敌机前来袭扰，我们正处在大桥和闸口电厂这两个轰炸目标之间，十分危险，急忙在路边卧倒。此时，附近的高射炮阵地已向敌机猛烈开火。最近的一门炮就在我们身边的山坡上，炮声震耳欲聋，大地似乎也在颤抖。我们从未有过这样的经历，不免有些紧张。敌机飞得很高，没有俯冲，是水平投弹。投了两颗炸弹，一颗落在江中，激起了高高的水柱；另一颗却炸中了电厂，给全城带来了

* 钟肇恒(1946级浙江大学外国语系)，中国美术学院教授。

几个黑暗之夜。

而我们的“碎石工程”，就这样在炮火声中拉开了序幕。

接下来的各项准备工作还算顺利。先从市政府地政科查到了白塔岭的山主，是西太平巷冯家，老主人冯畅亭是民族资本家、光华火柴厂的创办人。我们登门拜访，主人听说是浙大学生“工读”要开采石头，满口答应，不取一分报酬。然后，通过管山人，我们找到了一位放炮炸石头的技师，讲定价钱，炸一方石头7升米。又到松木场正在开采的石矿场观摩学习，将必需的大小铁锤、铁锹、畚箕、手拉车等各种工具准备就绪。位于秦望山的之江大学离白塔岭较近，经过商谈，之大校方慨然允诺将东斋和西斋的顶楼借给工程队作宿舍。又和桥梁管理处以及守卫大桥的部队联系，他们对运石料过桥、防空安全等方面都表示给予支持。

2月26日，在学校大礼堂隆重举行工程誓师大会。会后，一支几百人的队伍打着旗子，推着装满工具的手车，从大学路出发，浩浩荡荡来到江边宿营。工程队的总负责人是电机系的袁英见，各项工作都由队务会议商议决定。下分6个中队，各队又分若干小组，各有队长、组长。制订了生产计划，每个中队负责完成18方碎石、8方石屑、6方黄泥。各个小组都订了劳动公约。另设施工、总务、生活与防空三个组，分管有关事宜。我和航空系丁惟坚负责生活和防空。

2月28日正式开工。放了几炮，轰下来许多大大小小的石块。力气大的同学抡起大铁锤将大石块砸开，其他人用小铁锤将石块按要求的规格打成“寸半子”或瓜子大的石屑。另有一支由十几辆手拉车组成的运输队，将石料运往江南。拉着一车沉重的石头爬几百米的上坡路，是最重的活了。一天干下来，姑娘们的手上都磨起了泡，健壮的小伙子也累得快趴下了。尽管如此，晚饭后大家还是在之江大学慎思堂前的大草坪上唱呀，跳呀，青春的活力驱走了疲劳。

“碎石工程”得到了全校的关注，各方支援纷至沓来。教授会和女同事会的代表带着几十捆甘蔗来慰问了。甘蔗分到各中队，大家在工地上连皮带泥大嚼。当看到穿着长袍、大衣的教授们也卷起衣袖坐到地上，拿起锤子和大家一起敲石子时，同学们都感动了。如果说教授们的支援主要是精神上的鼓励，那么几十位工友代表的到来则是真正的援助，使一些本已筋疲力尽的同学得到了喘息的机会。后来，之江大学的师生员工也为我们的艰苦劳动所感动，派出一批代表前来支援，还定做了几百只烧饼慰劳大家。为了鼓舞士气，工程队还在晚上组织中队联欢，互相拉唱，介绍各队的“劳动英雄”事迹。

浙大党支部书记、女作家陈学昭也到工地来看望大家。她身穿灰色列宁装，在寒风中向大家谆谆嘱咐："同学们，你们艰苦奋斗的精神是很可贵的。但是一定要注意身体啊，将来有许多大事等着你们去干呢！"她特别强调要做好防空工作。"出了问题可不得了啊！"

在这个工程中，我身为防空干事，深感责任重大，整天提心吊胆。我们在工地附近找到了一个小山坳和一片小树林，作为空袭时隐蔽的场所。确定了敌机来时各中队疏散的路线，规定了吹哨、敲锣等信号。可是，如果敌机来了，运石料的车正走在桥上，毫无隐蔽之处，那可怎么办呢？这是一个最伤脑筋的问题。在工地劳动的同学，起初听到警报时，还能按照计划分散隐蔽。后来为了赶任务，又不见飞机来，听到警报也不理会了。只能责成小组长负责，并由十几个团员组成纠察队。警报一响，强行疏散。总算老天保佑，在整个工程期间，虽然有过几次警报，敌机却没有光临。

天气不好的日子，不用担心空袭。但是和风霜雨雪作斗争也是够苦的。有一天，大家到桥头去运黄泥，大雨忽来，无处藏身，只能狂奔到附近的部队营房去避雨，衣服却已淋湿。解放军战士对我们这一群不速之客热情接待，又是送上热开水，又是拿来棉大衣让大家御寒，同学们的心里都感到暖洋洋的。

时值数九寒天，担心的事终于还是发生了——下雪了。积雪的道路泥泞不堪，结冰后更是其滑无比，运石料过桥难于上青天。恶劣的天气影响工程进度，而和公路段订的供料合同是有期限的。不得已，只能向学校求援，借来一辆卡车帮助运输。这辆车是烧木炭的老爷车，老是抛锚。身兼车辆管理处主任的体育教授舒鸿曾担任奥运会篮球裁判，此时也亲自开着吉普车前来指导修车。汽车过桥要交过桥费，为了省钱，卡车常常停在桥南公路边过夜。到了早晨，汽车发动机冻住了，又得生一盆炭火来烤它。每天夜里要派两个人在车上看守，有一次，我和俄文组张辅乐背着棉被去值班守车，带去的晚饭都冰冷了。附近的解放军战士见状，忙给我们送来热水，他们的年龄其实和我们差不多大，真有亲如兄弟的感觉。卡车上过夜要临时搭帐篷，桥头的风大，我们两人手忙脚乱，撑得东来西又倒，帐篷也搭不起来。又是解放军战士赶来帮忙，才将帐篷搭好。夜间，呼啸的北风还是会从缝里吹进来，直向被窝里钻。南来北往的汽车隆隆声，通宵不绝于耳。真是难忘的一夜。早晨起来，发现车站小屋墙上贴着一张纸，原来是桥头哨所的战士写给"浙江大学学生同志"的一封信，表达了对我们艰苦精神的赞扬和敬佩之情。

经过半个多月的苦战，终于完成任务。大家拖着疲惫的身子，脸上挂着胜利的笑容，打着"凯旋返校"的横幅，敲锣打鼓回到市区。校门口早已等候着欢迎的教职工和留校同学，女同学们已组织了"洗衣队"为我们洗衣服，基督教学生公社的理发室特别优待为大家理发。"碎石工程"为不少同学解决了经济困难，也磨炼了我们不怕艰难困苦的意志；发扬了同学间兄弟姐妹团结、友爱、互助的精神，锻炼提高了组织办事的能力。

还记得那年的元宵节是在劳动中度过的。那天晚上，我和一些同学到山上赏月。一轮冷月当空，寒气袭人。江水漫漫，对岸远处闪烁着几星灯火。多美的景色！不知是谁说了一句："明年今日会是怎样？"大家正在沉思，一位女同学接着说："几十年后又将如何？"那时我们对未来都有着一种模模糊糊的、谁也说不清的憧憬。转眼间，半个多世纪过去了。那个元宵之夜提出的问题早已有了答案，美丽的憧憬已经成为现实。

几十年来，每当我从钱江南岸经过时，眼前总会浮现起一幕幕热火朝天的劳动情景。总会想起，在那宽阔平坦的公路路面下，还铺垫着我们当年运去的石子。

难忘浙大　感激浙大

林乾良*

日月如梭，光阴似箭。五十六年过去了，而我刚进浙江大学的那段日子却还犹如昨日一般，它将永远铭刻在我的脑海中。

我是福建福州人，幼年失怙，家道赤贫，赖寡母作苦力扶养我长大。1950年，我已考取福建医学院并报到入学了。后来，全国招生又发榜，好朋友赶着来告诉我："你考取浙江大学医学院了！"年轻人自有一股冲劲，宛如刚长硬翅膀的雄鹰一心只想展翅高飞，翱翔于九霄云外。于是，经过许多周折，主要是母亲的劝说、三十一万元路费的筹集（万元等于改制后的一元）与七天的漫长旅途。等到我来到浙大校门前时，学校里已经开学十来天了。

我刚想抬脚进校，门卫就把我拦住了。那时的我，十足是个丑小鸭。由于家贫导致营养不良，十八岁的我像个毛孩子。临行，妈给了我一双由她自己手制的新布鞋。可到校时正下着雨，我舍不得穿，赤着脚。已到秋凉了，我还是短衫裤，而且相当破旧。我说我是新生，门卫们怎么也不信。说是新生早已报到开学了。无奈，我只得出示入学通知书，并告知长途七天（除了飞机，三种主要交通工具都乘过了）才到。他们问："行李呢？"我摘下挎包说："都在这里了。"门卫们的表情很古怪，我也分不出是讪笑还是好奇。下午，我就到教务处办理各种手续。后来才知

* 林乾良（1950级浙江大学医学系），浙江中医大学教授。

道，那就是浙大的前身——求是书院。如今，我就住在校宅旁边，可说是朝夕相见，也真是有缘了。

第一次上课是分析化学实验。由于我既没听过教授的正课，也没听过助教的实验要领，和同实验台的同学也是初会，所以根本插不上手。而前一台的同学较熟练（不少同学已在他校学过一年甚至两年了），已经出现滴定变色了，我真是完全被吸引住了。这时，有人在我前臂上拍了一下，我没在意；接着又是较重的一下，我还没反应。于是，那人生气了，很重地敲了我一下。我回过头来一看，是位穿旧蓝长衫的老先生，留着短胡子。他气呼呼地问我："怎么不做实验？"我只得解释说，因为昨天刚从福建来杭。我们在一旁谈了几句，他老人家气才消了，又把助教叫来，要他个别辅导我。两节课后，我刚要离开实验室，助教来请我一道去，原来那位老先生竟是半微量定性分析化学的全国泰斗丁绪贤教授。丁老师和气地让我坐下，问了我几个化学的一般问题。见我居然有问必答，十分高兴，严肃的脸上绽出微笑，鼓励我好好学习。临了，他老人家站起来正式为刚才的重敲向我道歉，并说有什么事可以直接来找他。从此，我和丁教授就有了非同一般的师生关系，后来又和他的小儿子丁光生（曾任上海药物所所长）成了朋友。丁教授晚年住在刀茅巷的浙大宿舍，和我的工作单位浙江中医学院很近，我经常前去照看。他和夫人陈淑都是我国早期出洋留学的人，不但功成名就而且同享遐龄，真是难得。

浙江大学医学院校门

入学一星期左右，有老师来通知我下午到教务处去，说教务长要见我。去了后，才知道他是著名的数学家苏步青。苏老师非常和气，还一定要我坐下来谈。他说："我听说浙大来了个赤脚大学生，想找你来谈谈。"他知道了我的身世后，并问我有何才艺，愿意从各方面帮助我，鼓励我努力学习。得知我在中学里不但成绩好而且绘画、音乐、戏剧、文学都不错后，他给我写了三张条子，一是给解剖学王仲侨教授，建议参与挂图的绘制，此事因我还未修毕该课而未果；二是给学生会文娱部，后来我就参加该部工作；三是给子三学社，因其他工读项目都已经有人了，我只好参加理发室工作。水电、设备免费提供，每理个发净收五分钱，每周值班半天。对于苏教务长的关怀，我一直铭刻在心。三十四年后，二女林聪报考复旦大学生物化学专业，可发榜时变成微生物专业，她闹着不依。我听说苏老是复旦大学的校长，就给他老人家写了封信申诉其事，并回忆当年。当时我只抱一两分希望，结果则是意外的圆满。

关于学生会文娱部的工作，我有很多美好的回忆。音乐方面最突出，后文另述。在抗美援朝时，学生自编活报剧上街演出。其中有个剧是我自编、自导、自演的，拉来同演的大多数是同班同学。演出时市报有个记者随行，给我们拍照，还特意放大一张送我。戏里，我演李承晚，金宏义演美国佬（只见帽子，他当了多年浙江医院院长），杜国光（北医生化教授）与马正中（北京医院病理科主任，只见背影）演中、朝人民。后来，京剧社排活报剧时缺少了一个矮胖子演李承晚，就硬拉我参加。可我那时根本不懂京剧，好在只有两句话、一句唱，现学现演居然也对付下来了。由于是文娱部干事，经常有机会参加中外各种演出。最使我难忘的是，在庆祝中苏友好条约签订时，苏联曾派了红旗歌舞团等四个文艺团体来华，都到过杭州，我看了全部的节目。特别是苏联国家艺术团的演出，全部是世界超一流的大师。如乌兰诺娃的芭蕾舞与米哈伊诺夫唱的《伏尔加船夫曲》等，都可称“前无古人，后无来者”了。

由于我家境贫寒，入学时又瘦又矮。感激政府与母校，那时相当九元的伙食对我来说已是好得超乎想像了，于是，我就很快长胖了，理论上，十八岁的我应该骨骼端钙化而不再长高，实际上，入学后由于营养好，我的确长高了不少。按我入学时的体形，是根本不适合演李承晚。那时，大学生只供伙食。过了两三年，对无经济来源者还可以申请衣物。我的第一件棉衣、第一条新棉被都是国家给的，至今想起来还不禁令我泪盈于睫。浙江大学，我的母校，您的深恩，我当时刻铭记，代代相传。

浙大的校训，也对我影响很大。“求是”是秉承百年前求是书院的精神，它不但体现在学术上而且决定了对国家、社会以至世界的态度。竺可桢校长曾作“求是精度与牺牲精神”的演讲，阐发得十分精辟。在抗日战争与解放战争中，浙大师生都能站在人民一边，才能荣获“民主堡垒”的赞誉。师生都对科学有献身精神，励志苦学，生活朴素，对人诚恳有爱心。像我这样的丑小鸭，从未受到师生的鄙视，反而备受关爱。由于社团活动蓬勃开展，使得校园生活丰富多彩。我平生第一次学跳交谊舞，现在想起来还觉得十分好笑。由于学生讲究德智体全面发展，我每天早晨以广播操作预备，长跑作锻炼，打篮球作娱乐的三部曲，在我毕业后还沿袭过好些年。

我对文艺有多方面的爱好，尤其是音乐在浙大时有很大的发展。在中学里我就曾尝试过作曲，这是解放前的事了。进浙大后有一个学分的选修课，我就选了杨增慧老师的音乐欣赏。有一次杨老师有事，由当时是研究生的毛昭晰来代课，后来我们成了老朋友，并同是西泠印社社员。浙大歌咏队是全校性的，各系部、班级另有中、小型的歌咏队。我不但参加浙大歌咏队，并且还是当年唯一的学生作曲者。我曾把"萌芽"的作曲请教沈思岩教授，他并不以拙劣而耻笑我，反而诚恳地指出我的不足。他借书给我看，并让我不定期地到他住在哈同花园（今新平湖秋月处）的宿舍去，以便指导我作曲。我曾在上海大公报上发表过歌曲（自己写词），收到五万元稿费。虽说只相当是五元钱，在我已是笔大收入（足有半个多月的伙食费）。从稿费通知书可知时间是 1951 年 5 月。在抗美援朝时，我曾在《杭州歌曲》上发表过许多歌曲，受到市团委的表扬。现在搞政治的人多不相信在"三反"与"五反"之间有过"四反"，可我能提出确证。有一天早晨，沈教授叫我去，说是某领导要他写个《四反歌》来配合运动，他实是无意于此而又不能推辞，就把任务交给我了。连词带曲，隔天下午就要。我当天忙到凌晨，终于写成。交稿时，沈教授听我唱一遍后居然脸上有了笑容，并说了声："难为您了。"

写了半天，大多是专业以外的事。专业方面我也说一句。由于是综合性大学，即使是基础课任课教师也多是国内外一流的学者。就拿我的亲身经历来说：化学是丁绪贤教授，中文第一本《半微量定性分析》就是他著的；物理是丁绪宝教授，是丁绪贤的兄长；生物是后来的杭大校长江希明；组织胚胎是元老级教授蔡堡；解剖是后来的医大校长王仲侨；生化则是刚冲破万难从美国回来的科学家沈善炯。名师出高徒，再加上学生入学的高质量与刻苦学习的校风，人才辈出就不足为奇了。

与“化自”一起成长

王骥程*

1953年我在浙大化工系读研究生，毕业后留校当教师，前些年先后担任过物化和化工原理的助教和化工原理实验室主任。从1956年起伴随着“化自”专业的筹建、成立、发展、壮大之路走了过来，半个多世纪的往事太多太多。有一些经历，我实在难以忘怀，这里也只能摘其点滴。

创办专业是“一面倒”，学习苏联办学的做法，教育部希望浙大办一个苏联译名为“仪表测量与远距离操纵”的专业。学校授意电机系与化工系慎重研究。在专业基础课中，电类课程较多，但“化工原理”也被纳入，专业课中有调节原理课，化工系教师一般都不大了解这门课程，当时挂靠在化机专业的筹备小组，请教了王仁东先生，他直率地说此课他可担当。1956年教育部将此专业正式名为“化学生产的操纵及检验仪器”，简称“化仪”。为此原归电机系下属的专业改属了化工系。几年后全国同类专业负责人召开的会议上认为用“化自”取代“化仪”能更好反映专业的性质，这就是长久简称为“化自”专业的由来。

第一届专业招生前夕，专业教师队伍并未形成，因此大家深感压力巨大。归属之变也引发了第一届新生的“专业思想”问题。按学校规定新生入学有一次“专业介绍”，这一任务落在我的肩上。为此，我专程去“南京永利宁化工厂”参观学习，并邀请

---

* 王骥程，浙江大学教授，浙大工控所第一代学科带头人。

厂仪表车间工程师来校。先请他介绍，后由我作补充发言，介绍完后征询同学们还有什么问题。那时班上有一位同学，微笑着问我："老师！听了你的介绍，专业搞的是一些区区小仪表！我的志愿是想读电类专业，在长江三峡筑水坝，用长江水发电造福人民啊！"接着他又问："本专业有教授吗？老师你还不足三十岁吧？"我听懂了他的话中意思。我没有生气，深感他是一位有远大志向的好学生。我想同学们对学校和教师有高要求是对的，我们不能误人子弟，一定要尽力办好专业。事实是我们师生在共同努力中一起成长，那位发言同学，毕业后热爱"化自"专业，毕生献身于"化自"工作，现在连他的儿子也在从事"现代化自"工作。这位同学名叫王文琦，我与他至今保持着联系，有着浓厚的师生情。

通过那次与他的对话，我发觉了有两方面问题：

(1)学生们考入浙大，既有对电类专业的爱好，又以比化工系入学门槛要高的分数考入，如今却划归化工系管，感觉亏啦。

(2)创办新专业需有教授、专家这样的师资队伍，让同学们放心能够学到有用知识。尽快建立一支高素质的专业的教职工队伍也是学校十分关心的事。我明白必须努力迅速提高自己的业务水平，与当前有关的教学工作相结合是有效的方法之一。我想到了可为化机专业开一门选修课——仪表与自动化，通过编教材、建实验装置将是提前引领自己进入"化自"领域的起步。但那时正值化工系从老校搬迁在即，万事开头难，于是在老化工原理实验室侧，我与王静熙共同建起一个小型实验室。其中有一套气动液位调节装置，调节器购自德国，它具有 PID 功能。通过自学和安装，我深切体会到理论与实践相结合的成功和乐趣，从而更加热爱"化自"，并毕生相伴。

1957 年开始，浙大"化自"在培养一支高素质专业队伍方面有了重大进展，除原有的林新民、李海青、王静熙和我外，分来了应届毕业的顾钟文、赵宝珍、沈平、陈鸿深等人。师资队伍壮大了，实验室建设与教育中的课程建设得以逐步在玉泉校区生根落实。与此同时，国家在北京由中科院、清华大学、东北工学院联合举办的一期面向全国的自动化进修班开办了，这是一次绝好机会。学校决定派李海青和我去参加学习，虽然那段时间正值"鸣放反右"，但毕竟使我们补学了一些重要的自动化专业基础课程知识。

1958 年我奉浙大校长刘丹之命，去见已全家抵京住在前门外教育部招待所内的周先生，我代表学校和化工系领导欢迎周先生和刘先生早日赴杭来浙大上任。周先生告诉我，他因受中科院自动化团队赴东北考察之邀，结束后才能来浙大上任。周先生到杭后，为了适应办学和当时政治形势，浙大成立了一个由周先生、顾钟文和我三人为核心的化自教研室。我们每逢周末晚开会，往往讨论教学问题至深夜方罢。

浙江大学化工自动化专业创建五十周年庆

在专业创办过程中,专业教材和专业实验室建设非常重要。前者总体说来是采取一人负责、数人共同参与的办法。专业教材有两本,即《控制原理》与《控制工程》。就《控制工程》一书来说应尽可能用理论来指引工程的实施。由于专业成长发展很快,教材也几经更新,我们的《化工过程控制工程》(第二版)获得了"化工部优秀教材一等奖"。浙大编写的两本专业教材,成为全国同类专业采用的教科书和工程应用的重要参考用书。

至于自动化实验室,通过师生和实验室工作者的共同努力,建成了如流量调节(比值、均匀),液位调节(三水槽串联),反应器调节(纯滞后影响),温度调节(常规、前馈),气压调节(三罐串联)等,还为学生们提供了门类多、具有典型和普遍性的常规调控装置。实验室成为同学们能亲自获得实践知识的场所,从而较好地做到了理论与实践相结合。祝和云、陆建中都讲过工程原理课并指导同学做实验,深受同学们的欢迎。自动化实验室建成后,一度全国同类专业来杭参观交流的同行络绎不绝。

"文化大革命"开始,教育上大批修正主义教育的危害。某天在教四楼下贴出一张"周王庙"大字报,"周王庙"本是沪杭铁路线上的一个小站名,这是实指周春晖和王骥程两人。运动发展很快,我深感无法跟上形势,但内心有一条底线,即实事求是,不做违心事。因此在批判修正主义教育路线时,我没写过一张大字报。当时曾有工宣队领导找我谈话:"只要你向上揭发,就可以解放你",但我没违心去做。

长期搞运动不上课毕竟不是办法,我们终于盼到了复课。一天突然有人通知我，要在十天内复课，为1970级工农兵同学上化工原理课。十多年不摸此书，而我仍属批判对象，怎么办呢？我热爱教学，于是昼夜紧急备课，才得以按期为同学们上课。记得在讲传热时，我先提问同学们可知道用体温计在口腔里测体温，医生说的含上三分钟是什么道理吗？我提问为的目的是引入稳态与动态的概念，如果近似为一阶对象，知道其时间常数，就不需要三分钟了。以此引起学生们兴趣，把“自控”与“化工原理”互相沟通，也显现学好基础课对学好专业的重要性。后来教改小分队专业连队成立了，把基础课、专业基础课和专业课的教师组合在一个小分队里，课程像包产到户那样去完成。记得有一次，专业数学教师叶显篪突然生病无人上课，不得已我成了代课教师，好在通过边学叶老师的教材边教的艰难历程，终于顺利完成任务。在专业教育过程中，我先后涉足过专业数学课、化工原理课、控制工程课、专业外语课、下厂实习、毕业环节及后期指导研究生等，从上一门化工动态学到过程动态建模等多门选修课尝到了教师岗位的艰辛与欢乐。

十一届三中全会后提出了改革开放方针，专业要发展必须跟上科技发展前沿。科技无国界，必须要与国际交流、接轨。于是外语成为信息获得和交流的重要工具，英语不再被歧视，以外语为工具拓展国际交流尤显重要。以下是我在国际交流过程中亲历的一些趣事。

(1) 美国专家来校讲学

1982年“化自”请美国里海大学著名的化工自动化专家W.L.Luyben教授来浙大讲学两周。国门初开，想听专家讲学的人众多，那时我担任教研室主任，周先生担任副校长之职。在专家即将来中国前，周先生告诉我，他无法出任翻译，因为专业翻译非生活翻译所能替代，不得已从未担任过翻译的我，像赶鸭子上架那样仓促上阵了，专家来前没有任何涉及报告内容的材料，无奈之下，我抓紧查阅了他近期发表在有关期刊上的文章。1981年，我曾赴加拿大参加“第二届国际化学工程会议”(每五年举行一次)，并在会上宣读论文。因途经美国纽约转赴加拿大蒙特利尔前，曾顺访里海大学与Luyben有过一面之交。我决定当他到北京时去接他，并利用陪同经上海来杭的三天时间内争取多一些相互磨合的机会。我坦诚地告诉他我无翻译经历，希望他讲课时尽量用简单句，便于我能正确翻译成中文。同时我又请周先生多来听讲，若翻译有误时请当场指出，以便及时改正。开讲那天听讲的客人、师生挤满了一个大教室，台前、台侧放有不少录音机，这大大增加了对我的压力，幸运的是我总算圆满地完成了这项任务，也提高了我与外国专家交流的信心。后来我有了公派赴美做一年访问学者的机会，只要申请者符合条件并能为对方所接受即可。在我处于“困境”状态下，突然想起了Luyben所在的里海大学，因1982年我当过他来华讲学的翻译,他了解我,于是我给他写了一封信,询问可否接纳我作为中国公派里海大学的访问学者。很快我收到了里海大学的邀请函,终于1984年我获得了访美一年的机会。在美期间,我从教学与科研两方面做了一些工作。前者,Luyben把他正在为学生上的过程控制课,让我上台讲两周,获得了学生和他的认可;后者是在出国前已想好的"简歇精馏的优化操作"课题。要做科研当然离不开电脑,当时我几近电脑盲,行前请教过王树青。去美后Luyben已为我预付了上机运算费,情深义重,令人难忘。

(2) 德才兼备的日本学者

高松武一郎是日本京都大学化工系的名教授,曾任日本化工学会会长,我与他结下了良好而长期的友谊。事情还得从我国实施改革开放政策之初说起,某年炎夏一组日本大学教授访问团来浙大访问,学校临时通知我去参加由刘丹同志主持的座谈会。先由刘丹同志致欢迎词,希望大家通过交谈相互学习。我清楚地记得,采用老规矩,不论季节,"有朋自远方来",工作人员都用开水为客人各泡一杯热茶。客人们见状笑笑,随后有人示意可否给一点冷饮料。但那时冰箱、空调尚属稀物,因此无法提供冷饮。顷刻时会场无人发言而凸显冷静。情急之下,我用英语作了自我介绍,诉述最近阅读过一本由高松武一郎先生所写的有关系统工程和自动化方面的书,受益匪浅。我用日语表述了作者的名字。瞬间会场活跃起来,有一位东京大学从事航空工程方面的教授对我说,这次高松先生未来参团,但他可以把我讲的情况转告高松先生。过了一段时间,我突然收到日本来信,一看是高松先生用英文写的信,中心思想是谢谢我读了他的著作,并表态今后我若有什么问题和需求,可大胆地给他写信,不必犹豫。在近二十五年时间里,的确他为我们办了许多好事,如我受邀请访问了京都大学;他也来浙大讲学;1986年以高松与我联合培养的方式,我推荐褚健赴日本京都大学攻博,所需费用经高松帮忙申请,最终全由日本文部省提供。褚健也以骄人成绩被高松教授评为"他是留学生中成绩最好的一位"。褚健去国外深造是我主动向他提出来的,因为他开始读博时,共有四名同级生由不同老师指导,可只有两个名额可以公派,他未被列入,我心有"歉意"。由于他的学成归国,如今他在教育和办公司多方面做出了巨大贡献,因此我总不忘高松先生的情意。1989年,我去荷兰参加"国际自控联简歇过程IFAC DYCORD'89"会议,临行前遇到了国家外汇困难,我遇到将无法前赴欧洲的困境。高松先生在了解此情况后,慷慨解囊为我支付了往返费用。这是多么可贵的国际友情呀!2004年4月是他八十大寿。因为1994年我在韩国参加第五届"IFAC PSE'94国际执委成员会"时,大会主席团为他的七十寿辰祝福,并宣布他将退出主席团领导工作,给我留下了深刻记忆。为此我特地给他

寄去一封贺信,完全用中文书写,并附对联一副:

寿比南山不老松,福如东海长流水。

这是我唯一一次对外国人以全中文书写的信,因为我感到只能用我们伟大的母语来表述心中的感情。高松给了我一封回信,用英文表述了他对我的谢意。这也证明了他还是看懂了信的意思,领会了这份情谊。

(3) 开展双边学术交流

中韩两国共同发起于1996年创建的"首届韩、中系统工程联合会",先按一年一次,后改为两年一次的学术会议进行至今已延续了十年,它是按序、按期轮流在各自国内举办,其宗旨是:参会者来自中韩两国,将有充分的机会相互交流在这领域中的心得、体会和经验。联合会议办得十分成功。但我得坦诚承认1994年我与褚健赴韩参加"IFAC PSE'94"会议,会后首尔大学的En Sup Yoon教授提了一个建议,是否可像韩日两国业已建立的"系统工程联合会议"那样,在韩中两国间建立类似的学术交流会。当时我的第一反应是"不敢,不能"。即谁来负责?费用开支哪里来?我佩服褚健的胆识,他说:"好的,承诺下来吧!"我又担心1996年我的退休期已近,即使延长回聘,说话也难以兑现呀!但是当想到中控公司和褚健的承诺,既有经济后台,又想到工控所有一支团结合作的王树青、荣冈等老中青队伍,他们为人正派,工作能力强,一定会把中韩两国系统工程学术会议办得愈来愈好。后来事实也证明这一学双边会议至今已在中韩两国间举办了六次,参加的人数双方愈来愈多,也为在读的研究生创造了发表论文、参加小型国际交流的机会。我记得第一次会议是在首尔(汉城)举行,我作为中方主席发了言,在结束语中结尾有一段话,大意是:

"我们的责任是要建立起一座友谊大桥,我们的两国会议却似大桥中的主梁之一,你们赞同我所说的吗?"

1996年,我应德国柏林工业大学Wozny教授的邀请访问柏林工业大学。事情的起因是我们昔日的研究生李浦毕业后赴德读博,由于他的勤奋和成绩出色,成为Wozny的得力助手,使Wozny对浙大"化自"办学水平刮目相看,颇想建立柏林工业大学与浙大在控制科学与工程方面的长期合作,包括互派留学生、交流科研成果等。同样由于1996年我将退休,虽可回聘几年,但难以独自表态呀!我告诉他我们有许多老中青颇有成就的师资队伍,我建议他来浙大访问,了解详情后再签订合作协议。令人高兴的是先控所的王树青教授已于1999年代表中方与德方签订了长期合作计划,并建立了OptNet国际合作项目,至今已派出联合培养博士生五名,并都已学成回国。2003年,浙江大学还聘请Wozny教授为客座教授。

总的来说,开展国际交流,走出国门学习、工作使浙大"化自"享誉国内外。除了前面提到的与国外学者建立了很好友谊的事例,下面还应提到:

户刈吉孝是日本名古屋大学教授。我与他第一次相识是在1986年东京召开的第三届化学工程世界会议上,因各自发表论文而相识。是他邀请了荣冈作为访问学者,他还接收化自1975级倪国屏同学在他的学校攻读硕士学位。2004年他重访浙大,知道我患病在家时,特意看望并邀请我赴日作温泉疗养。

吕荣九是韩国汉阳大学教授。第一次见面是在荷兰的"IFAC DYCORD '89"会议上。某天会议结束后,我们再次相遇在公交汽车站上,很明显他是亚裔。我用英语打招呼问他来自何国,他说是韩国人。后来再在韩国多次开会时相遇,相互都很快乐,友谊至今保持着。更有意思的是2003年中国出现了"非典"流行,是他为王树青、褚健和我寄来韩国有名的"辣泡菜",告诉我们这在韩国是防"非典"的好药。2003年我患病动手术,他闻讯后写信给我,要我有战胜疾病的信心。

是的,半个世纪是一段漫长的人生岁月,我有幸成为"化自"创办人之一,非常愉快。当老师真好,我的体会是除了对学生传授知识以外,还应以自己的行为示范怎样做人。逢事我常常设身处地地想想我该做出的言行,做对了就自然会享受到唯教师独有的"桃李满天下"的回馈之乐!

保卫灵隐禅寺

马大观*

灵隐寺告急

1966年8月20日，北京打响了“破四旧”的第一枪。以中学生为主的红卫兵走上街头，张贴大字报，集会，发表演说，散发关于破四旧的传单——《向世界宣战》。

当天傍晚，挂了七十多年的“全聚德”招牌被砸了个稀巴烂；“亨德利钟表店”牌子被砸了；“顺昌服装店”的牌子砸了；位于琉璃厂的“荣宝斋”的橱窗贴上一张醒目的大字报，标题为“砸烂荣宝斋”。“荣宝斋”在劫难逃，命在旦夕……

1966年8月23日，杭州的红卫兵也开始向所谓“封、资、修”的所有目标开战。西泠桥旁的苏小小墓被扒平；乾隆皇帝御笔手书的“西湖十景”石碑被砸烂；黄龙洞、净寺、岳王庙等众多历史文化遗迹接连被破坏。

岳王庙被砸，当时在杭城引起不小的震动。因为岳飞的功绩彪炳千古，他的英雄形象早已经根植于天下百姓的心中。鉴于当时严酷的政治环境，杭州市民们虽然愤愤不平，但都敢怒不敢言。

* 马大观(1962级浙江大学机械系铸造专业)，保卫灵隐禅寺的亲历者。文章编者作了删改。

和全国各高等院校一样，本应该是放暑假的时节，却因为轰轰烈烈的“文化大革命”的烈焰刚刚被点燃，浙大的全体师生一个也没有走，准确地说，一个也不敢离开学校。数以万计的学生和教职员工自觉或不自觉地被拖入到这场旷日持久的运动之中。

“文革”运动开始不久，浙江大学学校的领导权力已几乎处于真空状态。由于校党委所谓的对“文化大革命”运动的不理解，打压了革命群众被靠边站；取而代之的省委工作组也因“落后”形势，“背离”革命路线正处于进退维谷的困境。尽管整个浙大校园里铺天盖地的大字报口诛笔伐声讨“四旧”的条条罪状，但是在对待“名胜古迹是否属于四旧”这个问题上，浙江大学的学子们却比其他院校的学生们多了几分冷静和思考。大家都怀着不同的心情和抱着不同的态度静观杭城红卫兵“破四旧”中的种种劣迹。

8 月 23 日晚上，浙大机械系铸造专业 1962 级一班住校的学生主动集聚在一起，认真地倾听了几个杭州籍同学介绍红卫兵在杭州城内“破四旧”的情况。当听到黄龙洞被砸、净寺被砸、岳王庙被砸的消息后，大家意识到形势的严峻。同学们的表情一下子变得严肃起来了，会场是一片让人窒息的沉寂。根据当时红卫兵“破四旧”的势头，大家分析“破四旧”下一个目标一定会是“灵隐寺”。会场内的气氛骤然变得紧张起来。接下来大家就“灵隐寺究竟是不是四旧”进行了激烈的争论。最后大家一致认为，尽管灵隐寺内有许多是属于“四旧”的东西，但是就灵隐寺整体而言，它是劳动人民的智慧结晶，是人类文化艺术宝库中的瑰宝，我们没有理由，也无权轻率地将它毁坏。这是在当时的客观形势下同学们最简单，也是最朴素的想法。最后有几位同学自告奋勇，决定明早先到远离学校的灵隐寺看看再说。

第二天清早，周城镐和林成孚同学步行穿越玉泉旁的杭州植物园向灵隐寺出发，他们在灵隐路洪春桥站搭上开往灵隐寺的 7 路公共汽车直达灵隐寺。

清晨的灵隐寺没有一个游人，气势恢弘的殿宇正沉浸在一片淡淡的晨雾之中，泉水的淙淙声和鸟儿的啁啾声把环境衬托得更加幽静。灵隐寺内的大部分和尚在“文革”一开始就已经被遣散，仅留下几个体弱的老僧守门，灵隐寺早就成了空寂的寺院。

天王殿是灵隐寺山门内第一重殿，此时正门紧闭，只有东西两边的侧门依旧洞开。周、林两位同学经侧门穿过天王殿，直奔大雄宝殿。巍巍的大雄宝殿，重建于清光绪末年，属单层三重檐式的建筑艺术风格，是中国寺院建筑中极有价值的历史遗产。

周、林两同学走出大雄宝殿重新进入天王殿，忽然感到天王殿内的气氛与原先有些不同。放眼看去，猛然发现有三四名中学生模样的年轻人在殿内转悠，其中一个人手执长棍东敲西击。一个远离他们站着的老僧，用疑惑和惊恐的目光盯着这几位居心叵测的不速之客的一举一动。周、林两同学从那几位年轻人的举止判断，他们肯定不是善者，他们很有可能是前来打探的红卫兵探哨。

就在周、林两同学走出天王殿时，远见从灵隐寺山门外壑雷亭方向走来一队中学生红卫兵，约二十余人。他们身穿军装，腰束皮带，个个显得器宇轩昂、神采飞扬。在“××中学红卫兵”旗帜的招引下，队伍在天王殿前的台阶下列队停下。此时，人们终于看清了，队伍中有的人拿着棍棒，有的人拿着铁锹，还有的人拿着绳索。这些红卫兵来砸殿是毫无疑问的了。当时，这支小分队并没有动手，像是在等待后面大部队的到来。

力量上的悬殊是显而易见的，周、林两位同学心急如焚。就在这紧急关头，他们忽然看见从壑雷亭方向疾步跑来一队人马。定睛一看，居然是浙江大学的学生，其中大部分是同班的同学，这令周、林两同学大喜过望。跑步前进的后来者中有人高声喊道：“同学们，赶紧把通向大殿内的侧门关上！”立刻有七八个同学直奔天王殿东、西两侧的入口处，拉上原先隐藏在墙后的两扇坚固的铁栅栏门。此时，不知从那里冒出几个行动巍巍颤颤的老和尚，忙不迭地给同学们递上两把沉沉的大铁锁。就是那一声振聋发聩的叫喊，大殿才有了坚固的设防，暂时把破坏者们阻挡在大殿的外边，为后来增援灵隐寺的浙江大学数千名师生的到达赢得了宝贵的时间。

列队在大殿台阶下的红卫兵们目击大学生们闪电般的动作，先是一愣。当他们意识到问题的严重性时，天王殿的所有入口都已经被挡死了，想闯入大殿已经不是那么轻而易举的事了。红卫兵的队伍开始骚动起来，他们准备向大殿发起冲击。此时，大学生们也不由自主地汇聚在一起，在天王殿“云林禅寺”大匾额下的台阶上列成一排，大家手牵着手，筑成一道“人墙”，阻挡红卫兵的冲击。

当他们知道阻挡他们行动的对手是浙江大学的大学生时，红卫兵的阵脚有些慌乱了。因为，在“文革”初期浙江大学师生的革命激情和气势闻名杭城，在学生界中享有很高的威信。加上大学生无论在个头和身体素质上都远远胜过这些中学生，中学生始终没有能够突破这道人体构筑的“护墙”。双方处于僵持不下的状态。

“我们要辩论”

守护在天王殿外的浙大学生们心中明白，要是中学生红卫兵的大队人马来了，这堵“人墙”将不堪一击。有人提议，应该尽快到学校搬救兵。派人回学校显然不行,因为路途太遥远。要是附近有电话该多好,大家都这么想。询问和尚,灵隐寺内竟然没有安装电话。

"我带你们去找电话!"从"人墙"旁边传来语气十分坚定的声音。大家扭头一看,说话者是一个工人装扮的中年人,约摸三十来岁。原来他一直站在旁边关注着双方发生的冲突,是留此地值班的园林工人。

面对电话机,领头的同学却有点不知所措。这个电话应该打给谁?校党委办公室和校长办公室早处于瘫痪状态,即便有人接听电话,也无法对全体师生做出决定。经大家商量还是试着给学校广播台打电话,求助广播台把发生在灵隐寺这边的紧急情况向全校革命师生广播,就说灵隐寺告急,希望广大革命师生紧急支援。

话分两头说。

正当守护天王殿的几个人去打电话的节骨眼上,守方和攻方力量上的对比显得悬殊起来,台阶下的红卫兵认为有机可乘,再一次发起冲击。眼看着双方就要发生严重的肢体冲突,不知是谁想出了一个绝妙的办法。他带领大家连声喊出"我们要辩论!"的口号。正义的口号声居然吓退了红卫兵的进攻,它像轰雷冲破清晨的寂静,在灵隐寺的上空久久回旋。面对着对手突如其来的一招,"要辩论?辩什么呢?"红卫兵们不知所措。红卫兵们停止了冲击,双方又继续保持对峙状态。

话再说回浙大校园里的情况。令人意想不到的是,当浙大广播电台值班室接到护卫灵隐寺的同学打去的电话后,二话没说立即通知一位男播音员播放这条消息。在"大海航行靠舵手"的开始曲过后,浙大广播电台轮番播出"灵隐寺告急"的通告,老和山下整个浙大校园里的高音喇叭响成一片。"通告"像一把火,把近万师生的心点燃了……许多人聚集到高音喇叭底下,以便听清播音的内容,大家都想弄明白究竟发生了什么事情。

此时此刻,已经有不少的同学开始朝着学校大门口方向奔跑了。一瞬间,这支队伍迅速膨胀,变得越来越庞大,它像汹涌的洪流急速地朝着目的地——灵隐寺奔腾而去。这是一支散乱的、衣冠不整的队伍。队伍中穿背心裤衩的有,趿拉着鞋子或拖鞋的有,甚至光着膀子,连衣服都来不及穿的也有……但是,共同的目标化作一股无形的力量使这支无领导、无组织的队伍竟然步调一致地向着目的地进发。

盛夏的杭州天气热得像蒸笼,奔跑中的同学们挥汗如雨,可是谁也顾不了那么多,只顾拼命地朝前奔跑。当队伍抄近道上了灵隐路,刚好与中学生红卫兵大部队相遇。只见红卫兵大部队沿着弯曲的道路迤逦而行,一眼望不到尾。他们几乎人人都扛着砸寺庙的工具——镢头、铁锹、棍棒和绳索。

浙大学生的大队伍不断地超越中学生红卫兵的队伍，抢在前头。带领中学生红卫兵大部队的首领们急了，他们不断鼓噪着，催促红卫兵们跑步前进。霎时间，灵隐路出现了类似万人马拉松比赛的场景，大家争先恐后，都想最早到达目的地。

守护在天王殿台阶上的浙大同学们终于盼到了"救兵"。当看到支援的同学们像潮水般涌进灵隐寺的山门时，已经与红卫兵小将们对峙数小时的同学们按捺不住心头的喜悦，振臂齐声高呼革命口号，并向"救兵"热烈鼓掌，许多同学激动得热泪盈眶。只见新到的浙大学友们大汗淋漓，连气都没有喘定，就忙不迭地接替原来守卫的同学，里三层，外三层，把整个大殿包围得严严实实。此时的大殿已经成了再也攻打不破的铜墙铁壁。

不一会儿，中学生红卫兵的大部队也到达灵隐寺。浙大师生们没有等他们站稳脚跟，便用小分队的形式穿插到红卫兵大部队中去，把本是整体的队伍分割得七零八落。十来个大学生包围四五个中学生，主动与他们开展辩论。从天王殿前一直到春淙亭的道路上尽是东一堆、西一堆的辩论人群。这支本来要到灵隐寺"破四旧"的红卫兵大部队，就这样被浙大师生们"化整为零"。而且所有的红卫兵还要疲于应付辩论，其战斗力几乎被彻底瓦解，冲击灵隐寺的行动再也无法组织起来。但是形势仍然严峻，双方的对立情绪十分激烈，冲突一触即发。

事件引起省市领导的关注

灵隐寺发生的群众严重对峙的消息传到了省、市政府，引起了领导的高度重视。当天下午，省、市政府派浙江省政府副秘书长赵士炘同志、杭州市副市长顾春林同志前来灵隐寺处理情况。此时的灵隐寺前边的空地和道路上早已是人山人海了，保护灵隐寺和砸烂灵隐寺的两派学生群情激昂，双方唇枪舌剑激烈地辩论着，间或还有打骂动粗的场面出现。

为了避免因秩序混乱发生严重的群众冲突，赵、顾两位领导决定召集浙江大学学生代表和中学生红卫兵代表在天王殿对面的冷泉亭协商解决双方争端，同时传达省市政府关于保存灵隐名胜古迹的几点意见。由于双方观点针锋相对，分歧很大，加上双方又各执己见，无法达成一致意见。而省、市政府关于保存灵隐寺的意见又遭到中学生红卫兵的坚决反对，协调出现僵局。

赵士炘同志再一次请示浙江省委有关领导后，得到指示：由赵士炘于当晚就灵隐寺留和去的问题请示国务院总理值班室，请国务院作最后定夺。浙江省委还要求，在接到国务院答复之前，对峙双方都必须保持克制，停止一切过激的行动。省委的这个决定得到双方代表的同意,双方代表各自回去传达精神。现场乱糟糟的局面终于得到了控制,紧张激烈的气氛暂时得到缓解。

天色渐渐黑了下来,在灵隐寺守卫了一天的浙大学生感到疲惫不堪,由于中学生红卫兵毫无撤退的意思,故晚上仍要继续坚守阵地。就在大家感到为难的时刻,灵隐寺周边的村庄自发组织一批青壮年贫下中农,加上灵隐寺园林管理处的部分职工,前来支援守护灵隐寺的大学生们。这支队伍不仅身体健壮,而且武器装备"精良"——锄头、铁锹、扁担、竹篙等应有尽有。他们熟悉当地地形,对灵隐寺山前山后的所有通道入口处都派人守候,防止有人夜晚偷袭。他们对守护大殿的浙大学生们说,你们的行动是正义的,我们全力支持你们。

到了深夜,飞来峰山下的暑气一扫而光,凉飕飕的山风吹得守夜人抖抖索索。许多浙大学生还身穿背心,怎抵得住这股山谷中的冷风?园林工人看在眼里,他们折回住地拿来帆布工作服分发给同学们挡寒。

灵隐寺终于在危机中平安地度过了第一个夜晚。

杭城的第一份《告全市人民书》

换岗下来的胡庆国、徐景崧、王定吾等同学,回到学校顾不上休息,连忙筹划向杭州市民散发保护灵隐寺历史文物古迹的《告全市人民书》的事宜。《告全市人民书》的文稿由胡庆国同学起草,通篇文稿文字激扬,动之以情,晓之以理,慷慨激昂,充分表达了莘莘学子爱护祖国历史文物的拳拳之心。文稿一经大家通过,能写一手好字的徐景崧同学就在寝室以床当椅,伏着那张几人共用的大桌子,在薄如蝉翼的蜡纸上一口气把这份《告全市人民书》全文刻完。此时,王定吾同学已经弄来各种彩色的纸张和一部手推油印机。几乎全班所有的同学都来了,裁纸的裁纸,推油印机的推油印机,小小的寝室内人头攒动。

到了下午四五点钟,数千张《告全市人民书》印刷完毕。以陈瑞生、张同义几位家住杭州城内的同学为首,自告奋勇承担了到杭州市内散发《告全市人民书》的任务。自"文化大革命"开始,杭城出现的第一份《告全市人民书》就这样诞生了。

当时,解放街的百货公司一带是大字报张贴的中心区。同学们兵分三路,一路沿着岳坟、平湖秋月、白堤、六公园、湖滨路、解放街、中山中路等地散发张贴;另一路到杭州各大专院校张贴和散放;还有一路到几个中央在杭企业,如杭州钢铁厂、杭州制氧机厂、杭州重型机器厂、杭州棉纺厂等工厂去散发传单。

这份看似粗糙而简朴的油印《告全市人民书》,犹如一颗炸弹在杭城"爆炸”了，在广大市民以及企事业单位中引起很大的震动。

就在当天晚上和夜里，难以计数的声援浙大保护灵隐寺的大字报贴满了灵隐寺的整个山墙。杭州钢铁厂工人们的声援行动显得惊心动魄，他们把一条写有“誓保灵隐”四个大字(每个字将近达1.5平方米)的条幅从天王殿东侧的大树上挂下。这一巨大无比的条幅仿佛是从天上一泻而下的瀑布，显得那么气势磅礴，它把保卫灵隐寺的整个场面烘托得更加宏伟壮观。电业工人赶着在寺前的道路上和后山上拉起临时电线，装上照明电灯，道路和寺前的场地一片通明；不知道是哪个单位给守护大殿的学生送来馒头、烧饼、饼干等食品——不少守护大殿的同学们已经两餐没有吃饭了。

第二天一早，市里多个单位的革命群众，在红旗的招引下，步伐整齐地进入灵隐寺，声援浙大师生保护灵隐寺的行动。其中红旗上写着“浙鲁美红战队”字样的大学生队伍引人注目。原来所谓“浙鲁美”是“浙江鲁迅美术学院”的简称。“文化大革命”一开始，浙江美术学院的师生就把校名改称“浙江鲁迅美术学院”了。有了浙江美术学院革命师生的加盟，使大学生辩方的论据更加充分有力。因为1953年国务院决定重修灵隐寺院时，那座重新塑造的、妙相庄严的释迦牟尼佛像就是浙江美术学院的师生(当时该学院称中央美术学院华东分院)共同精心设计和监督施工的。浙美院的师生们为灵隐寺的重修曾立下汗马功劳，对灵隐寺的建筑和内部珍贵艺术品的修复和重建倾注了太多的心血和情感，而且他们对灵隐寺的艺术价值和历史价值比普通大学生懂得更多。

灵隐寺再次告急

8月25日在铸造62-1班几位同学倡议下，由浙江大学学生会牵头，通过各系学生会组织学生轮流到灵隐寺守护，使得灵隐寺的守护工作有条不紊地延续下去，也避免了部分同学因长期守护而精疲力竭。灵隐寺在众人的终日守护下，终于度过了两个平安夜。

可是，8月26日深夜，灵隐寺再一次告急！

晚十一时左右，摆放在机械系学生宿舍2001室门口的电话分机急促的铃声吵醒了睡在走廊上的同学们。第一个伸手接电话的恰巧又是周城镐同学。只听见电话总机那头一位女话务员紧张而急促地说，接到外线不明身份人的电话，有一批杭州某中学的红卫兵正结集队伍向灵隐寺进发……周城镐同学睡意顿消，立即拨通学校广播台，把这个坏消息通知值班的广播人员。

顷刻，校园内的高音喇叭骤然响起。“灵隐寺又告急”的消息一遍又一遍地广播。瞬间,只见全校各个学生宿舍寝室的电灯接二连三地亮起来,校园里的人声越来越嘈杂,大队人马又开始向校门口涌去。

好在学校和市政府提前作了准备,在校门口事先预备好了一些应急的交通工具——学校交通车、敞篷卡车,还有几部保护灵隐寺专用的公交车。司机们早已经进入驾驶室,汽车的发动机也已经发动起来了。率先到达学校大门口的同学们纷纷登上各种汽车。汽车发出一阵阵轰鸣声,风驰电掣般地向灵隐寺方向飞驰而去。大部分没有能够搭上汽车的同学依旧跑步前去,遍地是涌动的人群,人声鼎沸,打破了玉泉和植物园一带深夜的寂静。

先期到达的同学们迅速地在天外天饭店前的道路上构筑一道防线,后来者不断对这道防线加以充实。从天外天饭店到灵隐寺山门口的"咫尺西天"大照壁被学生们堵得严严实实。

这一回来的是红卫兵中的狂热分子,他们一边行进,一边高喊口号:"浙大保皇派!""浙大是保佛派!""浙大是'四旧'的卫道士!"……然后他们开始冲击大学生构筑起来的防线。面对坚固的阵地,红卫兵的进攻根本无效,他们前进不了半步。

令人奇怪的是,大家居然没有见到这批破坏者携带打砸工具。有细心人发现他们当中有人带有数只铁桶。于是,马上有人联想到,铁桶内可能装有燃油。

一场争夺铁桶的严重冲突终于爆发(幸好,没有发生流血事件)。混战中,破坏者手中的几只铁桶全部被大学生们夺了下来,一打开桶盖,一股浓烈呛鼻的煤油味喷射而出。桶里装的果然是燃烧物——煤油。

灵隐寺终于逃脱了一场烈火之灾。

随后的数天里,灵隐寺的场地上白天总是熙熙攘攘,两派观点的学生,甚至群众仍然在现场激烈地争论着。到了夜晚,人群渐渐散去,唯有部分人坚守在灵隐寺大殿的四周。

总理值班室来电

8月27日,国务院总理办公室主任童小鹏同志给浙江省委办公厅来电话,传达周恩来总理关于保护灵隐寺的指示。浙江省委秘书萧贻同志接电话后当场记录,马上向省委常委作了汇报。童小鹏同志书面回函证实,他是根据(周)总理的指示在中央办公厅给浙江省委办公厅打的电话,要求省委领导同志对红卫兵做好说服工作,并采取有效措施保护灵隐寺。接到周总理指示后,浙江省委当即组织省、市机关干部前往灵隐寺传达周总理指示。此时已经是当天的晚上了。

当晚，在天王殿前冷泉亭附近的一块大岩石旁边临时搭建一个小台子，一盏高高悬挂在树上的汽灯把周边的场地照得透亮。在灵隐寺现场的群众早早地被吸引到这里，只见大岩石四周人头攒动，大家翘首以待省市领导传达总理的指示。不一会儿，杭州市市长王子达同志到达现场，他登上临时的小讲台，当众宣读来自北京的国务院总理值班室电话记录。现场的扩音设施不太好，王子达市长看着手上的稿子，尽量提高嗓门，用略微有些颤抖的声音念道："8月27日北京国务院总理办公室来电，第一，希望革命的小将们要摆事实，讲道理，不要为灵隐寺的问题发生冲突；第二，灵隐寺是国家重点保护文物，具有很高的艺术价值，是劳动人民的智慧结晶。在国际上，尤其在东南亚地区灵隐寺享有很高的声誉。希望能够保留下来……"未等王子达市长传达完毕，全场早已经响起雷鸣般的掌声。"毛主席万岁！"、"毛主席革命路线胜利万岁！"、"坚决拥护国务院总理办公室的重要指示！"等革命口号响彻云霄。口号声淹没了王子达市长的声音，因为大家认为只要总理说灵隐寺要保护这一句话就够了。(另据《浙江档案》2006年9月王革新"'文革'初期灵隐寺事件若干问题考证"一文的记载，当时在场的中学红卫兵不相信电话记录，认为那是走资派编造的。他们提出，除非亲耳听到周总理指示，否则誓不罢休。在此情况下，省委决定第二次请示周总理。周总理当即决定：可以现场拉专线。于是，由省军区将专线架设到灵隐，通过高音喇叭现场传达周总理指示。周总理明确指示：灵隐寺不是"四旧"，是国家的重点文物，是世界著名的宗教圣地，灵隐寺不能砸，可将灵隐寺暂加封闭。听到周总理指示后，中学红卫兵当晚全部撤离了灵隐寺场区。)

总理办公室来电鼓舞了大家，现场一片欢腾。守护灵隐寺的浙大师生和其他革命群众奔走相告，欣喜万分。

人们都还记得：在解放初期，国民经济百废待兴的艰难时期，经国务院批准从国库拿出宝贵的一笔经费，用来修复部分倒塌的灵隐大殿和遭受压毁的释迦牟尼佛像；1956年正值在杭州视察工作的周恩来总理，看到大佛的石膏稿样，当场指示说："佛像的脚应该露出，腿部须放大，头发要用螺旋式，各方面都要符合佛教传统。"

尾　声

8月28日，总理办公室的指示不胫而走，很快就传遍整个杭州城，社会上的舆论更加倒向保护灵隐寺的浙大师生一边，中学生红卫兵陷入完全孤立的境地。迫于来自各方的压力,中学生红卫兵决定全面撤退,全部一个不留地撤出灵隐寺场区。

当中学生红卫兵列队掉转方向开始撤退时,有足智多谋者突然振臂高呼:“向中学生红卫兵学习!向中学生红卫兵致敬!热烈欢送红卫兵小将!”。现场的人开始一怔,后来大家似乎突然明白了个中的玄机,于是跟着一起喊起口号,而且还伴以热烈的掌声。此时此刻的口号声和掌声是真诚的,没有丝毫讥讽或嘲弄的成分。不是吗,在当时的政治形势下,放下“武器”不砸灵隐寺,就是一种觉悟,理应受到大家的欢迎和尊敬。尽管中学生们在“破四旧”中表现出疯狂和无知,但是他们毕竟是无辜的,他们是被愚弄的受害者。

热烈的欢送场面显然感染了撤退中的红卫兵,他们的精神似乎也振奋了许多,沮丧的脸上终于露出笑容。

随后,杭州市政府发布公告,宣布灵隐寺及整个灵隐景区包括飞来峰造像等从即日起全部封闭,停止对外开放。杭州市园林管理局组织建筑施工队伍进入灵隐寺,夜以继日地施工,迅速地用砖头、石灰把灵隐寺内的所有大殿严严实实地封闭起来。当建筑工人封上最后一块砖头时,在场的众老和尚都深深地、如释重负地嘘了一口气。江南著名禅院灵隐寺就这样在“文化大革命”的狂风暴雨中完好无损地保存下来了。

不花国家一分钱的两段育秧研究

王兆骞*

事情要从"文革"说起，我因为"家庭社会关系复杂"而被看成另类。其实我的父辈兄弟姐妹无一不是职员或工人，只因父亲在1948年去了台湾；再加上我"不幸"在众多青年助教中恰巧在"文革"之前提升为讲师；又因担当了农学系的团总支副书记。因此，就在"文革"开始我被贴了和"反动学术权威"几乎一样多的大字报。因为在我身上实在找不到"反动"的影子，于是就称我为"二权威"，"上可以与'反动学术权威'平坐论道；中可以和青年教师称兄道弟；下可以笼络迷惑青年学生"。

大字报不过是一阵风，吹过就算了。而当时群众分帮结派，昼夜辩论，却没有人敢公然与我亲近。岂知这倒给了我一个自由自在、无人管束的客观条件。但是，自己算来年龄已近四十，工作年龄已经过了将近一半，还没有做出多少事业。但是我与农村始终保持着接触，知道在生产上有许多问题迫切需要研究。然而，这些工作没有人做，甚至原来的农业技术推广人员也离开农村，到城里去"闹革命"了。我愿意下乡去帮助农民研究和解决一些问题，但是，在那个时期，到哪里去申请科研经费？经过一番考虑，我决定先下农村再说，好在我有的是农民朋友，和他们去商量，总强过在校园里"生炉子、拎篮子、抱孩子"。

我选择了两个地方：一是萧山的西兴区；二是海宁的斜桥

* 王兆骞，浙江大学生命科学学院生物科学系教授。

区。南下西兴只要骑自行车即可到达，中途只需花一角钱摆渡过钱塘江；斜桥则乘早上六点的火车，花一元钱，下车后再走十几里路，也就到了。我每月五十二元工资是政府给的，花这点钱做些有益的事情，值得！

要是没有我那些勤劳淳朴的农民朋友，我会寸步难行，一事无成。我到斜桥找到大队长周荣昌（当时大队长还是坚持“在岗”的，因为农业生产总不能断）。我对他说：“现在你们没有农业技术人员，我来代替。我来指导你们的栽培技术和病虫害防治。但是，要求你派十名有文化的青年农民，在你自己指导下和我一起做田间试验。”他欣然应诺。在双方相互充分信任的基础上，他精心挑选了十多位从嘉兴农校毕业、但是不分配工作的青年农民，划给我十来亩地形理想、土壤均匀的稻田。按照田间试验规范，开始了我们的两段育秧试验。在西兴响七房村的来传根大队长，也是我永远不会忘记的朋友。在克服技术难点上，总是他自己动手，严格要求和把关，最终加以解决。在校园农场里我也有好朋友农工张惠宝，他不仅热情地、毫无代价地帮助我在农场安排了规范化的试验。说到义务工，我还要提到我的女儿王华瑜。她在那时是个初中生的班长。我们的两段育秧试验里有一个分秧的环节，就是把一块块带土的秧苗掰开成带有四五根苗的小块。这个工作是学生们能够完成的。她这个班长一声令下，全班开到。劳动一个下午，弄得浑身是泥水，然后我就每人发给他们一根当时最廉价的冷饮——两分钱一根的“白糖棒冰”和三分钱一只的“香蕉酥”（这也许已经是我用自己工资所能办到的极限了。因为家里还有老岳母和三个子女需要抚养）。看着他（她）们舔着棒冰，啃着香蕉酥，享受着劳动之余的快乐，我也很快乐。

说到两段育秧，我不能不提到黄汉江。他在我记忆中始终是个强健、粗犷、直率、勤奋好学、行动远胜于言辞的小伙子。

我和他相识是在1969年，因为“文化大革命”中，在“抓革命、促生产”的旗号下，“革命委员会”组织了一批农学、植保、土肥教授、讲师中的“闲人”组成“小分队”，借诸暨蚕校办了唯一的一期“工农兵学员班”，为期半年。工农兵班有学员三十人左右，选了一个班长，他就是黄汉江。每天清晨黄汉江最早起床吹哨子叫醒大家，领头跑步。上课时，记笔记最仔细和发问最多的也是黄汉江。而且他每天晚上在规定熄灯时间以后，还打着手电筒躲在被子里读书。当然，教师一般是很欣赏这种学生的。

我和他再相逢是在1971年，我住在海宁斜桥做田间试验的时期。他就在斜桥旁边的长安镇农村里。听说我在斜桥，就来找我。正巧我希望有人做科研助手，黄汉江是再理想不过的人选。就这样，他时常来斜桥，同时，在长安镇也布置了同样的试验进行观察记载。他做的田间观察和记载，详细而又工整，我们就这样成了科研搭档和朋友。在我发表的两段育秧研究的早期学术期刊论文中，常有他的名字作为第二作者。

在我回到杭州时，他有时也来我家和我讨论试验，还常跟我一起到实验室做水稻样品的化验分析。说起化学分析，也得感谢许多人。药品仓库反正放着没用，他们大方得很，要什么就给什么，分文不取。当然，室内工作的条件与现在是不能比的。记得当时为了测定根系活力，我试验了好几种方法，最后还是选择了萘胺法。但是，做了不少数据，彼此相差较大。最后发现在26～27℃来做最准确。在大热天，只有夜里十一点以后才符合这样的温度要求。于是，黄汉江常来杭州做我替班，有时白天不回去，就在桌子上睡觉，夜里做实验。照例，是义务劳动。

总之，我与黄汉江在科研上的合作一直很默契。但是，他很少谈起他的家庭和村镇的情况。

"文化大革命"结束了，"革命"却仍然继续，接下来是"清理阶级队伍"。一天，黄汉江清早来到我家，一般他从长安镇来我家不会这么早。我感到他有点身心疲惫的样子。他交给我几张科研记载表格，坐了一会儿，就走了。没有料到这竟是我和他的最后一别。

事隔不久，我便被"清队领导小组"传讯，其间细节，不值一谈。但传讯我的人与我在多次谈话中迂回周旋，询问黄汉江与我的关系。确实，除了科研合作之外，我对他一无所知，而我只知道他在工作、学习中表现的好处。这些都是与我谈话者不要听的，而他们所要听的我又一概不知。当然，久问不得要领，也只能就此罢了。事后我才知道，黄汉江就在最后一次来我家回去时，在他家门口投井自尽，那次来是向我告别的。他是因为"文革"初期得罪了乡里的一个领导，"清理阶级队伍"时，这位领导重新掌权，便要"清理"他。黄汉江自己觉得无问题可言，死不服气。领导便要他交代与"省里"的联系，并多次派人来农大调查我。可惜一无所获。在整个调查过程中，对我保密，所以我不知道汉江已死，及至闻知，既震惊又惋惜不已。这也是历史的悲剧。

又过一年，海宁县由主要领导出面，邀请我去作学术报告，场面弄得比较大，好几位主要领导超出常规亲临主持。会上讲了许多我对海宁的贡献等等场面话，会外说了若干道歉之词。也提到黄汉江，称他是人才，对在一场"做过头"的"运动"中发生的误会表示遗憾和惋惜。如今事早过，境已迁，人杳然，我却常怀念他！

说到两段育秧的技术问题，与前面"烂秧"一节一样，我不在这里描述得很具体，只想大致举其概要。

两段育秧是根据生产上的迫切需要，在不推迟播种，而延迟移栽到大田的时期，在延长秧龄条件下仍能培育生理上活性强的壮秧。这是我和农民合作在吸取秧苗带土浅栽及水育大秧，传统寄秧等方式优点的基础上，发明和完善并且命名的。两段育秧法把秧苗培育全过程分成两段：第一段称小苗阶段，由于秧苗初期生长慢体积小，可以吸取小苗带土秧节省秧田和早发、快发的优点，实行密播、旱育。当秧苗长大相互挤轧（以晚粳稻为例，大致叶龄五六个月，苗高约2～15厘米，净秧板叶面积指数约6～8）时，就铲秧寄植，疏散开去；因而第二段就称寄秧阶段。把育成的小苗带土分散成带四五根苗的小块，浅浅地寄植到经过耕整施肥的寄秧田里，在优越的水、肥、气条件下促进秧苗粗壮，培育出胜过普通水育大秧的壮秧。同时：由于寄秧田仍然可以种当季早熟的早稻，也就减少了专用秧田的面积，促进早稻总产量的提高。

我们的试验和在江苏、浙江两省的大面积实践都证明：两段育秧用于迟栽的连作晚粳稻，晚季中籼、中糯以及杂交水稻，都能起到迟栽高产、早熟避灾的作用。这不仅能显著增产，而且能使晚季中籼及中糯等容易延迟抽穗的品种适当迟栽，仍能在秋季低温来临之前及时抽穗，不易因受寒潮影响造成“翘穗头”。作为冬季作物后作的迟栽早稻品种，适当延长秧龄后不易发生过早抽穗，导致“小稻头”（在我发表的有关学术论文中对两段育秧的有关技术和科学原理有详细叙述，有兴趣共同探讨的同志请参阅文献目录）。此后，两段育秧在各地技术人员和农民群众的实践中，因地制宜地用在不同场合，发展了多种多样的方式，无论在内容和形式上都有不同程度的改进，也给予我不断学习、吸取新的“知识营养”的源泉。

我们最初的出发点是认为水稻是湿生植物，它的秧苗中心隐藏着的密集的茎节上在湿润或淹水的条件下，除了最上三节之外都有发出不定根的能力。你给它的条件好，有水、有氧气、有养料，它就发得快、多、好。所以非但不怕两次移植，恰恰是再次移植在良好生活条件下的根会发得更好，并为以后生长打下更好的基础。当然，绝对不是尽量满足秧苗的肥水要求，愈多愈好。而是要根据辩证法原理，在小苗阶段和寄养阶段都要实行适当促进生长和严格控制徒长相结合的成套技术。在精整秧田时，就要把两次秧田都做成下硬上软的“双层秧田”。同时，两段育秧之所以能增产，是因为在育秧的第二段，即寄养阶段前期和大田定植初期各有一个生长迅速的优势时期。它的生长优势表现在地下部分生根快，发根多，根量多，分枝根多，分布范围广，吸收面大，根的活力旺盛；地上部分出叶速度快，叶片阔，叶面积大，在大田栽培期间叶面积指数比较早地达到高峰，最高叶面积指数比较高，维持较高叶面积指数的时期也较长，因而有利于较多地积累干物质，为长成穗大粒多的植株奠定物质基础。研究还证明，两段育秧根系生长和根系生长优势能保持到生育后期，主茎叶数也比对照普通大秧约多二片，从而在生育后期不易早衰，灌浆快。因此，两段育秧的晚稻穗大粒多，谷粒饱满，瘪谷较少，千粒重较高。在生育期上，晚粳两段育秧的抽穗、成熟期均能提早，中糯和杂交水稻都能明显提高抽穗整齐度，因此都在不同程度上有助于减轻后期的低温危害。我们还发现和证实两段育秧的植株在大田生长晚期表现“青秆黄熟”，与它生长后期在田表面有致密的毛根，从而保证了后期的吸收功能有密切关系。我们还通过植株化学分析了解到两段育秧田间抗病力比较强和组织内氮素化合物的组成有关。两段育秧长成的植株蛋白态氮与非蛋白态氮之比率，要高于普通对照大秧长成的植株。

两段育秧推广的效果比较明显可见。例如，1974 年是两段育秧在江苏省试种后大面积推广的第一年，该年仅苏州地区的两季水稻中就推广了上千万亩。即使以每亩大田增产稻谷五十斤计，也至少增产五十亿斤以上。

说到江苏，我至今仍感谢和怀念我的许多老朋友。其中与吴县县长陈金根、苏州地区农业局黄锡局长的合作最令我难忘。在他们的宣传发动下，苏州农民跋涉百里来斜桥田头参观，最多的十天之内竟达三千多人，挤满田埂，路为之塞。无锡县农业局的钱恒同志和我一起回杭州，等在打印员(那时只有很累赘的中文打字机，打在蜡纸上。在蜡纸下面还垫着一张薄薄的棉纸，上面有打印的痕迹，常用来校对错误)身旁，刚刚打完，还没有来得及校对，他就扯下棉纸，赶回无锡自己去打印了。

至于在我们的“根据地”萧山，我永远记得以大庙作会场，为了通俗易懂，我学着用“土话”讲课。居然几百农民，有老有少，有怀抱婴儿的妇女都能安静地听课。我从他们的眼神和踊跃的提问中感觉到了“交流”的涵义。他们静静地听，不时还爆发出笑声，然后毫无怨言地去拔、去插那长达六七寸的粗壮秧苗。

我研究成的两段育秧在第一届全国科学大会上被授予全国优秀科研成果奖，同时也被授予浙江省优秀科研成果奖。被科技部编撰的书中列为近十年理、工、农、医 286 项重大科研成果之一。可是，这个奖竟然是极偶然地“从天上掉下来”的。

当时，我压根儿没有想过要得什么奖。当然，更没有从申请到论证、评议、审批这一套规矩。就在我毫不知情的情况下，一天，我们农大新来的党委书记李超同志突然把我找去，说省长王起同志在北京看到展览出的浙江省科研成果中有一项两段育秧，据查是浙江农大研究的，又听说是你在研究的。我就约略地作了第一次向领导的口头汇报。其实得奖的过程，还有点复杂。原来江苏省先向农业部报送了以“两段育秧”为名的科研成果。经农业部查证，江苏省推广这项技术是领先于全国，但是作为科研成果却是出于浙江的。把问题提到浙江，最后才查明是这么一回事。而这项成果也就这样在事先毫不知情的情况下得了奖。

令我没有想到，而且想来有趣的是至今还有余音缭绕。事过二十年后，就在几年前我随农业部生态农业项目领导组到贵州“检查指导”生态农业。在几个县向我们汇报时，都提到把“推广两段育秧新技术”作为生态农业技术系统的内容。当同去的领导说起“两段育秧”是我研究成功并定名的。于是，有些当地同志介绍我时，就说我是“两段育秧”发明人，反而不提我这个“生态农业”专家。当然，我清楚地知道，当地还需要两段育秧是因为高原山区只能种一熟水稻，而且季节紧，特别不适应种高产的杂交水稻。而且现在的两段育秧已经结合各个地区不同生态环境和栽培条件，变化进步成各种各样的内容和形式。这里面融化进了千千万万技术人员和农民的智慧和劳动，早就超过我们这些前人多多了。我完全能体会他们的艰辛和光荣。

虽然，两段育秧得到了全国的和浙江省的最高奖，但是，它也就是个经过若干技术改进的集成技术创新而已。然而，它的产生过程和精神价值却是我永志不忘、鞭策自己前进的动力。

《化工自动化》一书编写中的故事

沈振闻*

1971年燃化部(当时煤炭部、石油部、化工部合并而成)石油化工自动控制设计建设组要求浙江大学、华东化工学院、华东石油学院、北京化工学院四校化自专业教师编写《化工自动化》教材。是年夏初在浙大第一学生宿舍成立了以周春晖教授为首的编写组,浙大是周春晖、孙优贤老师,华东化工是蒋慰荪、俞金寿老师,华东石油是郑永基、吕明瑾老师,北京化工是凌秋明老师和我,后来又有两所化工类院校老师参加,共六校十人。在周先生的主持下,大家认真讨论了该书结构及编写大纲,拟分上、下两册四篇十一章撰写。当时非常强调理论与实践相结合,十分重视到工厂生产第一线进行调研。于是十位老师在周先生率领下,出发前往全国重点石油化工企业作深入调查考察,历时数月。先到上海炼油厂、吴泾化工厂、高桥化工厂,后从上海十六铺码头登上"东方红32号"客轮,逆滚滚长江而上,历经八天七夜,到达重庆朝天门码头。在客轮上,周先生组织大家继续深入讨论大纲,细化各篇各章各节的写作内容,时间安排得相当饱满。常常是白天已经细致地讨论了一整天,似乎大家还意犹未尽,晚上又在甲板上、船舷旁,围着周先生、蒋先生请教、商讨直至深夜。尽管在那场史无前例的"文革"浩劫中,周先生、蒋先生都无可避免地遭遇了种种不公正的待遇,但在弟子们面前,他们

* 沈振闻(1957级浙江大学化自系),现为浙大教授。

早将个人的恩恩怨怨抛开，将全部心思集中在教材的编写上。

时值盛夏，船行五六天后，估计快到重庆了，气温逐日攀升，船舱里相当闷热（当时没有空调），大家移步甲板之上，正围在周先生身边继续讨论、交流时，不知怎么，身材还算高大的周先生突然一下子摔倒了。这可把大家吓坏了，赶紧七手八脚把他抬到通风凉爽的地方躺下休息，过了相当时间，周先生才慢慢舒缓过来。当时周先生已有五十多岁了，不知是否有高血压，或者是天气闷热中暑，也可能是"文革"初期遭受迫害影响了身体健康，还好没有出什么大事。船一到重庆，周先生依然和大家一样，精神抖擞、意气风发地登上高高的朝天门码头，这其中的艰辛恐怕也只有周先生自己知道了。

在重庆，先去了长寿化工厂、纳溪泸天化等，后又坐长途客车去永川化工厂。从隆昌起一路上遇到了特大暴雨，车至半途，公路被淹无法通行，各种车辆迅即排成长龙。人们束手无策，焦急万分，前方又情况不明，不免焦躁不安。只见这时从等待的人群中冲出位勇士，迅即脱去了衬衣和长裤，扑通一声跳下水去，奋力游向对岸去探明路况和水情。人们不禁为他的勇敢精神和良好水性惊叹，一齐鼓起掌来。但是，我却为他担心。你道为啥，因为这位勇敢的搏浪者，正是当时年轻有为的孙优贤老师！这又是在调研途中非常惊险的一幕。不知当今孙院士是否还记得三十五年前中流击水、年少英豪的一幕。

从四川去甘肃兰州要翻越秦岭，当时只有周先生是正教授，蒋先生、郑先生是副教授，而其余七位都是小助教。所以按照规定只有周先生可以坐软卧，我也在那时才第一次进软卧车厢参观。软卧的列车员一致称呼软卧乘客为"首长"，我也才知道坐软卧的都是首长。

在兰州，访问了兰化设计院，考察了兰州炼油厂、兰化公司。然后又穿越大沙漠，到达首都北京。当时赴京要由省级人民政府开具"进京介绍信"，才能购买去北京的火车票，今天的学生想必闻所未闻。在北京，先后考察了房山石油化工总厂的东方红炼油厂、东风化工厂、胜利橡胶厂等，当时连厂名都是很革命的。这一次历时数月，行程万里，到生产第一线取经学习、调查研究，从浙江（兰溪化肥厂）到上海、四川、兰州、北京，深入数十家石油化工企业，极大地丰富了我们的视野，搜集了在实践中卓有成效的各种自动化设计方案和各种各样或简单或复杂在石油化工生产工艺过程中发挥着不同效用的调节系统。调查研究结束后，根据进度计划，按照分工将各自撰写的初稿汇总，由周先生与蒋先生审阅，提出修改意见，返工、修正、衔接。

历时近三年的调研写作过程中，在周先生的带领下，编写组摒弃了各种干扰，克服了各种困难，真的是很敬业、很勤奋、很踏实，也很和谐、很协调、很愉快。大家常常是夜以继日，日夜兼程，为了赶时间，没有卧铺就硬座，轮船坐统舱;住在招待所,吃在职工食堂。没有坐过一次小车,也没有吃过一次宴请。记得唯一的一次请客,是周先生做东,在北京前门全聚德隔壁的路边小店,请我们吃了一顿烧卖。虽然没有口福品尝挂炉烤鸭,大家依然不亦乐乎,感谢周先生埋单。

这本教材最后在1973年定稿,交由燃料化学工业出版社出版,共66.5万字,首印36850套(上、下册),同时还选编了一本《石油化工自控设计方案精选》内部发行。这是我国化工自动化学科领域第一本专业教材,填补了一处历史空白,全书凝结着周先生、蒋先生的心血结晶,也包含了郑永基、孙优贤、俞金寿和凌秋明(后任化工部科技司司长)等老师的辛勤劳动成果。

路，始于浙大

吴　越*

记得毕业的时候，和同学们幻想十年后的情景，觉得那是无限遥远而又难以捉摸的事情。今天回首之际，才惊觉离开母校那如诗如画的怀抱，已经走了近二十个年头。在这里我第一次开始了独立的人生之路，越走越远，去南京，去北京，从冰封雪冻的苏联的西伯利亚，到四季如夏的南国深圳，又远赴大洋彼岸的美国波士顿……

回想浙大的求是学风，在我的感觉，是严谨扎实又宽松自由。当时虽重在理工，却不失深厚之人文精神。这大约是得益于浙江自古人文荟萃人杰地灵，又兼有杭州独步天下之自然山水。因此，今天想起当年在浙大度过的五年本科求学生涯，总是和那些最美的湖光山色联系在一起的，是一种很难重复的、从少年懵懂渐得启发的愉悦。

（一）

我考上浙大时只有十六岁。80年代初是一个充满理想的时代，适逢"文革"结束，恢复高考不久，报上宣传的都是陈景润等科学家奋斗的故事，上大学学理工是当时全中国青年比较一

* 吴越（1978级浙江大学建筑系），2002年6月获哈佛大学设计学博士学位；2002年12月被聘为浦东新区首席规划师；2003年被聘为哈佛大学讲席教授；2006年任浦东新区归国留学人员联合会副会长、咨询行业分会会长。

致的想法。我的家中，父亲是50年代最早一批进入北京中央国家机关工作的大学生，大学毕业不久就因重大科技发明而成为全国劳模；母亲的家族，则在艺术方面人才辈出，两位祖父辈的先人方介堪与方去疾均是中国近现代篆刻艺术的大家。我自己自幼喜欢画画涂鸦，又兼对数理两科有浓厚兴趣。想到建筑可兼有艺术与技术之追求，便成了我当时几乎当然的选择；而以浙大为第一志愿，则与我幼年时，因在北京工作的父母"文革"期间被下放劳动，与外公外婆在浙江温州的生活经历有关。

然而，初到浙大便发现，建筑学在这里只是土木系中的一个专业，又相对年轻而缺乏影响。同时，作为五年制的专业，它是全校当年录取分最高的专业之一。我们入学的时候，建筑专业的老师大多刚来自全国各个著名的建筑院校，并无统一的风格。有来自南工的丁承朴、卜菁华伉俪和张毓峰老师，同济的吴海鸥老师，清华的徐畅老师等等。他们多是"文革"前的大学生，"文革"后又考取了首批研究生，毕业后来到浙大工作。他们在"文革"中饱经沧桑，均是至情至性之人。我们常常会到老师家听他们讲经历的磨难故事，不知不觉会到深夜一两点钟。虽似懂非懂，却也感同身受。

尤为奇特的是，我们被要求与数学系一道上高等数学课，还要上普通物理课，这在建筑专业中可说绝无仅有。对于这种"非正统"的教学格局，我是在离校后才渐渐认识到它对自己成长的特别意义。前者，使我们少了其他学校常有的门派之见，因而可以较轻松地直接面对问题，并博采众长；后者，则使我有幸得以延续自己在理性思维方面的兴趣。记得当年我以建筑的背景在数理两科均得了最高的成绩，却并不明白对自己未来的意义。近二十年后，我因以数学模型进行城市研究而成为哈佛大学2002年度菲舍尔科学奖跨学院唯一的获奖者时，使我铭感的恰是当年在浙大得到的"非常规的"教育。

当然，更吸引我的是浙大周围至美的自然与人文环境。这部分是由于专业的原因，也是自己的性情使然。至今我依然认为，大学不仅仅要传授知识，更要养育心灵。这其中环境的意义实在不容低估。

记得当初重回阔别九年的江南，在大学的头一年，我几乎每个周末都是背着画夹在杭州如画的自然环境中度过的。那是雨雾中老和山脚下的竹林，是秋日黄昏植物园色浓欲滴的紫红落叶，也是初冬茶山凝霜上的第一抹晨曦……每到美术课的时候，我就把自己课余的写生拿出来请老师指点。单眉月和杜高杰两位先生教画，均极重立意、修养，而不拘泥画面技法。他们反对将美术课变成建筑表现图的技法课，使我至今受益匪浅。

当时学校也比较鼓励学生培养社会责任感，我觉得自己精力有余，因此，就十分卖力地结合自己的兴趣参加许多社会活动。先是把土木系的黑板报从全校比赛的第十名逐次提升至第一名;后来又参与创办浙大美协。几年前,当我重回母校时,已做了多年副校长的卜凡孝老师,用他那依旧浓重的徐州口音对我说,你还是老样子。当年他便是我们这些学生的“头”,尽管当时他的年纪大出我一倍余,我更愿意把他视作同辈的学长。

其实,以我当时的年纪,正是少年从朦胧中开始发现自我的时刻,交织着困惑、希望和热忱,并不明确知道自己要做什么。第一年的暑假我没有回家,志愿加入了高年级班对普陀山的测绘工作。夏夜的海岛,瓦蓝色的天空上星汉直垂海平线,在古樟林巨大的华盖下,是我们寄住的法雨禅寺,每当晚上九时部队的发电机停止供电,山门关闭,万籁俱寂,我们便在寺中的台阶上与法师谈天说地问人生。一次,我与1979级的邵峰因为分享一盒被海风吹污的罐头,先后突发急性食物中毒,肚痛难忍。我们班的郑海滨,十分仗义,背起我便直奔海军医院抢救。当我躺在病床上双臂同时输液,迷蒙中在想,不知自己是否还可以看到第二天的日出……

我的浙大,是色彩,是线条,是感受。我就这样开始在浙大的生活,这样任着青年的性情走去。

(二)

直到上了三年级的时候,有一天,我们班和1981级的几个同学想起来在一起干一些和专业有关的事情,就创办了全国第一家“大学生设计事务所”,顾问是当时建筑教研室的主任、后来建筑系第一任系主任王德汉老师。1985年春节期间,他指导我们参加了宁波大学设计的投标竞赛。王老师给我的印象,是一个气魄很大的人,而且是一位真正的导师。他每天都来陪我们熬夜工作,并总能十分准确地提供思路指导,也讲许多他一生经历的浙大故事,但是他从不喜欢动手改图。春节的时候,他和师母路老师请我们到家中,为我们准备了一切,却要我们自己动手做。虽然我在家中做过一两样菜,不过从来没有想过自己可以得到长辈的信任弄一整桌的菜,而且居然比较成功,那种感觉的确奇妙。

那一次竞赛的结果,出乎我们所有人的预期。在八十余家设计单位中,我们居然中标获得头奖。我们因此得了三千元的奖金,这在当时是一笔可观的数目,要知道我们平时的月生活费三十元已是十分宽松了。王老师将这笔钱全数交我们自己处置,不提任何意见。这种信任和平等的态度,使我们不得不寻求额外的责任心和更为成熟的人格。现在想来,那个冬天的活动对我们的意义实在超出了专业的范畴,在更大的范围给我们上了有关信任、信心、独立精神和团队的一课。这便是我当时心中浙大精神的个人版本,它的影响是根深蒂固的。我们第一次相信,这个年轻的建筑系一如浙大其他值得骄傲的专业一样,也可以产生不逊于别人的作品和素质优秀的学生。

1985年的夏天,用在专业上勤工助学的收入,我买了一架海鸥相机,与几位大学生事务所的同事一起游历中国。第一次经历了长江三峡的激流。次年夏,我因在《中国青年报》"我在社会实践中"征文活动中获奖,有幸作为浙大的唯一代表参加了团中央和《中国青年报》举办的"全国优秀大中学生理想与青春夏令营",再游三峡。这就是我永远也看不够的壮阔而又激扬的祖国河山。我感到自己的生命终于步出了少年的迷蒙,开始进入更为广阔的世界。

这时的我,开始觉得需要比较认真地思考生命、自我和未来等等的问题。其后的日子里,我在设计上也开始多了一点自觉的意识,又得到雷茅宇、陆亦敏、刘正官等先生进一步的指导和启发,便学着体会设计的无穷乐趣。

(三)

我至今读过三所大学,浙大是我人生的起步点。1987年我浙大毕业后,考取了南京工学院(后更名为东南大学)建筑系的研究生,成了第一位考入这个中国最古老建筑系的浙大毕业生。研究生毕业之后我去了北京建设部建筑设计院工作,又被派往苏联、深圳等地工作。这期间几乎和母校完全失去了联系,直到十年后的1997年,时任建筑系副主任的卜菁华老师请我在百年校庆时返校给建筑系学生办一个讲座。那天卜老师亲自来为我主持,她的目光和讲话让我真正体会到一个老师是怎样从心里为自己的学生而感到骄傲的。

1998年,在我走南闯北工作多年后,觉得确实有必要认真研究一下城市规划了,便远赴哈佛大学攻读博士学位,师从时任设计学院院长的 Peter G. Rowe 教授,不经意成了哈佛设计学院第一位来自浙大建筑系的毕业生。然而,我心中的哈佛,永远是浙大老校长竺可桢先生的哈佛,他是哈佛毕业的第一位中国博士。这使我对哈佛从一开始就有别样的亲切。

那年也是秋天,在我哈佛大学博士毕业前,同在美国工作的同学赖建宇打电话来说,王德汉老师来美国,几次和你联系都未成功。后来当我终于打通王老师的电话时,他那熟悉而又遥远的宁波口音,真让我嘘唏不已。他说,"你走的每一步我都在关注着,现在是时候了,你应该回国来发展,我特别希望你能回浙大……"那天我和往常一样在查尔斯河畔漫步,新英格兰地区的秋叶使我的思绪飞回了浙大,想起了久违了的老师、同学的面庞,也想起了浙大予我的最初的精神滋养。

2002 年在我博士毕业后，回母校探望时，惊闻王老师已经作古。仅仅几个月前我才与他通话，还应他的要求寄了推介材料，正要回来拜望，现在却已经和老师永别于两个世界了。

后来，我在浦东新区政府海外公开招聘的活动中，获聘为首席规划师，成为中国政府第一位海外直聘的政府雇员，又回到了与浙大近在咫尺的上海。在走了二十年漫长的路后，又回到了当年出发地母校的近旁。

我们这些不同年代、素不相识的生命因浙大而成为师生、同学、校友，便紧紧联系在了一起。我因此感激浙大，并祝愿所有将自己的生命与浙大紧紧相连的人，在这个更大的生命中获得永恒的意义。

写到这里，我不由得想起了王德汉老师在 1987 年 6 月 29 日，我大学毕业时写给我的赠言。他说："世界无限，前途无限，但凭精神激奋，功夫到家！"我在这里第一次写出来与大家分享，以纪念这位我一生敬仰的老师。我更愿把这看作是母校对每一位从这里出发，开始人生之路的浙大学子的最诚挚的勉励和期待。

三代人的浙大情结

钱之江*

1941年，正值抗日战争的艰苦岁月，一向用功听话的父亲(钱家欢)，不顾上海祖父母的苦苦劝阻，放弃舒适的家庭环境和就地深造的机会，毅然决定离开沦陷区，报考浙江大学，去内地求学。在湖州老家的曾祖母听到她一手带大的长孙在留下一张字条便离家出门的消息立即派人带上铺盖行李和盘缠星夜追上父亲，叮嘱路上小心。谁知父亲一行几个年轻人还未进入浙南山区便遇到强盗，铺盖全被抢光，但他们仍义无反顾地去追求自己的理想。先是到浙大龙泉分校，后又随浙大西迁，开始了"文军的长征"，一路艰辛到达贵州遵义。在当时被赞誉为"东方的剑桥"的浙江大学，父亲选择了土木系，多年后回忆起往事父亲常说，当时的条件虽然艰苦，但浙大的师资是一流的，我们学习也都勤奋刻苦，为日后的事业成功打下了坚实的基础。

1945年抗战胜利了，父亲也完成了本科学业。最初在重庆盘溪的中央水利实验处任职，后该处迁回南京，亦即中央水科所(解放后改名为南京水科院)。一年后父亲通过考试，获得了官派留学资格，去美国深造。当时太沙基创立的"土力学"是一门新兴学科，伊里诺依大学在土力学方面的研究实力雄厚，父亲选择专攻这门学科想必是兼备有科学救国思想和前沿探索精神。1949年春天，听到南京、上海相继解放，新中国即将成立的消

* 钱之江(1973级浙江农业大学茶学系)，现为浙江大学农业与生物技术学院副研究员。

息，父亲当即决定回国参加新中国建设。

回国后父亲的首选是应聘到浙江大学任教。解放初期浙大的教职工宿舍多为没有卫生设备的砖木结构平房，父母在浙大两年中搬家三次，先后住在刀茅巷建德村、平湖秋月、之江山上。父亲每天坐浙大接送班车，早出晚归，授课之余开始撰写全国第一本土力学教材。

1952年，全国高校院系调整，国家决定将南京大学、浙江大学、交通大学、同济大学等学校的水利系科汇聚南京，组建新中国第一所水利高等院校——华东水利学院（现河海大学）。于是，父亲带领全家从钱塘江畔来到扬子江边，从此在南京扎下了根。

记得小时候父亲经常对我们说起西迁往事。他从不挑食，但有两样菜不喜欢：一是竹笋，当年在龙泉分校，因缺粮煮竹笋充饥，结果“越吃越饿”，还伤了胃；二是空心菜，西迁途中经一乡村，池塘边和低洼地到处长着空心菜，当地人用来喂猪，战乱时期缺米缺油，父亲和同学们割大把的空心菜放锅里煮，或者抓两小把米与空心菜一起熬一大锅菜粥，几天后大家一闻到空心菜的味道就反胃。

1964年，我考入了南京的重点中学，父亲只高兴地说了一句：“你将来考浙大是没有问题的。”考浙大？为什么不希望我考北大、考清华，或是家门口的南大？当时对父亲的期望虽不以为然，但从此在心底里有了一份憧憬、一份向往。1966年“文化大革命”开始，趁大串联的机会，我和几个同龄的中学生跑了十个省市。第一个目的地就是杭州，一出火车站便直奔浙大。抬头望着“浙江大学”几个大字，心里一种说不出的亲切感油然而生。走进校门，不顾满目的大字报、大标语，在校园里转悠了大半天，心里默默地说，这是父亲的母校，也是我要进的大学。

1973年，下乡插队的第五年，我得以进入浙江农业大学茶学系学习。乡邮员送来入学通知书的时候，我正在田间拔草，拿着通知书一口气赶到五里路外的小镇邮电所挂长途。“爸爸，这辈子我是不可能上浙大了”，我冲着话筒伤心地说。“一样的，一样的，”没想到刚从“五七”干校回来的父亲高兴地说，“农大就是原来的浙江大学农学院，农大和浙大同根同源，读农大也是一样的。这年头有书读比什么都好，你在知识分子子女中已经是很幸运的了。”三十多年后回忆父亲的这些话，更能深切体会到经过西迁之路的浙大人，求是精神不仅体现在对业务、对工作的孜孜以求上，也体现在对时事境遇、对日常生活、对子女教育的豁达平和的心态上。

1974年，父亲带学生去新安江实习途经杭州，特意带我去寻访了我的出生地——六和塔后面的之江山上的一幢小洋房。当年父亲应聘在之江大学

(后并入浙大)任教,也在此安家了几个月。走近那幢小楼,父亲说:“你就出生在这里,当时交通不太方便,请一位校医来接的生。”他又望着校园中央山坡上的钟楼和远处的钱塘江,“这里的环境真好,景色如画”,眷恋之情溢于言表。

“文革”结束以后,父亲加倍努力工作,在他所从事的岩土工程教学和科研中多有建树,是国务院批准的首批博士生导师、首批国家重点学科的学术带头人、首批政府特殊津贴获得者以及德国汉诺威大学交换教授、香港大学荣誉教授,先后当选为第六、七届全国人大代表。1994 年作为唯一中国专家入选国际土力学学会组建的海岸岩土工程委员会并被确定为核心组成员。他主持和参加的科研项目多次获国家和省部级奖,其中“土质防渗体高土石坝研究”和“小浪底土石坝震后永久变形”先后获国家科技进步一等奖。他培养的博士和硕士研究生已成为许多单位的学术带头人和业务骨干,他主编的研究生、本科生教材均获得了水利部一等奖。他在岩土工程学界和工程界的学术地位得到国内外同行的一致公认,曾多次应邀赴德、日、新加坡和香港等国家和地区讲学,并多次作为国际学术会议的特邀报告人。记得 1981 年、1984 年父亲先后应邀来杭参加浙大首批硕士研究生、首批博士研究生的毕业论文答辩会,他高兴地说:“浙大邀请我,再忙也要来的。”

1995 年 3 月,父亲去日本横须贺参加国际学术会议并作学术报告后又应邀在东京、名古屋等地访问交流近一月,因过于疲劳回国不久便因心脏不适住进医院,一个多月后去世。他与当年的几位同窗好友相约参加浙大百年校庆活动成了他未了的心愿。1997 年 4 月,北京黄晞伯伯、兰州胡耀先伯伯等几位长辈参加浙大校庆期间特意到华家池来看望了母亲。黄晞伯伯回忆起当年西迁路上一位同学病重,大家寻医找药,路上轮流背他,以及夜过封锁线等情景,深情地说:“我们之间不仅是同窗之谊,更是患难与共的生死之交啊。”

1998 年,我随四校合并的步伐成为浙江大学的一员。同年儿子以优异的成绩高中毕业,被保送进入浙江大学,成为我们家的第三代浙大人。在选择专业的表格上,儿子毫不犹豫地填上了土木系。经过激烈竞争的笔试、面试后又进入了混合班。在当时的混合班教学计划较为单一的情况下,学习半年后又面临着改选专业继续学习还是不改专业回系学习时,他仍然选择了后者。父亲的专业思想早已在他的外孙的心中牢牢地扎下了根,这也是我没有预料到的。

经过四年的学习,儿子以全系排名第一的成绩被推荐直接攻博,如今已是浙大四年级的博士生了。我尊重儿子的选择,希望他像六十多年前西迁路上的浙大人那样,以求是精神工作,以平常之心生活。

后记 Afterword

本书收录的文章,成文时间早至1985年,迟至2007年。有的是应编者约写的,有的是曾经刊发在纪念文集和《浙大校友》、《浙江大学报》以及其他出版的书刊上的,还有一些是十年、二十年前的"老"文章,因此,我要感谢曾经为这些文字付出了心血的编辑们。我也要感谢在我的一再"催逼"下交稿的作者,用他们惯于写论文的笔,为这本书添加了一篇篇"彩"文。

特别要说明的一点是,由于时间的仓促和编者的疏忽,还有更多好的文章未能被收集进来,敬请作者和读者的原谅。《感怀浙大》的出版是一项很有意义的工作,我希望今后能继续编写出第二集、第三集……我也希望这些文章除了怀念,更能将这些浙大人的感受传递给没有经历过的人,以教育来者,传之后世。谨以此心愿,奉献给读者!

编　者

2007年4月

图书在版编目（CIP）数据

感怀浙大／单泠编. —杭州：浙江大学出版社，2007.5
（百年求是／徐有智总主编）
ISBN 978-7-308-05302-0

Ⅰ.感… Ⅱ.单… Ⅲ.浙江大学－纪念文集
Ⅳ.G649.285.51-53

中国版本图书馆 CIP 数据核字（2007）第 057383 号

感 怀 浙 大

单 泠 编

责任编辑 陈丽霞
封面设计 刘依群 俞亚彤
出版发行 浙江大学出版社
（杭州市天目山路 148 号 邮政编码 310028）
（E-mail：zupress@mail.hz.zj.cn）
（网址：http://www.zjupress.com）
排　　版 浙江大学出版社电脑排版中心
印　　刷 杭州印校印务有限公司
开　　本 787mm×1092mm 1/16
印　　张 17.25
字　　数 300 千
版 印 次 2007 年 5 月第 1 版 2007 年 5 月第 1 次印刷
书　　号 ISBN 978-7-308-05302-0
定　　价 28.00 元